Body Wave Wellenessen

Birgit Kamp / Thomas Volkert
© LebensBaum Verlag
in J. Kamphausen Verlag &
Distribution GmbH, Bielefeld 2007
Lektorat: Jutta Oppermann

Bearbeitung: Jutta Oppermann
Gestaltung und Satz:
KleiDesign, Bielefeld
Druck & Verarbeitung:
MediaPrint, Paderborn

www.lebensbaum-verlag.de
www.body-wave.de

Die Deutsche Bibliothek – CIP-Einheitsaufnahme

Ein Titeldatensatz für diese Publikation
ist bei der deutschen Bibliothek erhältlich.

1. Auflage 2007

ISBN 978-3-928430-48-7

Birgit Kamp / Thomas Volkert

Body Wave Wellenessen

Der Ratgeber für alle, die schlank, vital und gesund sein wollen

GESUND & VITAL
LEBENSBAUM VERLAG

Body Wave

Vorwort

Nie zuvor im Verlauf der Menschheitsgeschichte gab es in Europa ein so vielfältiges und einem Großteil der Bevölkerung zugängliches Nahrungsangebot wie heute. Fehlernährung, so könnte man meinen, ist an unseren reich gedeckten Tischen also kaum ein Thema. Das allerdings stimmt so nicht. Einerseits essen die meisten Menschen zu viel und zu fett, andererseits mangelt es an lebensnotwendigen Vitaminen, Mineralstoffen und Spurenelementen. Nährstoffdefizite und ernährungsbedingte Krankheiten sind die logische Konsequenz aus Fast-Food-Mentalität und sinkendem Vitalstoffgehalt in Lebensmitteln – gepaart mit dem zunehmenden Stress in unserer modernen Leistungsgesellschaft.

Parallel zum Wachstum der mittlerweile gigantischen Angebotspalette an Nahrungsmitteln haben sich auch unsere Arbeitsbedingungen grundlegend geändert. Die meisten von uns sitzen von morgens bis abends im Büro und bewegen sich in der Freizeit ebenfalls herzlich wenig. Die Folgen sind bekannt. Immer mehr Menschen leiden unter Übergewicht. Die aktuellen Zahlen sprechen für sich: 67 % der deutschen Männer sind zu dick und jede zweite Frau bringt zu viel Gewicht auf die Waage.

Mit den überflüssigen Pfunden nimmt auch das Risiko, einen Herzinfarkt oder einen Schlaganfall zu erleiden, um bis zu 90 % zu. Zudem steigt die Wahrscheinlichkeit für Krankheiten wie Diabetes und Gelenkbeschwerden. Hinzu kommt, dass sich die meisten Menschen mit ihrem Übergewicht ganz und gar nicht wohl in ihrer Haut fühlen. Die Gründe, um abzunehmen, sind also vielfältig. Wer die häufig über Jahre aufgebauten Fettdepots nun aber tatsächlich loswerden will und sein Wohlfühlgewicht anstrebt, hat jedoch meist wenig Erfolg. Hungerkuren mit verheißungsvollen Namen wie Blitz- oder Hollywood-Diät versprechen viel, ändern allerdings nichts daran, dass die Zahl der Übergewichtigen von Jahr zu Jahr steigt.

Dieses Buch will Sie zwar beim Abnehmen unterstützen und begleiten, verspricht Ihnen dabei allerdings nicht den unrealistischen Gewichtsverlust im Stundentakt und ist daher auch kein Fürsprecher für radikale Diäten. Im Gegenteil: Hier erfahren Sie, dass und warum herkömmliche Hungerkuren und Schlankheitspülverchen so kläglich versagen, ja sogar schädlich für unseren Organismus sein können. Gleichzeitig wird aufgezeigt, wie Sie sinnvoll und zugleich risikolos Pfunde verlieren. Mit der hier vorgestellten Methode, dem Body Wave Programm „Body Wave Wellenessen", werden Sie Ihre Fettpölsterchen zwar langsam, dafür aber dauerhaft los. Schritt für Schritt wird erklärt, wie Sie das Programm praktisch umsetzen und Ihr Gewicht dabei systematisch in den Griff bekommen.

Dieser Ratgeber ist allerdings weit davon entfernt, nur ein Buch für Menschen zu sein, die abnehmen wollen. Er bietet in vielerlei Hinsicht Unterstützung in allgemeinen Ernährungsfragen an. Sie erhalten eine Vielzahl von leicht umsetzbaren Tipps und wertvolle Hintergrundinformationen über die Zusammensetzung der Nahrung und den Kaloriengehalt von Lebensmitteln. Außerdem wird die Wirkung von Schutzstoffen in Nahrungsmitteln nach neuesten wissenschaftlichen Erkenntnissen und für den Laien leicht verständlich thematisiert. Zudem wird erläutert, welche Risikofaktoren für unsere Gesundheit in einer falschen Ernährungsweise schlummern. Haben Sie die entsprechenden Kapitel gelesen, sind Sie in der Lage, Ihre Ernährung im Dienste Ihres Wohlbefindens einfach und schnell umzustellen.

Darüber hinaus erfahren Sie, welches Körpergewicht ideal ist, was der Body-Mass-Index und der Körperfettanteil über das Dicksein verraten und auf welche Weise Sie diese Parameter messen können. Erläutert wird auch, wie wichtig regelmäßige Bewegung für die Vitalität und das Wunschgewicht ist und wie Sie diese Erkenntnis im Alltag umsetzen können. Last but not least wird der Psyche auf den Grund gegangen, in der nicht selten die Ursache für ein falsches Ernährungsverhalten und damit für Fettleibigkeit zu suchen ist.

Keine Angst, Sie werden Ihr Leben nicht völlig auf den Kopf stellen müssen, wenn Sie die Tipps in diesem Buch beherzigen. Kleine Veränderungen genügen schon, um etwas zu bewirken – egal ob Sie nun durch die Ernährungsumstellung fitter und leistungsfähiger werden, sich vor Krankheiten schützen oder einfach nur Gewicht verlieren wollen. Zugegeben, ganz ohne Anstrengung,

Eigeninitiative und Geduld funktioniert das nicht. Sind Sie aber erst einmal auf den Geschmack gekommen, wird Ihnen die praktische Umsetzung mit der Zeit sicherlich immer leichter von der Hand gehen.

Wir wünschen Ihnen dabei viel Erfolg und hoffen, dass dieser Ratgeber ein wichtiger Begleiter in Ihrem Leben wird.

55,3
?
41,7
73,5

Gibt es das ideale Körpergewicht?

Diäten – der ganz normale Wahnsinn

Schönheitsideale und damit auch die ästhetischen Normen innerhalb einer Gesellschaft verändern sich laufend. Noch in den 50er Jahren des vorhergehenden Jahrhunderts galten die eminent rundlichen Formen einer Marylin Monroe als erstrebenswertes Ideal. Heute stehen viele Schauspielerinnen und Topmodels oft kurz an der Grenze zur Magersucht, denn bei einer Körpergröße von 1,55 und einem Gewicht von 37 Kilogramm, stellt sich nicht nur die Frage: „Ist das schön?", sondern vor allem: „Ist das noch gesund?" Gerade bei jungen Frauen können die hormonellen Auswirkungen extrem sein: vom Ausbleiben der Periode bis zur Unfruchtbarkeit.

Schönheitsideale im Wandel der Zeit: von Marilyn zu Twiggy

Dessen ungeachtet unterwerfen sich regelmäßig vor allem junge Frauen (nur 1% der Betroffenen sind männlich) dem jeweiligen Schönheitsideal auf der Suche nach Anerkennung und Erfolg in unserer Gesellschaft. Dass dieser Wahn heute sogar schon im Kindesalter beginnt, ist umso beängstigender.

Die Universität Ulm beziffert die Häufigkeit von Essstörungen in der weiblichen Bevölkerung zwischen dem 15. und 35. Lebensjahr für Magersucht mit 0,5-1%, für Bulimie mit 3-4% zusammen also etwa 5%. Tatsächlich sind Essstörungen häufig auch unter Leistungssportlern besonders verbreitet, das Kölner Bundesinstitutes für Sportwissenschaft spricht von einer Zahl von bis zu 25%.

Demgegenüber steht die Zahl derer, die an der so genannten Esssucht (auch Adipositas) leiden. Sie ist wesentlich höher, denn etwa jeder dritte erwachsene Bundesbürger ist deutlich übergewichtig und sollte aus medizinischen Gründen Gewicht abnehmen, denn Adipositas verursacht aufgrund der Begleit- und Folgekrankheiten, wie Diabetes Typ 2, Herz-Kreislauferkrankungen und erhöhte Gelenkabnutzung, hohe Kosten für das Gesundheitssystem. Fast 5% aller Gesundheitsausgaben in den Industrieländern werden nach Angaben der Deutschen Adipositas-Gesellschaft für die Behandlung der Adipositas und ihrer Folgen aufgewendet. Die Hintergründe für die Entstehung von Übergewicht sind ebenso in der Psyche zu suchen wie die der Magersucht. Auch hier sind Minderwertigkeitsgefühle, Ängste und unkontrolliertes Essverhalten Schuld an einer falschen Einstellung zum Essen. So wird Essen immer häufiger zum Ersatz für fehlende emotionale Zuwendung oder zum Kompensator für Spannungssituationen.

Die körperliche Entwicklung der Bevölkerung sowohl in das eine als auch in das andere Extrem gibt Anlass zur Besorgnis. Einerseits ist es wünschenswert, dass die Zahl der Übergewichtigen und der daraus resultierenden Folgekosten verringert wird, andererseits muss davor gewarnt werden, dass der Druck der Gesellschaft auf den Einzelnen nicht in die entgegengesetzte Richtung umschlägt. Auf dem Weg zum Ziel bleibt nichts unversucht und ist (fast) jedes Mittel recht. Haben alle Methoden versagt, wird im Extremfall sogar der Darm verkürzt, Fett abgesaugt, es werden magenfüllende Silikonkapseln geschluckt oder Abführmittel in großen Mengen konsumiert. Höchste Zeit also, der Gesellschaft eine von gängigen Schönheitsidealen unabhängige Norm zur Orientierung des Körpergewichts an die Hand zu geben.

Wo fängt Dicksein an?

Das nachfolgenden Kapitel „Normal-, Ideal- und Wohlfühlgewicht" gibt Ihnen Aufschluss über die Fragen: Ab welchem Ausschlag auf der Waage wird es problematisch für unser Herz-Kreislauf-System? Gehöre ich zu den Übergewichtigen und sollte aus gesundheitlichen Gründen dringend abnehmen? Oder bin ich gar nicht zu dick und habe ein falsches Selbstbild von mir? Wo fängt Dicksein an, und wann befinde ich mich schon am Rande der Magersucht?

Normal-, Ideal- und Wohlfühlgewicht

Im Verlauf der letzten Jahrzehnte gab es immer wieder unterschiedliche und damit verwirrende Empfehlungen (Ideal-, Wohlfühl-, Normalgewicht) für das der Gesundheit am zuträglichsten Körpergewicht.

Der Broca-Index

Lange Zeit galt der so genannte Broca-Index als Messlatte für das wünschenswerte Körpergewicht. Der französische Arzt Paul Broca hat dieses

Maß zur Berechnung des Normalgewichts bereits 1868 aufgestellt. Bis in die heutige Zeit wurde dieses immer wieder verwendet. Leider haben die Zahlen nach Broca einige entscheidende Schwachpunkte, sodass sie regelmäßig überarbeitet wurden. Aus dem Normalgewicht ergab sich zunächst das Idealgewicht, aus dem später das Wohlfühlgewicht wurde. Um die Entstehung und Veränderung dieser Werte nachvollziehen zu können, bietet es sich an, sie zu berechnen. Tragen Sie Ihre Maße und Ergebnisse in die entsprechenden Felder der Formeln ein.

Normalgewicht

Das Normal- oder Sollgewicht wird folgendermaßen berechnet:

Körpergröße (in cm) – 100 = Normalgewicht

[ ] – 100 = [ ]

Beispiel: Eine 1,65 Meter große Frau hat ein Normalgewicht von 65 Kilogramm.

Rechnung: 165 – 100 => 65 kg

Amerikanische Lebensversicherungsgesellschaften entwickelten um 1960 ein so genanntes Idealgewicht, das bei Männern um 10 % und bei Frauen um 15 % unter dem Broca-Normalgewicht liegt. Die Absicht lag darin, von den angeblich zu Wohlbeleibten höhere Versicherungsbeiträge zu fordern. Die Werte stellten nach damaliger Auffassung das ideale und gesündeste Körpergewicht dar. Mit Hilfe von wissenschaftlichen Untersuchungen konnte jedoch nicht bestätigt werden, dass Menschen mit Idealgewicht tatsächlich gesünder waren. „Wir sind amerikanischen Versicherungsgesellschaften aufgesessen", gesteht Professor Volker Pudel, der ehemalige Präsident der Deutschen Gesellschaft für Ernährung (DGE), heute ein.

Idealgewicht

Ihr Idealgewicht berechnen Sie nach folgender Formel:

Körpergröße (in cm) – 100 – 10 % = Idealgewicht für Männer

Körpergröße (in cm) – 100 – 15 % = Idealgewicht für Frauen

[ ] – 100 – [ ] = [ ]

Beispiel: Eine 1,65 Meter große Frau hat ein Idealgewicht von 55,25 Kilogramm.

Rechnung: 165 – 100 – 9,75 => 55,25 kg

Anfang der 80er Jahre ergab eine amerikanische Langzeitstudie, dass ein hagerer und schlanker Mensch nicht unbedingt länger lebt als der lustvolle Genießer. Aufgrund dessen wurden die Werte erneut überarbeitet. Man orientierte sich von nun an am so genannten Wohlfühlgewicht, das um bis zu 20 % über oder unter dem von Broca als normal bezeichneten Gewicht liegen kann. Diese dritte Variante berechnet sich wie folgt:

Wohlfühlgewicht

Körpergröße (in cm)	– 100 ± 20%	= Wohlfühlgewicht		
	– 100 ±	=	bis	

Beispiel: Eine 1,65 Meter große Frau hat ein Wohlfühlgewicht von 52-78 Kilogramm.

Rechnung: 165 – 100 ± 13 => 65 ± 13 => 52 bis 78 kg

Die drei Berechnungsbeispiele machen deutlich, wie unterschiedlich und widersprüchlich die Empfehlungen für ein Körpergewicht sind, von dem keinerlei erhöhte Gesundheitsgefahren ausgehen. Woran sollen wir uns nun orientieren? Am Normalgewicht mit 65 Kilogramm, am Idealgewicht mit etwas mehr als 55 Kilogramm oder vielleicht am Wohlfühlgewicht, das zwischen 78 und 52 Kilogramm liegt? Immerhin bewegen wir uns dabei in einer Gewichtsspanne, die um stolze 26 Kilogramm variiert.

Mit den Gewichtsparametern gehen noch weitere Nachteile einher. Sie lassen lediglich eine sehr pauschale Aussage über das Gewicht zu. Der individuell sehr unterschiedliche Körperbau des Menschen bleibt unberücksichtigt. Für große (über 1,85 Meter) und kleine Menschen (unter 1,55 Meter) beispielsweise eignet sich die Broca-Formel zur Bestimmung des erstrebenswerten Körpergewichts nicht. Kleinere Personen erscheinen nach ihr sehr oft übergewichtig, größere zu selten.

Als exaktere Methode hat sich der so genannte Body-Mass-Index, kurz BMI genannt, erwiesen und mittlerweile auch durchgesetzt. Dieser Wert lässt sich zwar etwas schwieriger bestimmen als das Gewicht nach Broca, dafür ist der BMI aber viel genauer.

Der Body-Mass-Index

Heutzutage zielen Empfehlungen von Ernährungsexperten und Ärzten darauf ab, einen Toleranzbereich zu bestimmen, in dem sich unser Körpergewicht bewegen sollte. Es werden also keine absoluten Zahlen festgelegt, sondern weitere Faktoren wie das Körpergewicht und seit Neuestem auch das Alter berücksichtigt.

Der BMI wird folgendermaßen berechnet: Das Körpergewicht wird durch die Körpergröße im Quadrat geteilt. Dies hört sich im ersten Augenblick kompliziert an, ist aber mit Hilfe eines Taschenrechners ganz einfach. Wir nehmen unsere Körpergröße mit sich selbst mal und erhalten auf diese Weise einen so genannten Multiplikator. Anschließend teilen wir unser Körpergewicht durch den Multiplikator.

Zur Berechnung Ihres persönlichen Body-Mass-Indexes tragen Sie Ihre Maße in die dafür vorgesehenen Felder der folgenden Formeln ein:

1) **Körpergröße x Körpergröße (in m) = Multiplikator**

[ ] x [ ] = [ ]

2) **Körpergewicht (in kg) : Multiplikator = Body-Mass-Index**

[ ] : [ ] = [ ]

Beispiel: Eine 46-jährige Frau (Körpergröße 1,65 Meter; Gewicht 60 Kilogramm) hat einen BMI von 22,05.

Rechnung: 1,65 x 1,65 => 2,72 (Multiplikator)

60 : 2,72 => 22,05 (BMI)

Haben Sie Ihren BMI ermittelt, können Sie Ihr Gewicht nach der Tabelle 1 selbst einordnen. In dieser Tabelle ist das Alter nicht berücksichtigt worden. Hier wird davon ausgegangen, dass das wünschenswerte Gewicht in den verschiedenen Altersstufen konstant bleibt.

Tabelle 1: **Altersunabhängige Bewertung des Body-Mass-Indexes**

BMI für erwachsene **Frauen**	**BMI** für erwachsene **Männer**	**Beurteilung**
< 19	< 20	Sie sind untergewichtig.
19-24	20-25	Sie sind normalgewichtig.
24-30	25-30	Sie sind übergewichtig. Sie sollten unbedingt Ihr Gewicht reduzieren, falls sie durch einen der folgenden Risikofaktoren vorbelastet sind: Gicht, Diabetes, Bluthochdruck, hohe Blutfettwerte etc.
> 30	> 30	Sie sind stark übergewichtig. Eine Gewichtsreduzierung ist aus gesundheitlichen Gründen dringend zu empfehlen.
> 40	> 40	Sie leiden unter massiver Adipositas (Fettleibigkeit/-sucht).

Jüngsten Erkenntnissen zufolge ist das allerdings nicht der Fall. Eine Neuauswertung von Daten amerikanischer Lebensversicherungsgesellschaften hat ergeben, dass der BMI-Wert, der mit der geringsten „Sterblichkeit" einhergeht, mit dem Alter steigt. Dies bedeutet: Wer älter wird, darf etwas mehr an Gewicht mit sich herumtragen, ohne deswegen Auswirkungen auf die eigene Gesundheit befürchten zu müssen. Deswegen dulden amerikanische Versicherungen bei ihren Kunden ab dem 25. Lebensjahr eine Zunahme von etwa drei Kilogramm Körpergewicht pro Lebensjahrzehnt. Daraus ergibt sich die aktuellste Tabelle, die zur Bewertung des Body-Mass-Indexes zur Verfügung steht.

Im Alter darf es ein bisschen mehr sein

Tabelle 2a: **Altersabhängige Bewertung des Body-Mass-Indexes**

Altersgruppe	Wünschenswerter BMI
19-24 Jahre	19-24
25-34 Jahre	20-25
35-44 Jahre	21-26
45-54 Jahre	22-27
55-64 Jahre	23-28
> 65 Jahre	24-29

Betrachten wir in diesem Zusammenhang das oben erwähnte Beispiel einer 46-jährigen Frau: Ihr BMI beträgt 22,05 und liegt damit entsprechend ihrer Altersklasse von 45 bis 54 Jahren an der unteren Grenze. Erst mit einem Gewicht von 74 Kilogramm würde sie die Obergrenze des empfohlenen BMI-Wertes überschreiten. Das nach dem Body-Mass-Index empfohlene Gewicht liegt bei der 46-Jährigen demnach zwischen 60 und etwa 74 Kilogramm. Sollte sie die 74 Kilogramm überschreiten, müsste sie ihr Körpergewicht verringern.

Zehn Jahre später gelten für die dann 56-Jährige andere Maßstäbe. Unsere Testperson darf ihrem Alter entsprechend einen höheren BMI von 23 (etwa 63 Kilogramm) bis 28 (etwa 77 Kilogramm) aufweisen. Pro Lebensjahrzehnt kann sie also zirka drei Kilogramm zunehmen, um keinem erhöhten Gesundheitsrisiko zu unterliegen.

Der Körperfettanteil

Als Körperfettanteil wird der Prozentsatz des Körpergewichts bezeichnet, der aus Fett besteht. Er setzt sich aus zwei Komponenten zusammen: einerseits aus dem notwendigen, lebenswichtigen Fett und andererseits aus dem Depot- oder Speicherfett.

Das notwendige Fett hat die Aufgabe, unseren Organismus gegen Kälte zu isolieren und vor allem unsere inneren Organe (Leber, Nieren etc.) wie ein Polster zu umgeben und vor Stößen zu schützen. Weder durch extremes Hungern noch durch intensives Training wird dieser Teil wesentlich reduziert. Dagegen dient das Depot- oder Speicherfett, das unser Körper über einen längeren Zeitraum angelegt hat, als Energiequelle. Durch regelmäßiges Training und eine Ernährungsumstellung lässt sich diese als Reserve angelegte Fettmenge wesentlich beeinflussen.

Der Körperfettanteil ist ein Maß für die körperliche Fitness. Menschen, die nach ihrem Body-Mass-Index zu dick sind, müssen nicht unbedingt fettleibig sein, wenn sie gut trainiert sind. Wichtig ist, in welchem Verhältnis Fett- und Muskelgewebe zueinander stehen. Das Zuviel an Gewicht kann wie bei Bodybuildern oder Zehnkämpfern auch in Form von Muskelmasse vorliegen. Umgekehrt können schlanke Menschen, die laut Body-Mass-Index nicht übergewichtig sind, zu viel Fett im Körper haben. Ermitteln lässt sich der Körperfettanteil durch die Messung des elektrischen Stromflusses (Bioimpedanzanalyse), mit Hilfe von Infrarotstrahlung oder bestimmten „Zangen", mit denen die Dicke von Hautfalten bestimmt wird. Für den Hausgebrauch eigenen sich vor allem spezielle Körperwaagen. Als normal wird bei Männern ein Körperfettanteil von zirka 10 bis 19% und bei Frauen von 20 bis 29% angesehen. Auch hier gilt: Je älter man wird, desto größer darf der Anteil an Körperfett sein.

Tabelle 2b:	**Alter**	**Anteil Körperfett in %**			
Frauen	19-29	unter 20	20-29	29-36	über 36
	30-39	unter 22	22-31	31-38	über 38
	40-49	unter 24	24-33	33-40	über 40
	50-59	unter 26	26-35	35-42	über 42
	über 60	unter 28	28-37	37-44	über 44
Männer	19-29	unter 8	8-18	18-24	über 24
	30-39	unter 11	11-20	20-26	über 26
	40-49	unter 13	13-22	22-28	über 28
	50-59	unter 15	15-24	24-30	über 30
	über 60	unter 17	17-26	26-34	über 34
		Niedrig	**Normal**	**Hoch**	**Zu hoch**

Der Bauchumfang

Zusätzlich zum Körperfettanteil betonen seit einiger Zeit Experten nun auch die Bedeutung des Bauchumfangs.

Der Bauchumfang sagt etwas über den Anteil des Fettes aus, das sich in übertriebenem Maße um die inneren Organe angesammelt hat. Dieses Fett nennt man auch das innere Bauchfett. Man hat festgestellt, dass für die Entstehung von Herz-Kreislauf-Erkrankungen und Diabetes nicht nur die Höhe der Fettmasse, sondern auch deren Verteilung von Bedeutung ist. So kann der Organismus eine Fettansammlung an Hüfte, Gesäß und Oberschenkel besser verkraften als eine vermehrte Ansammlung von Fett am

Bauch. Das innere Bauchfett hat eine andere Zusammensetzung und stellt damit ein besonderes Risiko für die Entstehung von Folgeerkrankungen dar. Dieser Zusammenhang konnte nun erstmals in Deutschland in einer Studie mit über 55000 Patienten nachgewiesen werden, wie der Kardiologe Sigmund Silber in Mannheim mitteilte.

Die Bestimmung des Bauch- oder Taillenumfangs erfolgt durch eine Messung zwischen dem oberen Beckenknochen und der untersten Rippe. Übersteigt dieser Wert bei Frauen 88 cm und bei Männern 102 cm, so ist das Risiko für Herz-Kreislauf- sowie Stoffwechselerkrankungen bereits deutlich erhöht.

Zusammenfassend kann man sagen, dass der BMI gemeinsam mit dem Körperfettanteil und dem Bauchumfang die aussagekräftigsten Messgrößen sind, um das gesundheitliche Risiko für einen Menschen zu ermitteln.

Bewegen Sie sich mit Ihrem derzeitigen Körpergewicht außerhalb der Toleranzgrenzen, so sollten Sie dringend aus gesundheitlichen Aspekten abnehmen. In den folgenden Kapiteln lesen Sie alles darüber, wie Sie sinnvoll mit Maß und Spaß Ihrem optimalen BMI und damit einer besseren Gesundheit näher kommen.

Sind Sie mit Ihren Werten im „grünen Bereich", besteht kein Grund abzunehmen, zumindest nicht aus gesundheitlichen Motiven. Wenn Sie aber mit Ihren „Rundungen" dennoch nicht zufrieden sind, laden wir auch Sie dazu ein, im nächsten Kapitel alles über das sinnvolle Abnehmen mit dem Body Wave Wellenessen zu lesen.

Erfolgreich und dauerhaft abnehmen – so machen Sie es richtig!

Erfolgreich und dauerhaft abnehmen – so machen Sie es richtig!

Theoretisch wissen wir alle, wie wir überflüssige Pfunde loswerden. Sich viel bewegen und maßvoll gesund essen – so heißt die Erfolg versprechende Devise. Das hohe Maß an Eigeninitiative und der sprichwörtliche lange Atem, der dafür nötig ist, lösen bei den meisten Menschen allerdings nicht gerade Begeisterung aus. Wer gerne üppig isst und Sport eher als lästige Arbeit betrachtet, sieht in den gängigen Bewegungs- und Diätprogrammen kaum einen Ausweg. Und angesichts zahlreicher schlechter Erfahrungen mit Diäten zuckt so mancher nur resigniert mit den Schultern, wenn er von einer neuen „revolutionären" Abnehmstrategie hört.

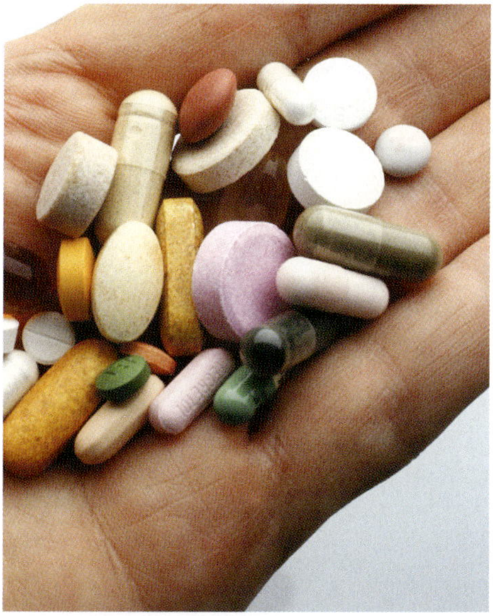

Alle Übergewichtigen träumen von einer bequemeren und effektiveren Lösung – zum Beispiel in Form von Pillen und Pülverchen, die das große Abnehmen mit wenig Aufwand in Aussicht stellen. Spätestens nach den ersten Misserfolgen wächst unter den Betroffenen jedoch schnell die Erkenntnis, dass ein solches Wundermittel nicht existiert und dass jeder selbst aktiv werden muss, um sein Problem mit dem Gewicht in den Griff zu bekommen (s. Kapitel „Die letzte Hoffnung: Enzyme, Pillen und Schlankmacher" ab S. 70). Übergewicht ist in unserer Gesellschaft daher nach wie vor ein zentrales Problem und von ihrer Traumfigur sind viele

Menschen mehr denn je entfernt. Abspecken ist eben nicht so leicht, wie die Hersteller vieler vermeintlicher Schlankmacher uns glauben machen wollen. Ohne ein gewisses Maß an Anstrengung, sei es in Form von Bewegung oder einer Umstellung des Ernährungsverhaltens, werden Sie niemals längerfristig Gewicht verlieren.

Freunden Sie sich also mit dem Gedanken an, für Ihr Wohlfühlgewicht etwas zu tun. Egal welche Abnehmmethode Sie wählen, für alle gilt: Konsequenz, Geduld und den unbedingten Willen, Pfunde verlieren zu wollen, müssen Sie mitbringen. Sonst sind Sie auf verlorenem Posten.

Das Body Wave-Programm „Body Wave Wellenessen"

Wenn uns das Abnehmen schon nicht in den Schoß fällt, sondern eigene Anstrengungen voraussetzt, ist es dann wenigstens möglich, das Wohlfühlgewicht zu erreichen, ohne dabei Lebensfreude einzubüßen und sich permanent zu kasteien? Die Antwort lautet „ja". Möglich wird dies durch eine neue Methode: das Body Wave-Programm „Body Wave Wellenessen."

Der Erfolg dieses Abnehmkonzeptes liegt darin, einerseits den Wünschen der Übergewichtigen nach Gewichtsminderung ohne rigorosen Verzicht und ohne Verlust an Lebensqualität gerecht zu werden, andererseits dabei die Vorstellungen einer gesunden Ernährungs- und Lebensweise, wie sie die Deutsche Gesellschaft für Ernährung (DGE), Ärzte und Krankenkassen empfehlen, einfließen zu lassen. Es ist darauf ausgerichtet, mit kleinen Umstellungen der Lebens- und Essgewohnheiten große Erfolge beim Abnehmen zu erzielen. Die Methode ist leicht anwendbar und ermöglicht einen nachhaltigen Gewichtsverlust ohne Radikaldiät, ohne einseitige Ernährung und ohne Jo-Jo-Effekt.

Wer permanent hungert, wird dick

Unter dem Motto „Lenken, nicht maßregeln" holt Body Wave Übergewichtige dort ab, wo sie stehen. Sündiger Genuss darf und muss sogar manchmal sein, so lange nicht dauerhaft und grenzenlos geschlemmt wird. Ziel ist es, zu lernen mit den Kalorien zu jonglieren und sie so aufzuteilen, dass die Lust am Essen nicht verloren geht, dass jeder genussvoll satt wird und sich zugleich ausgewogen ernährt. Der Trick: Wer abnehmen will, muss den eigenen Energieverbrauch kennen, ihn auf dieser Stufe halten und gegebenenfalls sogar erhöhen. Auf Dauer zu viel zu essen ist dabei ebenso schädlich wie zu wenig Nahrung aufzunehmen. Deswegen ist es während des Body Wave Wellenessens sogar zeitweise notwendig, mehr zu essen, als Sie gewohnt sind. Sie haben richtig gelesen! Wer permanent hungert, wird dick – eine Eigenschaft, die herkömmliche Diäten, mögen sie noch so Erfolg versprechend klingen, gemeinsam haben. Und deswegen nehmen Sie mit diesen Diäten nicht dauerhaft ab. Vor allem aber nehmen Sie nicht dort ab, wo Sie es wollen. Mit Body Wave ist das anders.

Schlemmen ist erlaubt

Das haben schon viele gesagt, werden Sie jetzt vielleicht einwenden. Warten Sie ab und lassen Sie sich überzeugen.

Warum die meisten Diäten sinnlos sind

Wer sich mit der eigenen Ernährung auseinandersetzt, muss sich zum einen mit der aufgenommenen Nahrungsmenge beschäftigen und zum anderen mit den Nahrungsinhaltstoffen. Dabei geht es um die Zusammensetzung der Nahrung aus Nähr- und Vitalstoffen, darunter Kohlenhydrate, Eiweiße, Fette, Vitamine und Mineralstoffe (s. Kapitel „2 – Die Ernährung: Das A und O" ab S. 79). Diese Substanzen haben entscheidenden Einfluss auf unsere Gesundheit und Leistungsfähigkeit.

Als Maß für die konsumierte Nahrungsmenge gilt der Energiegehalt des Essens, der in Form von Kilojoule oder Kilokalorien angegeben wird (s. Kapitel „Zum Leben brauchen wir Energie" ab S. 80).

Die Nahrungsmenge, die wir täglich zu uns nehmen, entscheidet, wie weit aus Mahlzeiten Kalorienbomben werden, die sich dauerhaft auf den Hüften festsetzen. Was bedeutet das konkret? Das bedeutet, wenn ich mehr esse, als mein Körper verbraucht, nehme ich auf Dauer zu.

Info:
Maßeinheiten Kilojoule und Kilokalorie

Seit dem 1. Januar 1978 ist das Kilojoule die offizielle Maßeinheit für den Energiegehalt unserer Nahrung. Trotzdem ist die „alte Einheit", die Kilokalorie, im Alltagsgebrauch immer noch die gängigste. Deshalb erfolgen in diesem Buch alle Energieangaben in Kilokalorien. Wer die Kilokalorien in Kilojoule umrechnen möchte, kann das nach folgender Formel tun:
Wert (in Kilokalorien) x 4,2 = Wert (in Kilojoule).

Wenn ich weniger esse, werde ich dementsprechend abnehmen. Das klingt logisch, funktioniert jedoch oft nicht.

Ein typischer Fall: Beispiel Anna

Warum Hungerkuren nicht automatisch zum Verlust der ungeliebten Pfunde führen, veranschaulicht die Geschichte einer jungen Frau, die wir im Folgenden Anna nennen. Anna ist 1,68 Meter groß und wiegt 100 Kilogramm Sie ist mit diesem Gewicht ganz und gar nicht glücklich und hat sich fest vorgenommen, 30 Kilogramm abzuspecken. Um das zu erreichen, hat sie sich von den zahlreichen Diäten, die es auf dem Markt gibt, für die bekannte FdH-Methode entschieden. Damit steht sie nicht alleine, denn „Friss die Hälfte" ist die mit Abstand am meisten praktizierte Diät.

„FdH" – die beliebteste Diät

Nehmen wir an, Anna hat bisher 2000 Kilokalorien täglich mit der Nahrung aufgenommen. Nach dem FdH-Prinzip darf sie jetzt nur noch die Hälfte, also 1000 Kilokalorien pro Tag essen. Genau das macht sie 14 Tage lang, und zwar mit durchschlagendem Erfolg. Nach diesen zwei Wochen zeigt ihre Waage fünf Kilogramm weniger an. Durch den enormen Gewichtsverlust motiviert setzt sie ihre Diät fort. Nach weiteren zwei Wochen hat sie wieder Gewicht verloren. Allerdings sind es nicht mehr fünf Kilogramm, sondern lediglich zwei. Ein wenig enttäuscht macht sie trotzdem weiter in der Hoffnung, dass es bald wieder schneller vorangeht. Dieser Wunsch wird leider nicht erfüllt. Stattdessen hat sie innerhalb von weiteren 14 Tagen nicht einmal mehr zwei, sondern nur noch ein Kilogramm abgespeckt. Nach weiteren zwei Wochen stagniert Annas Gewicht vollends und alle Bemühungen, abzunehmen, bleiben erfolglos. Das heißt: Sie nimmt weiterhin magere 1000 Kilokalorien pro Tag auf und verliert trotzdem kein Gramm.

Trotz 1000 kcal kein Gramm verloren

Anna teilt ihr Schicksal mit Millionen von Menschen: Sie nehmen nicht weiter ab, obwohl sie gar nicht mehr viel essen. Sie will sich damit allerdings nicht zufrieden geben, hat sie sich doch vorgenommen, 30 Kilogramm loszuwerden. 22 Kilogramm fehlen ihr noch, um die persönliche Zielvorgabe zu erreichen. Aufgeben kommt für sie nicht in Frage.

Sie überlegt daher, wie sie weiter vorgehen kann, und erinnert sich an den Beginn ihrer Diät. Mit „FdH" hatte sie in den ersten beiden Wochen immerhin fünf Kilogramm abgenommen. Deswegen beschließt sie, diese Methode erneut anzuwenden, und reduziert ihre Kalorienaufnahme noch einmal um die Hälfte. 500 Kilokalorien täglich – Lebensfreude ade. Um es krass auszudrücken: Der tägliche „Genuss" von 500 Kilokalorien bedeutet, morgens einen Becher Jogurt, mittags einen Becher Jogurt und abends einen halben Becher Jogurt zu essen. Oder vielleicht möchten Sie lieber etwas kauen? Mit neun Äpfeln bringen Sie es ebenfalls auf 500 Kilokalorien.

Wie Sie es auch anstellen, diese Energiemenge ist viel zu gering, um damit konzentriert und leistungsfähig über den Tag zu kommen – schon gar nicht, wenn Sie im Beruf oder in der Familie gefordert werden. Zudem können Sie Ihrem Körper mit der dabei aufgenommenen Nahrungsmenge nicht genügend lebenswichtige Nähr- und Vitalstoffe zuführen. Auf Dauer ist diese extreme Form der FdH-Diät also nicht nur unerträglich, vielmehr ist sie außerdem höchst einseitig und ungesund.

Doch Anna ist eine ehrgeizige Frau, widersteht allen Versuchungen und schafft es, die ersten beiden Wochen mit 500 Kilokalorien täglich durchzustehen. Der Lohn dafür sind zwei Kilogramm Gewichtsverlust. Das spornt sie an, weitere zwei Wochen durchzuhalten. Allerdings nimmt sie in dieser Zeit nur noch ein halbes Kilogramm ab. Danach stagniert ihr Gewicht erneut. Anna ist frustriert und ratlos. Sie hat jetzt 14 Wochen Diät hinter sich und erst 10,5 Kilogramm abgenommen. Das ist nicht einmal die Hälfte von dem, was sie sich vorgenommen hat. Wenn sie doch jetzt schon kaum etwas isst, wie kann sie die restlichen 19,5 Kilogramm abnehmen?

Anna ist zunehmend unmotiviert, denn sie hat in den vergangenen Wochen nicht nur wenig gegessen, sondern sich auch sozial völlig abgekapselt. Auf das regelmäßige Kaffeekränzchen mit den Freundinnen hat sie ebenso verzichtet wie auf gelegentliche Abendessen und Grillfeten. In der Zeit, in der sie abgenommen hat, ließen sich diese Einschränkungen gerade noch ertragen. Seitdem sie trotz Hungerkur kein Gramm verliert, hat sie jedoch keine Lust mehr, auf alles zu verzichten. Anna findet sich notgedrungen damit ab, so dick zu sein, wie sie im Moment ist, und sehnt sich danach, endlich wieder normale Portionen zu essen. Wie vor der Diät bietet sie ihrem Körper ab sofort 2000 Kilokalorien pro Tag an. Was nun passiert, ahnen Sie.

Bereits nach den ersten 14 Tagen zeigt die Waage bei Anna fünf Kilogramm mehr an. In den folgenden zwei Monaten nimmt sie kontinuierlich weiter zu, nämlich insgesamt 15 Kilogramm. Erst dann bleibt das Gewicht konstant.

Diät ohne Happyend

Die Bilanz ihrer wochenlangen Mühen: Anna wiegt jetzt nicht 70 Kilogramm, wie von ihr angestrebt, sondern 104,5. Diese Gewichtszunahme nach einer Diät hat einen Namen: der berühmte Jo-Jo-Effekt. Aber es kommt noch schlimmer …

Problemzone Fettgewebe

Jeder spricht bei einer Diät davon, Gewicht zu verlieren. Genau genommen meinen wir damit jedoch, Körperfett abzubauen. Schließlich sind es die unschönen Pölsterchen an Oberarmen, Rücken, Bauch, Hüfte, Po und Oberschenkeln, die wir loswerden wollen. Wenn es also darum geht, Fett zu verlieren, stellt sich die Frage: Wie viel Fett kann ein Mensch in einem bestimmten Zeitraum abnehmen?

Einer wissenschaftlichen Studie zufolge ist es unter optimalen Bedingungen möglich, etwa ein Kilogramm Körperfett innerhalb einer Woche zu verlieren. Mit optimalen Bedingungen ist gemeint, dass wir unseren persönlichen Koch und Fitnesstrainer haben, keinem Stress ausgesetzt sind und viel schlafen etc. Aber wer kann sich das leisten? Fast niemand! Realistisch ist eine solche Situation also nicht. Die Wirklichkeit sieht so aus: Im Alltag nehmen Männer im Allgemeinen nur 500 Gramm Fett in sieben Tagen ab. Frauen bringen es gerade einmal auf 400 Gramm.

Warum hat Anna dann in zwei Wochen fünf Kilogramm Gewicht verloren? Wenn darunter lediglich 800 Gramm Fett waren, woraus bestand der Rest? Die Antwort ist einfach und frustrierend zugleich: aus Wasser. Anna hat in den ersten 14 Tagen jede Menge Wasser verloren – und mit ihm auch (reichlich) Muskulatur. Die Ursache dafür: Beginnen wir mit einer Diät, werden zunächst nicht die Fettspeicher geplündert, sondern die kurzfristig schneller anzapfbaren Zuckerdepots in der Leber und den Muskeln. Mit der Verwertung des Zuckers, der in Form von Glykogen gespeichert wird, wird gleichzeitig eine große Menge Wasser freigesetzt. Mit jedem aus den Depots mobilisiertem Gramm Glykogen gehen vier Gramm Wasser verloren. Dieser Wasserverlust ist dafür verantwortlich, dass zu Beginn einer Diät die Waage immer sehr schnell die ersten Erfolge anzeigt. Doch leider werden auch die Eiweißdepots beim Abspecken mit herangezogen. Und dies ist für unseren Organismus nicht ungefährlich. Wertvolles Luxusgewebe in Form von Muskelmasse geht verloren, nach jeder Diät ein klein wenig mehr.

Weniger Gewicht und trotzdem „fetter"

Um es noch einmal hervorzuheben: Die fünf Kilogramm Gewichtsverlust haben sich bei Anna aus 800 Gramm, also nicht einmal 20 % Fett und aus mehr als 80 % Muskulatur und Wasser zusammengesetzt. Da Anna mehr fettfreie Substanz als Fett verloren hat, bedeutet das: Ihr Körperfettanteil ist nicht gesunken, vielmehr ist er im Laufe der Diät gestiegen. Die Frau ist zwar leichter geworden, prozentual gesehen aber auch „fetter". Eine solche Tatsache kann jeder einfach feststellen, wenn er nicht nur auf die Waage schaut, sondern regelmäßig einen Blick in den Spiegel riskiert. Die ungeliebten Fettpölsterchen, die eigentlich mit dem Gewichtsverlust verschwinden sollten, sind meist trotzdem noch da.

Das liegt daran, dass die Dichte von Fett geringer ist als die Dichte von Muskulatur. Einfach ausgedrückt heißt das: Ein Kilogramm Fett nimmt mehr als doppelt so viel Volumen ein wie ein Kilogramm Muskelfleisch. Verlieren wir ein Kilogramm Muskulatur, werden wir das an unserer Kleidung nicht sonderlich spüren. Dagegen können Sie bei dem Verlust von einem Kilogramm Fett den Gürtel bereits ein Loch enger schnallen.

Ein weiteres Indiz für den überproportionalen Muskelschwund ist Kraftlosigkeit. Oder ist es Ihnen schon einmal passiert, dass Sie sich während einer Diät vitaler als vorher gefühlt haben? Das Gegenteil ist wahrscheinlicher. Weil die Muskulatur sich zurückbildet, fühlen wir uns schlapp und kraftlos.

Problemzone Muskulatur

Damit sind wir bei dem nächsten Problem angelangt, das es anzupacken gilt: Haben wir sehr viel wertvolle Muskulatur im Zuge einer Diät verloren, sollten wir diese möglichst schnell aufbauen, um wieder leistungsfähiger und fitter zu werden. Aber wie viel Muskelmasse lässt sich in einer Woche zulegen? Hierzu gibt es eine Reihe von Studien und Erfahrungswerten vor allem von Bodybuildern, die jahrelang kein anderes Ziel verfolgen, als mit konsequentem Training und einer besonderen Ernährung möglichst viel Muskelmasse zu erzeugen. Zu ihrem Leidwesen ist der Aufbau von Muskulatur allerdings sehr mühsam und langwierig. Ein männlicher Bodybuilder kann unter nahezu optimalen Bedingungen magere fünf Kilogramm Muskelmasse innerhalb eines ganzen Jahres aufbauen. Demgegenüber schafft eine Frau nur etwa 2,5 bis drei Kilogramm – und das auch nur bei eisernem Training.

Gehen wir also davon aus, dass unser Körper im normalen Alltag (also ohne gezieltes Fitnesstraining) höchstens 1000 bis 1500 Gramm Muskeln im Jahr – das entspricht 20 bis 30 Gramm pro Woche – aufbauen kann. In unserem Beispiel hat Anna jedoch bereits in den ersten zwei Wochen nach Absetzen der Diät fünf Kilogramm zugenommen. Wenn darunter nur ca. 50 Gramm Muskulatur gewesen sind – woraus bestand der Rest? Der Löwenanteil war Fett und Wasser. Auf den Punkt gebracht bedeutet das: Während der Diät hat sich unsere Beispielkandidatin zunächst um wertvolle Muskulatur erleichtert, um sie dann nach Beenden der Diät mit Fett zu ersetzen.

Dabei kommt die bereits erwähnte unterschiedliche Dichte von Fett und Muskulatur zum Tragen. Das Volumen der Muskeln, die sie verloren hat, war viel geringer als das des Fetts, das sie im Anschluss an die Abmagerungskur gespeichert hat. Die 4,5 Kilogramm, die sie schließlich mehr auf die Waage bringt, sehen nicht aus wie 4,5 Kilogramm, sondern eher wie zehn. Das große Volumen des Fettgewebes führt dazu, dass sie, obwohl sie „nur" 4,5 Kilogramm mehr als vor Beginn der Diät wiegt, nicht mehr in ihre alte Kleidung passt.

Problemzone Haut

Neben dieser Zunahme an Volumen müssen wir noch ein weiteres Problem betrachten, das ebenfalls typisch ist für den Verlauf einer Diät und den darauf folgenden Jo-Jo-Effekt: die unschöne Veränderung der Haut bzw. des Gewebes. Um zu verstehen, was dabei passiert, ist es zunächst notwendig, sich klarzumachen, wo sich das Fett in unserem Körper befindet und wie es dort befestigt ist.

Eigentlich übernimmt Fett in unserem Organismus eine Vielzahl von positiven Aufgaben, auch wenn es uns an Bauch, Hüfte oder Po häufig lästig erscheint. Fett ist zum Beispiel unser Energiespeicher Nummer eins. Diese Energie braucht unser Körper immer und überall, vor allem aber, wenn wir uns bewegen. Fett sitzt daher am sinnvollsten dort, wo es den Muskeln schnell zur Verfügung steht, nämlich direkt am Muskel. Stellen wir uns zum besseren Verständnis den Aufbau eines Beins vor und blicken dabei von innen nach außen: Über dem Knochen befindet sich der Muskel. Darüber liegt Bindegewebe und darüber direkt unter der Haut das Fett- oder Energiegewebe. Das Bindegewebe hat die Aufgabe, die anderen Gewebe in Form zu halten, und bindet dadurch das Energiegewebe an den Muskel. Die Festigkeit des Bindegewebes ist zum einen genetisch vorgegeben, zum anderen wird sie durch die Festigkeit der Muskulatur, die darunter liegt, beeinflusst. Ein starker Muskel hat demnach ein festeres Bindegewebe als ein schwacher Muskel.

Schlaffe Haut – schwaches Bindegewebe

Wenn nun im Laufe unserer Diät die Muskulatur zunehmend an Masse verliert, wird demzufolge auch das darüber liegende Bindegewebe schwächer. Leider wird aber in dieser Zeit kaum Fett abgebaut. Im Gegenteil! Während des Zunehmens nach der Diät vermehrt es sich sogar überproportional. Das schwächere Bindegewebe muss also jetzt ein viel schwereres Fettgewebe halten. Das ist in vielen Fällen unmöglich. Die Konsequenz: Das Bindegewebe reißt. Auf diese Weise kommt es zu unschönen Geweberissen, ähnlich wie bei Schwangerschaftsstreifen, die nichts anderes als das – leider dauerhafte – Resultat einer sehr schnellen Gewichtszunahme sind.

So entsteht der Jo-Jo-Effekt

Um herauszufinden, warum jede Einschränkung der Nahrungsaufnahme über einen längeren Zeitraum zu den oben beschriebenen Reaktionen des Körpers führt, müssen wir in unseren Organismus hineinschauen. Wir müssen uns vor Augen führen, wie die aufgenommene Nahrung dort verarbeitet wird.

Unser Körper ist ein sehr komplexes Gebilde. Um alle Zellen zu versorgen, benötigt der Organismus Energie und Nährstoffe, die er durch das Essen erhält. Die Aufnahme und Verwertung der Nahrung nennen wir „Stoffwechsel".

Der Ablauf funktioniert vereinfacht betrachtet folgendermaßen: Wir nehmen die Nahrung mit dem Mund auf. Diese gelangt danach in den Magen und weiter in den Darm. Die Fette, wichtige Energielieferanten des Körpers, beispielsweise werden im Magen und im Darm in kleinere Teile, unter anderem in die so genannten Fettsäuren, gespalten. Die Fettbestandteile gelangen nun über das Blut und über die Lymphe, die Spediteure des Körpers, zur Leber und schließlich zu den Motoren unseres Organismus, zu den Muskeln. Dort werden sie für die Energiegewinnung benötigt. Um unser Gewicht zu halten, sollten wir täglich so viel Nahrung zu uns nehmen, wie der Körper für den Stoffwechsel benötigt. Essen wir mehr, als der Körper „verstoffwechselt", sind die Möglichkeiten unseres Körpers Fett zu speichern nahezu unbegrenzt. Übergewichtige Personen tragen nicht selten Fettreserven von einer halben bis zu einer Millionen Kilokalorien mit sich herum. So brachte der Amerikaner Jon Minnoch 1978 stolze 635 Kilogramm auf die Waage und ist damit bis heute der schwerste Mensch der Welt.

TIPP

Ein Kilogramm Körperfett enthält etwa 7000 Kilokalorien. Fahren wir intensiv Rad, verbrauchen wir zirka 15 Kilokalorien pro Minute. Um 7000 Kilokalorien abzustrampeln, was ungefähr einem Kilogramm Fett entspricht, müssten wir also etwa acht Stunden auf dem Rad verbringen.

Die Fähigkeit, überschüssige Energie in Form von Fett zu speichern, war für unseren Organismus früher lebenswichtig. Sie stammt aus einer Zeit, in der die Vorratskammern nicht so gut gefüllt waren wie heute und Kühlschränke noch nicht existierten. Damals, während langer Wanderungen oder bei Hungersnöten, war der Mensch immer wieder darauf angewiesen, von seinen Speichern zu zehren, und das kann er heute noch. Ein schlanker, normalgewichtiger Mensch ist in der Lage, in extremen Situationen bis zu 40 Tage ohne Nahrung (jedoch nicht ohne Flüssigkeitszufuhr) auszukommen. Dafür ist er mit einem Schutzmechanismus ausgerüstet, der wie ein Sparprogramm funktioniert. Sobald die Nahrungszufuhr für länger als drei Tage ausbleibt oder drastisch abnimmt, wird der Energieverbrauch stark reduziert. Der Organismus verringert den Grundumsatz um bis zu 30% und geht mit dem wenigen, was er vorfindet, sehr sparsam um.

Fettreserven sicherten früher das Überleben

Genau dieser Schutzmechanismus kommt bei einer Diät zum Tragen. Der Körper weiß schließlich nicht, dass er „nur" übermäßige Fettreserven abbauen soll. Jeden übermäßigen Nahrungsentzug über mehr als drei Tage registriert er als den Beginn einer Hungersnot und damit als Auslöser für den Schutzmechanismus.

Schauen wir uns die Reaktion des Körpers an unserem Fallbeispiel Anna im Einzelnen an. Anna führt ihrem Körper mit der FdH-Methode nur noch die Hälfte der Menge zu, die ihr Körper benötigt (statt 2000 kcal nur noch 1000 kcal). Der Körper „registriert", dass diese Nahrungsmenge nicht ausreicht, um alle Organe, Muskeln und Zellen ausreichend zu versorgen. Er mobilisiert die fehlende Energie von 1000 Kilokalorien aus den Speichern – zunächst aus den schnell verfügbaren Zuckerdepots und Eiweißlagern in Muskeln und Leber, später aus den Fettspeichern –, um damit das Energiedefizit auszugleichen. Dies ist zunächst ein ganz normaler Vorgang, betrachtet man das Essverhalten der meisten Menschen. Wie Sie sicher aus Ihrem eigenen Verhalten wissen, gibt es durchaus Tage, an denen man mal mehr und mal weniger isst, auch an diesen Tagen findet so ein Ausgleich statt.

Kommt es allerdings an drei aufeinanderfolgenden Tagen zu einem Nahrungsdefizit, „befürchtet" der Körper das Schlimmste, nämlich dass hier eine „lebensbedrohliche" Situation, wie z.B. eine Hungersnot, vorliegt. Automatisch wird der bereits beschriebene Schutzmechanismus des Körpers ausgelöst, der verhindern soll, dass sinnlos Energie verbraucht wird, die später vielleicht überlebensnotwendig sein könnte.

Bei Menschen wie Anna, die über mehr als drei Tage strenge Diät halten, bedeutet das: Zeit für den Körper, die Schutzmaßnahmen einzuleiten. Er beginnt die Reserven zu schonen, indem er den Stoffwechsel verlangsamt und damit ökonomisiert. Ein sicheres Anzeichen dafür ist die immer geringer werdende Gewichtsabnahme bis hin zur Stagnation.

Diese Anpassung geschieht allerdings nicht von heute auf morgen. Der Stoffwechsel wird schrittweise gedrosselt, bis der Energieverbrauch sich an die geringe Energiezufuhr durch die Nahrung angeglichen hat. Der Stoffwechsel befindet sich dann wieder im Gleichgewicht, allerdings auf einem viel niedrigeren Niveau. Die Folgen sind bekannt: In diesem Moment nehmen wir nicht mehr ab, obwohl wir viel weniger essen als vor der Diät.

Hat man sich nun mit aller Disziplin ein paar Wochen lang gequält, sehnt man sich schnell nach den guten Zeiten zurück und will endlich wieder alles genießen. Leider kann unser Organismus nach Beendigung der Diät jedoch nicht sofort umschalten. Fallen wir in unsere alten Essgewohnheiten mit üppigeren Mahlzeiten zurück, wird die zugeführte Energie als Überschuss empfunden und sofort in den Fettzellen gespeichert. Nach dem Motto „die nächste Hungersnot kommt bestimmt" werden die Speicher erst einmal aufgefüllt, bevor der Körper damit beginnt, den Stoffwechsel schließlich wieder an die höhere Energiezufuhr und das alte Niveau anzupassen.

In diesem Zeitraum nehmen wir also permanent an Gewicht zu, meistens sogar ein paar Kilogramm mehr, als wir mit der Diät abgenommen haben. Dieses Ab- und Zunehmen während einer Diät wird auch Jo-Jo-Effekt genannt.

Jo-Jo-Effekt

Sie sehen: Extreme Hungerkuren sind nicht von Erfolg gekrönt. Vielmehr bewirken sie das Gegenteil von dem, was wir erreichen wollen. Während der Diät geht wertvolle Muskelmasse verloren, nehmen wir wieder zu, bauen wir keine Muskeln, sondern Fettpolster auf. Der Anteil unseres Organismus, der hohe Mengen an Energie verbrennen kann, nämlich die Muskulatur, wird daher mit jeder Diät kleiner, sodass sich der Grundumsatz und damit unser Energiebedarf mehr und mehr verringert. Ein Teufelskreis beginnt.

Zusammenfassung: Änderung der Stoffwechselaktivität und Fettspeicherung durch Diäten

Sobald der Körper im Zuge von Hungerkuren länger als drei Tage erheblich weniger Nahrung bekommt, als er gewohnt ist, fängt er an, sein eigenes Diätprogramm abzuspulen. Das bedeutet:

1) Der Organismus schont seine Energiereserven und drosselt die Stoffwechselleistung, solange er zu wenig Nahrung erhält (Muskulatur wir abgebaut).
2) Bekommt der Körper wieder genügend Nahrung, werden zunächst die Fettdepots gefüllt.
3) Um für die nächste Hungerperiode besser gerüstet zu sein, werden die Fettdepots vergrößert.
4) Erst wenn die Fettdepots wieder gefüllt und ausgebaut sind, fährt der Körper die Stoffwechselleistung wieder auf das Niveau vor der Diät hoch.
5) Resultat ist ein höheres Körpergewicht und ein höherer Körperfettanteil, da Muskulatur durch Fett ersetzt wurde.

Traurig, aber wahr: Gesundes Essen macht nicht schlank

Menschen, die schon die verschiedensten Diäten ausprobiert und den Jo-Jo-Effekt am eigenen Leibe erfahren haben, werden sich jetzt fragen: Wenn Hungern nichts bringt, was kann ich denn dann tun? Wie sieht es zum Beispiel mit einer Nahrungsumstellung aus? Wenn ich einfach Fettiges, Süßes und Alkohol weglasse und mich nur mit gesunden Nahrungsmitteln wie Reis, Kartoffeln, Getreide, Gemüse, Obst, Hähnchenbrust und Fisch ernähre, müssten die Fettpolster doch langsam verschwinden – oder? Leider lässt sich die Frage nicht mit einem eindeutigen „Ja" beantworten. Natürlich ist es gesund, sich fettige Soßen, Sahnetorten, Süßigkeiten

und Alkohol im Übermaß zu verkneifen und stattdessen regelmäßig zu frischem Obst und Gemüse, leckerem Fisch und komplexen Kohlenhydraten wie Vollkornreis und -nudeln oder Kartoffeln zu greifen. Aber „gesund essen" ist nicht gleichbedeutend mit „schlank werden". Es gibt Menschen, die bemüht sind, sich gesund zu ernähren, indem sie wenig Fett und viel Vollkorngetreide, wenig Süßes und viel Obst und Gemüse essen und trotzdem dick sind.

Eine Nahrungsumstellung allein reicht also offensichtlich nicht aus, um überflüssige Pfunde loszuwerden. Woran liegt das? Schauen wir uns dafür zunächst an, woraus unsere Nahrung zusammengesetzt ist. Eiweiße, Fette und Kohlenhydrate sind in nahezu allem, was wir essen, mehr oder weniger stark vertreten. Sie gehören zu den so genannten Grundnährstoffen und sind die Energieträger in den Lebensmitteln. Darüber hinaus enthält unsere Nahrung lebensnotwendige Vital- und Schutzstoffe wie Vitamine, Mineralstoffe und Spurenelemente. Der Anteil all dieser Bestandteile ist maßgeblich dafür, ob ein Nahrungsmittel gesund oder ungesund ist und ob es uns mit vielen oder wenigen Kalorien beliefert. Herkömmliche Schokolade zum Beispiel enthält nur eine verhältnismäßig geringe Menge an Vitalstoffen, dafür aber mit etwa 58 Gramm Zucker und 30 % Fett sehr viel Energie. Somit gehört Schokolade zu den weniger gesunden Nahrungsmitteln, ist aber hervorragend geeignet, um unsere Fettspeicher zu füllen.

Die WHO (World Health Organization) und die DGE (Deutsche Gesellschaft für Ernährung) empfehlen Menschen, die sich gesund ernähren wollen, 15-20 % der täglichen Nahrungsenergie mit Eiweißen, 45-55 % mit Kohlenhydraten und 30-35 % mit Fetten zu decken (s. auch Tabelle 8 auf S. 92). Zudem raten sie, fünf Portionen Obst oder Gemüse am Tag zu verzehren. Die Realität sieht bei den meisten leider anders aus: Obst oder Gemüse essen wir höchstens zweimal am Tag. Außerdem macht der Anteil der Fette in unserer Nahrung bis zu 45 % der Gesamtenergiezufuhr aus, und damit ist er viel höher, als die Experten für eine gesunde Ernährung empfehlen. Dafür mangelt es an Kohlenhydraten – nicht am Zucker in der Schokolade oder im Kuchen, sondern an komplexen Kohlenhydraten in pflanzlichen Nahrungsmitteln wie Vollkornreis, Vollkorngetreide oder Kartoffeln.

Der erste Schritt: weniger Fett und mehr komplexe Kohlenhydrate konsumieren

Der erste und wichtigste Schritt in Richtung Nahrungsumstellung besteht also darin, den Fettkonsum erheblich zu reduzieren und mehr komplexe Kohlenhydrate zu essen. Ebenso müssen wir unseren Verzehr an Vitaminen, Mineralstoffen und Spurenelementen erheblich erhöhen, indem wir mehr frisches Obst und Gemüse essen.

Nahrungsumstellung – eine andere Form der Diät

Während sich die richtige Zusammensetzung unserer Nahrung vor allem auf unsere Gesundheit und Leistungsfähigkeit auswirkt, ist die konsumierte Menge ausschlaggebend dafür, wie weit aus Mahlzeiten Kalorienbomben werden, die sich dauerhaft auf den Hüften festsetzen. Denn: Ob nun als Kohlenhydrate, Eiweiße oder Fette verzehrt – Kalorien als Maß für den Energiegehalt (fachsprachlich Brennwert) von Lebensmitteln bleiben Kalorien, aus welchen Nährstoffen wir auch immer sie gewinnen.

Tabelle 3: **Brennwert von Nährstoffen**

Nährstoff	**Brennwert (Energiegehalt)**	
1 Gramm Fett	= 9 Kilokalorien	38 Kilojoule*
1 Gramm Eiweiß	= 4 Kilokalorien	17 Kilojoule*
1 Gramm Kohlenhydrate	= 4 Kilokalorien	17 Kilojoule*
1 Gramm Alkohol	= 7 Kilokalorien	29 Kilojoule*

* 1 Kilokalorie = 4,2 Kilojoule

Allerdings gilt auch: Ein Gramm Kohlenhydrate und Eiweiß enthalten weniger Kalorien als ein Gramm Fett. Dazu folgendes Beispiel: Eine Portion Currywurst, Pommes und Mayonnaise sättigen, sind reich an Kalorien und ziemlich ungesund. Stellen wir unser Essverhalten im Sinne einer gesunden Ernährung um, sollten wir eine solch fettreiche Mahlzeit beispielsweise durch eine gleich große Portion mit Steak und Gemüse-, Kartoffel- und Salatbeilage ersetzen. Das Steakgericht macht genauso satt wie Currywurst und Co. Überdies ist es wegen seines niedrigen Fettgehalts und aufgrund des Vitalstoffreichtums von Salat und Gemüse gesünder und enthält auch nur halb so viele Kalorien wie die Fastfood-Variante.

Und das Beste ist: Trotz der Hälfte an Kalorien macht es genauso satt. Eben diese Tatschache wird den meisten zum Verhängnis, die durch „gesundes Essen" abnehmen möchten. Wenn wir nämlich im Zuge einer gesunden Ernährung nur die Hälfte an Kalorien aufnehmen, die wir bisher aufgenommen haben, heißt das im Klartext: Wir machen eine Diät, und zwar in diesem Fall eine FdH-Diät. Eine solche Nahrungsumstellung ist somit nichts anderes als eine Hungerkur. Die Folgen sind bekannt: Wir nehmen am Anfang ein paar Kilogramm ab und verlieren dabei vor allem Wasser, Muskulatur und damit auch jede Menge Leistungsfähigkeit. Später stagniert das Gewicht, weil der Körper sich auf das Weniger an Kalorien eingestellt hat. Der Stoffwechsel läuft auf Sparflamme.

Wer nun mangels Gewichtsverlust nicht mehr bereit ist, die gesunde Ernährungsweise beizubehalten und in die gewohnten Muster verfällt, der legt schnell wieder Pfunde zu und bringt hinterher mehr auf die Waage als vor der Nahrungsumstellung. Wer dagegen weiter regelmäßig sein Steak und andere gesunde Sachen verzehrt, nimmt nicht mehr ab, weil der Stoffwechsel sich auf die gesunde und magerere Kost eingestellt hat. Um mehr Gewicht zu verlieren, muss die Nahrungsmenge reduziert werden. In unserem Beispiel heißt das: nur noch ein halbes Steak und weniger Beilagen essen. Das Ergebnis kennen Sie: Mit der wenigen Nahrung erhält der Organismus nicht mehr genügend lebenswichtige Nähr- und Vitalstoffe, der Gewichtsverlust hält sich trotzdem in Grenzen und stoppt bald völlig – wie bei einer ganz gewöhnlichen Diät.

Fazit: Aus gesundheitlichen Gründen ist es sehr empfehlenswert, die Ernährung umzustellen. Allerdings sollte dabei die gleiche Menge an Kalorien aufgenommen werden wie vor der Veränderung, um leistungsfähig zu bleiben bzw. durch das Mehr an Vitalstoffen noch leistungsfähiger zu werden. Die Nahrung einzig und allein mit dem Ziel umzustellen, abzunehmen, ist falsch und führt wie jede Hungerkur in eine Sackgasse.

Im Gegenzug kann eine gesunde Ernährung auch dick machen, wenn wir plötzlich mehr essen als zuvor. Hat der Körper beispielsweise einen Energiebedarf von 2000 Kilokalorien pro Tag und wir haben die entsprechende Menge mit der Nahrung bereits verzehrt, dann wird jede weitere Kalorie als Fettreserve eingelagert und wir nehmen zu. Dabei ist es vollkommen egal, ob die Energie aus einem gedünsteten Blumenkohl oder aus einem Riegel Schokolade stammt. Zu viel ist eben zu viel. Demnach kann jeder Gewicht zulegen, wenn er Vollkornprodukte, Obst und Gemüse, also gesundes Essen, im Übermaß konsumiert. Wer abnehmen möchte, kommt um das gute alte Kalorienzählen also nicht herum.

Auch Obst und Gemüse können dick machen

Wahrscheinlich werden Sie jetzt denken: Wenn ich zu viel esse, nehme ich zu – wenn ich zu wenig esse ebenfalls. Gibt es denn überhaupt eine Möglichkeit, effektiv und dauerhaft Pfunde zu verlieren? Wie bereits eingangs erwähnt, existiert solch ein Weg. Das Body Wave-Programm „Body Wave Wellenessen“ besitzt alle Eigenschaften, die an eine Methode gestellt werden müssen, mit der wir erfolgreich abnehmen und das Gewicht auf lange Sicht halten können.

So funktioniert das Body Wave Wellenessen

Nachdem wir bislang all die Methoden erwähnt haben, die nicht geeignet sind, um Pfunde zu verlieren, kommen wir nun zu einem Weg, der dauerhaftes Abnehmen garantiert: das Body Wave-Programm „Body Wave Wellenessen". Es richtet sich an alle, die ihr Wunschgewicht auf sinnvolle und gesunde Weise erreichen und dauerhaft halten möchten. Die Kunst dieser erfolgreichen Methode liegt darin, einerseits den Wünschen der Übergewichtigen nach Gewichtsminderung ohne rigorosen Verzicht und ohne Verlust an Lebensqualität gerecht zu werden. Andererseits fließen dabei die Vorstellungen einer gesunden Ernährungs- und Lebensweise, wie sie die Deutsche Gesellschaft für Ernährung (DGE), Ärzte und Krankenkassen empfehlen, ebenfalls mit ein. „Body Wave - Abnehmen mit Maß und Spaß" ist darauf ausgerichtet, mit kleinen Umstellungen der Lebens- und Essgewohnheiten große Erfolge beim Abnehmen zu erzielen. Die Methode ist leicht anwendbar und ermöglicht einen nachhaltigen Gewichtsverlust ohne Radikaldiät, ohne einseitige Ernährung und ohne Jo-Jo-Effekt. Unter dem Motto „lenken, nicht maßregeln" holt Body Wave Übergewichtige dort ab, wo sie stehen. Sündiger Genuss darf und muss sogar manchmal sein, so lange nicht grenzenlos geschlemmt wird.

Body Wave macht es den Menschen leicht.

Ziel ist es, zu lernen, mit den Kalorien zu jonglieren und sie so aufzuteilen, dass die Lust am Essen nicht verloren geht, dass jeder genussvoll satt wird und sich zugleich ausgewogen ernährt. Viele Menschen werden feststellen, dass sie ihre alten Essgewohnheiten weniger ändern müssen, als sie es erwartet haben.

Dabei werden auch mit Body Wave die Gesetze, die bei herkömmlichen Diäten bestehen, nicht außer Kraft gesetzt. Es gilt also: Wer mehr Energie, also Kalorien, mit der Nahrung aufnimmt, als er verbraucht, speichert diese in Form von Fett und wird dick. Derjenige, der abnehmen will, muss seinem Körper deswegen weniger Energie als benötigt zuführen. Der Clou des Body Wave Wellenessens ist aber, dass die Kalorienaufnahme zwar reduziert wird, ohne dabei jedoch wie bei herkömmlichen Abnehmprogrammen den Energieverbrauch auf Dauer zu senken. Das führt dazu, dass die Gewichtsabnahme nicht nach ein paar Wochen stagniert. Außerdem wird niemand Opfer des Jo-Jo-Effekts, denn der gleichbleibende Energiebedarf vor, während und nach dem Body Wave Wellenessen sorgt dafür, dass der Körper auch nach Beenden der Methode kein Gewicht zulegt.

Der Abnahmeerfolg wird durch ein wellenförmiges Essen erreicht. Konkret bedeutet das, die Kalorienaufnahme jeweils nur für einige Tage zu senken. Danach folgt ein Schlemmertag, an dem Sie sogar mehr essen dürfen und müssen, als dem Organismus vom errechneten Energiebedarf zusteht. Auf diese Weise wird verhindert, dass der Körper so reagiert wie bei anderen Diäten, bei denen er auf die unterkalorische Ernährungsweise mit einer Senkung des Energiebedarfs antwortet und den Stoffwechsel auf Minimalverbrauch herunterfährt.

Um zu verstehen, wie Body Wave im Einzelnen funktioniert, kehren wir zurück zur übergewichtigen Anna, unserer Beispielkandidatin. Wie müsste sich Anna ernähren, um mit dem Body Wave Wellenessen dauerhaft abzunehmen? Wir gehen davon aus, dass ihr täglicher Energieverbrauch bei 2000 Kilokalorien liegt. Dies ist die Energiemenge, bei der sie weder zu- noch abnimmt.

Isst sie am ersten Tag weniger, stellt ihr Körper – wie bei jeder anderen Diät auch – fest, dass zu wenige Kalorien aufgenommen wurden. Er holt sich die fehlende Energie aus seinen Depots und nimmt ab. Das ist genau das, was Anna erreichen will. Um weiterhin leistungsbereit zu bleiben und ihr Luxusgewebe, die Muskeln, zu schonen, darf sie aber keine Radikalkur machen: Sie spart also nicht 1000, sondern maximal 800 Kilokalorien pro Tag ein, sodass sie ihrem Körper insgesamt noch 1200 Kilokalorien zuführt. Am zweiten Tag setzt sie die Diät auf diese Weise fort. Wiederum bedient sich der Organismus aus den Depots und verliert zunehmend an Gewicht. Das Gleiche geschieht am dritten Tag. Die unter dem Energiebedarf liegende Tagesration von 1200 Kilokalorien führt dazu, dass der Körper weiter seine Fettreserven anknabbert.

Den Körper überlisten

Da wir wissen, dass im Körper ein Schutzmechanismus in Gang gesetzt wird, sobald wir mehr als drei Tage hintereinander weniger essen, sollte Anna am vierten Tag eine andere Strategie einschlagen. Schließlich wollen wir ja genau das verhindern, dass ihr Organismus seinen Stoffwechsel umstellt und den Energiebedarf zukünftig drosselt – wie bei allen anderen Diäten auch. Anna legt an diesem vierten Tag einen „Schlemmertag" ein und lässt es sich richtig gut gehen. Damit ist gemeint, dass Anna an diesem Schlemmertag mehr isst als in den vorherigen drei Tagen, ja sogar mehr als vor Beginn des Body Wave Wellenessens. Sie nimmt nicht nur 2000 Kilokalorien mit der Nahrung auf, wie es ihrem derzeitigen Energiebedarf entsprechen würde, sondern packt noch einmal 200 Kilokalorien drauf. Sie schlägt ihrem Körper dadurch ein Schnippchen. Während der Organismus am vierten Tag gerade damit beginnen möchte, den Schutzmechansimus zu aktivieren und den Stoffwechsel langsam zu drosseln, wird er registrieren, dass mehr als ausreichend Kilokalorien bei ihm ankommen. Der Organismus stellt fest, dass die Kalorienversorgung entgegen der Warnmeldungen bestens ist und sieht daher keine Veranlassung mehr, den Stoffwechsel auf Sparflamme laufen zu lassen. Der Energieverbrauch bleibt also, wie er ist.

Anna wiederholt diesen Vier-Tages-Rhythmus nun so lange, bis sie ihr Wunschgewicht erreicht hat: Sie isst drei Tage lang 800 Kilokalorien weniger, als sie verbraucht, und nimmt am vierten Tag insgesamt 2200 Kilokalorien auf. Dabei verliert sie kontinuierlich Gewicht. Sollte sie ihr Programm ein oder zwei Wochen unterbrechen – beispielsweise, weil sie in den Urlaub fährt oder zu diversen Feierlichkeiten eingeladen ist und die 1200-Kilokalorien-Grenze deswegen nicht einhalten kann –, ist das kein Problem. Da der Stoffwechsel nicht abgesenkt wurde, kann sie in dieser Zeit einfach auf ihr Ausgangsenergieniveau zurückgehen (2000 kcal) und wird diese diätfreie Zeit ohne Gewichtszunahme überstehen. Zwar wird Anna in dieser Zeit nicht weiter abnehmen – sobald sie jedoch wieder in das Body Wave Wellenessen einsteigt, purzeln die Pfunde weiter.

Tabelle 4: **Beispiel für einen Body Wave Kalorienfahrplan**

	Zugeführte Kilokalorien	**Gesparte Kilokalorien verglichen mit einem Tagesbedarf von 2000 Kilokalorien**
1. Tag	1200	– 800
2. Tag	1200	– 800
3. Tag	1200	– 800
4. Tag	2200	+ 200
5. Tag	1200	– 800
6. Tag	1200	– 800
7. Tag	1200	– 800
8. Tag	2200	+ 200
Insgesamt in acht Tagen	11600	– 4400

Wie viel Gewicht man mit Hilfe des Body Wave Wellenessens verlieren kann, macht folgende Beispielrechnung klar. Ihr liegt der Kalorienfahrplan von Tabelle 4 zu Grunde. Betrachtet wird ein Zeitraum von acht Tagen, in denen insgesamt 4400 Kilokalorien weniger aufgenommen werden, als der Körper an Energie verbraucht. Um ein Kilogramm Fett abzunehmen, müssen ungefähr 7000 Kilokalorien eingespart werden. Rechnerisch gesehen, müsste der Körper in acht Tagen demnach ca. 600 Gramm Fett verlieren. Realistisch sind 300-400 Gramm Fett, da der Anteil an fettfreier Substanz unterschiedlich groß ist, je nachdem, wie groß die Zuckerspeicher sind, die ja am Anfang zunächst geleert werden. In einem Monat entspricht das einer Abnahme von 1,2 bis 1,7 Kilogramm Körperfett. Rechnet man mit einer durchschnittlichen Gewichtsabnahme von 400 Gramm pro acht Tagen für Frauen und 500 Gramm pro acht Tagen für Männer, so kann sich jeder ganz leicht ausrechnen, wie lange er benötigt, um sein Wunschgewicht zu erreichen. Als Faustformel gilt:

Formel für Frauen:

Angestrebter Gewichtsverlust (in kg) : 0,4 x 8 : 30 => benötigter Zeitraum in Monate

[ ] : 0,4 x 8 : 30 => [ ]

Formel für Männer:

Angestrebter Gewichtsverlust (in kg) : 0,5 x 8 : 30 => benötigter Zeitraum in Monaten

[ ] : 0,5 x 8 : 30 => [ ]

Beispiel: Eine Frau, die fünf Kilogramm abnehmen möchte, benötigt dafür etwa 3,5 bis 4 Monate.

Rechnung: 5 kg (angestrebter Gewichtsverlust) : 0,4 (machbarer Gewichtsverlust pro 8 Tage) = ergibt die Intervalle für das Wellenessen x 8 (Tage pro Wellenessen) : 30 (Tage eines Monats) => 3,33 Monate

Dazu zählt man noch einige Tage Vorbereitung auf das Wellenessen. Dazu mehr im nächsten Kapitel.

Mit Body Wave Schritt für Schritt zum Erfolg

Nachdem Sie die grundsätzlichen Aspekte des Body Wave Wellenessens kennengelernt haben, wird es nun ernst. Auf den folgenden Seiten erfahren Sie ganz konkret und Schritt für Schritt, wie Sie mit Hilfe von Body Wave Kilogramm für Kilogramm verlieren können.

■ Auf einen Blick: Die Body Wave Methode in Stichpunkten

Schritt 1: Ermitteln Sie Ihren individuellen Energiebedarf

Schritt 2: Voraussetzungen für das Wellenessen schaffen

Schritt 3: Mit dem Wellenessen zum Wunschgewicht

Schritt 4: Nach dem Abnehmen zurück zum ursprünglichen Energiebedarf

Schritt 5: Halten Sie Ihr Wunschgewicht

Schritt 1: Ermitteln Sie Ihren individuellen Energiebedarf!

Wer abnehmen will, muss seinem Körper weniger Energie zuführen, als dieser braucht. Ziel ist es daher, zunächst herauszufinden, wie viele Kilokalorien unser Organismus pro Tag benötigt, um weder zu- noch abzunehmen. Herkömmliche Richtwerte, die den Energieverbrauch eines Durchschnittsmenschen angeben, sind zu ungenau, weil der Kalorienbedarf von Mensch zu Mensch sehr unterschiedlich sein kann. Er hängt vom Gewicht, vom Alter, von der Stoffwechselaktivität, der körperlichen Bewegung und anderen Faktoren ab. Deswegen sollte er nie pauschal, sondern immer individuell ermittelt werden.

Führen Sie ein Ernährungstagebuch!

Aus diesem Grund steht am Beginn des Body Wave Wellenessens eine Ist-Analyse der Ernährungsgewohnheiten. Protokollieren Sie diese über einen Zeitraum von mindestens einer Woche in einem Tagebuch – ohne jede Beschönigung. Schreiben Sie detailliert auf, was Sie über den Tag verteilt essen und trinken. Keine Angst, das ist viel weniger aufwändig, als Sie vielleicht befürchten. In der Regel essen die meisten Menschen nämlich gar nicht so viele unterschiedliche Dinge – morgens zum Frühstück beispielsweise regelmäßig zwei Scheiben Toast, eine Schale Müsli oder eventuell nur

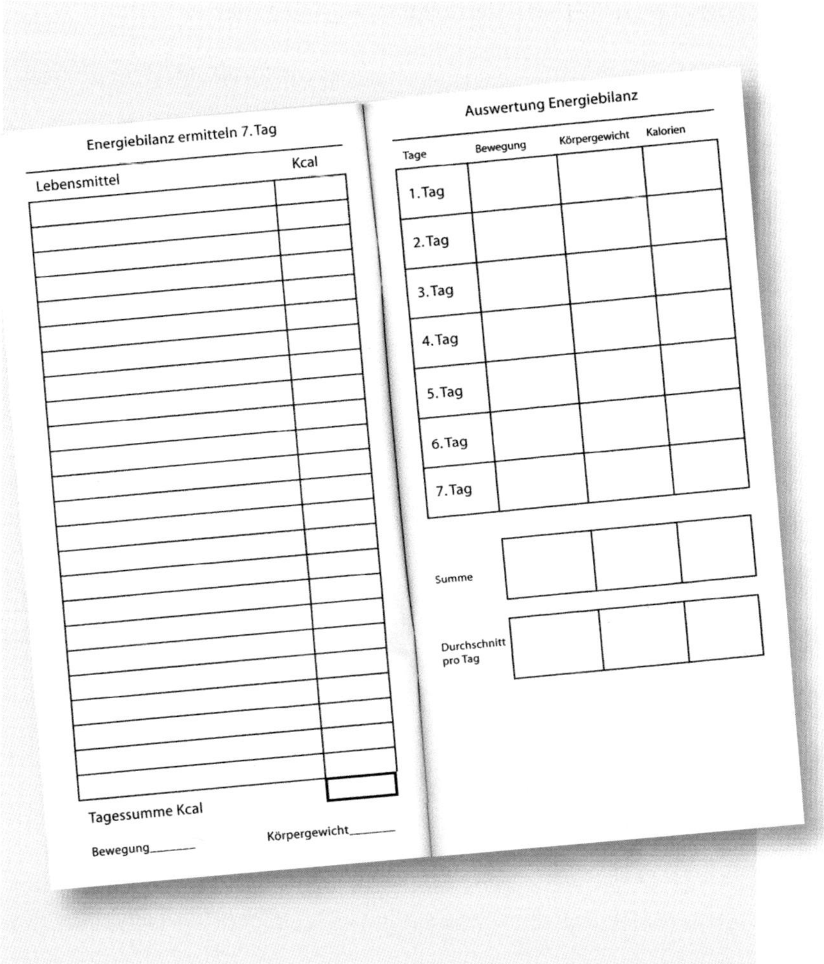
Energiebilanz ermitteln 7. Tag

Lebensmittel	Kcal

Tagessumme Kcal

Bewegung______ Körpergewicht______

Auswertung Energiebilanz

Tage	Bewegung	Körpergewicht	Kalorien
1. Tag			
2. Tag			
3. Tag			
4. Tag			
5. Tag			
6. Tag			
7. Tag			
Summe			
Durchschnitt pro Tag			

einen Apfel. Vergessen Sie nicht, die Mengenangaben zu notieren, sonst können Sie später nicht den Kaloriengehalt der Lebensmittel ermitteln. Schreiben Sie also nicht ...

1 Butterbrot mit Käse,

sondern notieren Sie detailliert ...

1 Scheibe Brot (50 g),

1 Scheibe Käse (45 % Fett i. d. Trockenmasse; 25 g) und

Halbfettmargarine (5 g)

Um solche exakten Mengenangaben machen zu können, müssen Sie die Lebensmittel zumindest am Anfang wiegen. Nur so entwickeln Sie mit der Zeit ein Gefühl dafür, wie schwer herkömmliche Portionen sind. Später werden Sie die Waage immer seltener einsetzen, weil Sie erfahren genug sind, um einzuschätzen, wie viel Butter auf ein Brot passt oder wie viel vier Kartoffeln wiegen. Hilfreich sind hierbei auch Kalorientabellen, die den Energiegehalt auf Portionen bezogen angeben.

Essen Sie wie immer

Verhaltensänderungen sind in den ersten sieben Tagen des Protokollierens noch nicht erwünscht: Wer in der Vergangenheit gerne geschlemmt hat, macht das auch weiterhin, und wer sich bislang nicht sportlich betätigt hat, ändert daran ebenfalls nichts. Wählen Sie für Ihr Protokoll daher eine repräsentative Woche aus Ihrem Leben. Sie sollten alles genauso machen wie immer. Eine Woche, in der Sie Urlaub haben und einem völlig anderen Tagesablauf als normalerweise folgen, eignet sich also nicht, um die Energiebilanz zu ermitteln. Wichtig ist natürlich, dass Sie versuchen, so zu essen, dass Ihr Gewicht in der besagten Woche möglichst gleich bleibt. Nur dann ist gewährleistet, dass das, was Sie in diesen sieben Tagen verzehrt haben, auch tatsächlich Ihre Energiebilanz widerspiegelt. Um zu kontrollieren, ob Sie Ihr Gewicht halten, sollten Sie sich jeweils morgens nach dem Aufstehen am besten nackt wiegen. Notieren Sie das Ergebnis im Ernährungstagebuch.

Nach einer Woche wird „abgerechnet"

Nach einer Woche wird „abgerechnet": Ermitteln Sie mit Hilfe einer Kalorientabelle den Energiegehalt der konsumierten Nahrungsmittel in Kilokalorien, zählen Sie diese zusammen, und teilen Sie das Ergebnis durch sieben. So erhalten Sie die Kalorien, die Sie durchschnittlich pro Tag aufgenommen haben. Rechnen Sie Ihren Kalorienverzehr bitte erst aus, wenn Sie Ihre Ernährungsgewohnheiten eine Woche lang protokolliert haben. Denn: Zählen Sie die Kalorien bereits dann zusammen, wenn Sie die konsumierten Nahrungsmittel notieren, werden Sie – egal ob bewusst oder unbewusst – etwas an Ihrem Essverhalten verändern. Damit wäre das Protokoll in der Folgezeit aber nicht mehr repräsentativ und würde nicht Ihrem normalen Energiebedarf gerecht. Bedenken Sie: Die Genauigkeit in dieser Woche kann entscheidend sein für einen erfolgreichen Gewichtsverlust in den kommenden Monaten.

Ist Ihr Körpergewicht zu Beginn und zum Ende der Woche gleich geblieben, können Sie davon ausgehen, dass der von Ihnen errechnete Wert Ihre Energiebilanz pro Tag – die erforderliche Energiemenge zum Aufrechterhalten der Körperfunktionen – wiedergibt. Es ist Ihr ganz persönlicher Richtwert, bei dem Sie weder zu- noch abnehmen. Herzlichen Glückwunsch, Sie haben damit den ersten wichtigen Schritt zu einer dauerhaften Gewichtsabnahme ohne Jo-Jo-Effekt geschafft.

Schritt 2: Voraussetzungen für das Wellenessen schaffen

Die Höhe Ihrer ermittelten Energiebilanz ist ausschlaggebend für die weitere Vorgehensweise. Liegt der von Ihnen ermittelte Wert bei mehr als 2000 Kilokalorien pro Tag? Dann haben Sie die Voraussetzungen, um mit dem Body Wave Wellenessen zu starten. Machen Sie weiter mit Schritt 3.

Ist der Wert niedriger als 2000 Kilokalorien pro Tag? Dann fehlen Ihnen noch die Voraussetzungen, um sofort mit dem Wellenessen beginnen zu können. Der Grund: Sie essen zu wenig. Jeder gesunde, arbeitende Mensch sollte eine Energiebilanz von mindestens 2000 Kilokalorien aufweisen. Nur wenige Menschen benötigen aufgrund ihrer körperlichen Konstitution tatsächlich weniger Energie. Diese Ausnahmen sind zumeist ältere Menschen oder Kranke, die sich kaum noch bewegen und deshalb mit entsprechend weniger Energie auskommen.

Wie hoch der Wert für Sie persönlich tatsächlich sein sollte, können Sie mit Hilfe einer Faustformel ermitteln. Ordnen Sie Ihre körperliche Aktivität zunächst anhand folgender Tabelle zu:

Alltagsbelastung	**Frauen**	**Männer**
Sehr leicht (nur sitzende Tätigkeit)	1,4	1,4
Leicht (sitzen und stehen / gehen)	1,6	1,7
Mittel (immer in Bewegung)	1,8	1,9
Schwer (Bewegung mit Belastung)	2,0	2,2

Sportliche Bewegung wird zusätzlich mit einem weiteren Faktor berücksichtigt, den Sie zu dem obigen Faktor dazu addieren.

Sportliche Belastung	Leicht	Mittel	Intensiv
Häufigkeit pro Woche	1-2	3	>3
Zuschlag	0,1	0,2	0,3

Den gesamten Faktor setzen Sie in die nun folgende Formel an Stelle des F ein, und schon haben Sie einen Richtwert für Ihren persönlichen Energiebedarf.

Frauen:
F x (655 + (9,6 x Gewicht in kg) + (1,8 x Größe in cm) – (4,7 x Alter))

Männer:
F x (66 + (13,7 x Gewicht in kg) + (5 x Größe in cm) – (6,8 x Alter))

Sie stellen fest, dass der errechnete Energiebedarf über dem liegt, was Sie zur Zeit essen? Dann haben Sie Ihren Stoffwechsel bereits durch Diäten, Stress oder Krankheit in den Keller gewirtschaftet. Aber keine Sorge, damit stehen Sie nicht allein da, denn so wie Ihnen geht es ca. 30 % der Abnehmwilligen. Sie essen kaum etwas und oft sogar bewusst fettarm und zuckerreduziert und bleiben trotzdem übergewichtig. Warum das so ist, haben wir ja schon in den vorherigen Beispielen erfahren. Der Schutzmechanismus Ihres Körpers hat Sparmaßnahmen ergriffen, um trotz des reduzierten Essens, das Sie ihm zuführen, alle Körperfunktionen aufrechterhalten zu können. An den Fettdepots hält er dabei eisern fest, denn sie sind seine absolute Reserve für den Fall, dass er gar keine Nahrung mehr bekommt. Sie werden in diesem Zustand auch durch Sport kein Gramm Fett abbauen, sondern Ihr Körper wird noch ökonomischer mit der vorhandenen Nahrung umgehen. Wenn Sie es auf die Spitze treiben, wird sich der Organismus mit den ihm zur Verfügung stehenden Mitteln sogar gegen die sportliche Aktivität wehren. Dies tut er, indem er Ihnen zunächst signalisiert, dass er keine Lust auf Sport hat und kaum noch leistungsfähig ist. Wenn Sie die Warnsignale Ihres Körpers ignorieren und trotzdem weiter Ihr Pensum oder sogar noch ein erhöhtes Pensum absolvieren, wie es oft während einer Diät gemacht wird, endet das nicht selten in Verletzungen. Ihr Körper

macht ihnen damit unmissverständlich klar, dass es so nicht weitergehen kann und dass er am Ende ist.

Ihre Aufgabe ist es nun, dem Körper Entwarnung zu geben und ihm klarzumachen, dass die Zeit des Hungerns vorbei ist und das Notfallprogramm abgeschaltet werden kann. Die Devise lautet zunächst: nach und nach regelmäßig und mehr zu essen, um dem Körper wieder die Sicherheit zu geben, dass eine konstante Nahrungszufuhr gewährleistet ist, auf die er sich verlassen kann. Wenn Sie sich parallel dazu auch noch täglich ein paar Minuten mehr bewegen, wird auf diese Weise der Stoffwechsel aktiviert und der Kalorienbedarf langsam auf ein normales Maß gehoben. Gehen Sie dabei folgendermaßen vor:

Steigern Sie Ihren Energiebedarf

Essen Sie acht Tage lang 150 Kilokalorien mehr, als der von Ihnen ermittelte tägliche Energiebedarf ergeben hat. Bewegen Sie sich zugleich zehn Minuten pro Tag mehr als bislang. Diese zusätzliche sportliche Betätigung sollte Sie anstrengen, aber nicht überfordern, spazieren gehen reicht dabei nicht aus. Zur Kontrolle dient hier die Pulsfrequenz. Diese richtet sich immer nach Alter und Leistungsniveau. (Näheres dazu lesen Sie bitte im Kapitel „Die Herzfrequenz gibt den Takt an" S. 214.) Haben Sie Ihren empfohlenen Energiebedarf von mindestens 2000 Kilokalorien mit der ersten Steigerung um 150 Kilokalorien noch nicht erreicht, erhöhen Sie die Energiezufuhr erneut für eine Dauer von acht Tagen um 150 Kilokalorien pro Tag. Treiben Sie weiterhin täglich zehn Minuten Sport mehr als vor Beginn des Body Wave Wellenessens. Steigern Sie die Energiezufuhr so lange, bis Sie die für Sie empfehlenswerte Kalorienmenge, die Sie mit Hilfe der Faustformel errechnet haben, mindestens jedoch 2000 Kilokalorien pro Tag, erreicht haben.

Das erreichte Kalorienniveau und die zehn Minuten Sport behalten Sie dann noch weitere 24 Tage bei, bevor Sie mit dem nächsten Schritt, dem Wellenessen, beginnen. Wenn Sie alles richtig gemacht haben, hat sich Ihr Körpergewicht in diesem Zeitraum des Mehressens kaum verändert. Es sollte nicht oder nur um maximal ein Kilogramm steigen. Die Erfahrung zeigt jedoch, dass viele Menschen in dieser Zeit eher ab- als zunehmen. Aber auch, wenn Sie keine Pfunde verloren haben, können Sie sich glücklich schätzen: Sie essen jetzt viele Kilokalorien pro Tag mehr und nehmen trotzdem nicht zu. Wenn das kein Erfolg ist!

Schritt 3: Mit dem Wellenessen zum Wunschgewicht

Sie hatten von Beginn an die notwendigen Voraussetzungen, um mit dem Wellenessen zu starten? Dann lesen Sie bitte bei b) weiter. Mussten Sie zunächst mehr essen, um den geforderten Energiebedarf von mindestens 2000 Kilokalorien pro Tag zu erreichen? In diesem Fall beginnen Sie bitte bei a).

a) Ziehen Sie von Ihrem in Schritt 2 neu erarbeiteten Energiebedarf zunächst 100 Kilokalorien ab, denn Sie müssen davon ausgehen, dass Ihr Körper die neue Energiemenge nicht zu 100% akzeptiert hat. Sie haben sich beispielsweise auf 2200 Kilokalorien „hochgegessen", dann ziehen Sie von diesen 2200 Kilokalorien 100 Kilokalorien ab und gehen von 2100 Kilokalorien als neuen Energiebilanzwert aus. Anschließend verfahren Sie weiter mit b). Die zehn Minuten Sport behalten Sie für die Dauer des Wellenessens auf jeden Fall bei.

b) Ziehen Sie von Ihrem individuell ermittelten Energiebedarf (s. Schritt 1) 800 Kilokalorien ab. Daraus ergibt sich die Menge, die Sie zukünftig an den Spartagen zu sich nehmen dürfen. Schlagen Sie nun auf Ihren individuell ermittelten Energiebedarf 200 Kilokalorien auf. So erhalten Sie die Menge an Kilokalorien, die Sie an Ihrem Schlemmertag aufnehmen dürfen bzw. müssen.

c) Jetzt beginnen Sie mit dem Wellenessen. Das heißt: Sie essen an drei Tagen wenig (Energiebedarf minus 800 Kilokalorien) und lassen dann einen Schlemmertag (Energiebedarf plus 200 Kilokalorien) folgen. Danach machen Sie mit drei Spartagen und einem anschließenden Schlemmertag weiter. Diesen Rhythmus behalten Sie bei.

Schlemmertag ist Pflicht

Je genauer Sie sich an die Vorgaben halten, desto sicherer ist der Erfolg. Wenn Sie an den Spartagen mehr essen als empfohlen, ist das zwar nicht dramatisch, schmälert jedoch Ihren Gewichtsverlust. Weniger Kalorien als vorgegeben zu essen, kann dagegen schlimmere Folgen haben. Im ungünstigsten Fall glaubt Ihr Körper, eine neue Hungersnot bräche herein, und er reagiert wie bei jeder herkömmlichen Diät mit einer Absenkung des Energieverbrauchs. Der Motivationstag, an dem Sie regelmäßig schlemmen dürfen, ist besonders wichtig für den Erfolg des Wellenessens. Durch ihn wird verhindert, dass der Körper sich auf Diät gesetzt fühlt, den Energiebedarf senkt und den Stoffwechsel auf Sparflamme laufen lässt. Versuchen Sie also nicht, auch an den Schlemmertagen Kalorien einzusparen. Damit erreichen Sie das Gegenteil von dem, was Sie wollen. Der Körper beginnt mit dem Abbau von Muskulatur anstelle von Fett, und Sie verlieren pro vier Tagen ca. 70 Kilokalorien an Stoffwechselaktivität. Hatten Sie einen von Beginn an ausreichend hohen Stoffwechsel, können Sie solch einen Fehler sehr wahrscheinlich kompensieren. Gehörten Sie jedoch zu denen, die ihren Stoffwechsel erst mühsam ankurbeln mussten, kann dieser Fehler für Sie dramatische Folgen haben: Ihr Körper erkennt die alten Verhaltensmuster und schaltet sofort auf sein Notprogramm, das er ja schon von früher her kennt. Der Stoffwechsel fällt auf das frühere Niveau herab und mit dem Abnehmen ist es vorbei. In diesem Fall müssen Sie das Wellenessen abbrechen, ein paar Wochen Pause einlegen und von vorne beginnen. Um das zu vermeiden, halten Sie sich besser an die Vorgaben.

Wenn Sie die vorgegebenen Kalorienempfehlungen beachten, können Sie mit Hilfe des Body Wave Wellenessens ohne Schwierigkeiten zirka 400 und mehr Gramm in acht Tagen abnehmen. Das entspricht einem Gewichtsverlust von etwa 1,5 bis 2 Kilogramm in einem Monat.

Kleiner Tipp: Schauen Sie während des Wellenessens nicht nur täglich auf die Waage, sondern außerdem in den Spiegel. Dort erkennen Sie am besten, ob Sie neben dem Gewicht auch Fett verloren haben. Wollen Sie es ganz genau wissen, notieren Sie in regelmäßigen Abständen Ihre Körpermaße. So können Sie Ihren Erfolg nicht nur in Kilogramm, sondern auch in Zentimetern dokumentieren.

Bewegung als unterstützendes Element

Durch körperliche Aktivität jeder Art wird die Energieverbrennung angeheizt und damit der Gewichtsverlust beschleunigt. Außerdem kann der Körper durch die Anregung des Kreislaufs und die verstärkte Durchblutung überflüssige Schlacken besser abtransportieren.

Seien Sie aber beruhigt: Sie müssen nicht gleich zum Intensivsportler mutieren, um diese positiven Effekte zu erzielen. Selbst kleine Veränderungen Ihrer Bewegungsgewohnheiten werden große Wirkung zeigen. Gehen Sie z. B. nach dem Abendessen spazieren, statt direkt auf das Sofa umzusiedeln. Oder nutzen Sie bewusst das Rad, um kleinere Einkäufe zu erledigen. Die Erfahrung zeigt, dass viele ihren Spaß an der Bewegung entdecken, wenn mit Hilfe des Wellenessens erste Erfolge messbar sind. Und dann ist es immer noch nicht zu spät, um mit dem Sport zu beginnen. Nehmen Sie sich aber nicht zu viel auf einmal vor, sonst fühlen Sie sich überfordert oder begegnen der sportlichen Herausforderung schon bald mit Lustlosigkeit. Also: Gehen Sie schrittweise vor! Wie Sie sich richtig bewegen, erfahren Sie in Kapitel „Ohne Bewegung geht es nicht“ ab S. 205.

Wer bereits vor Beginn des Body Wave Wellenessens Sport getrieben hat, muss dieses Pensum während der Abnehmphase natürlich beibehalten. Fällt die regelmäßige Bewegung plötzlich weg, dann stimmt die in der ersten Woche ermittelte Energiebilanz nicht mehr und die Gewichtsminderung ist nicht mehr gewährleistet.

Essen muss Spaß machen

Die Zusammenstellung der Lebensmittel kann jeder während des Wellenessens – auch an den Spartagen – völlig frei wählen, so lange die vorgegebene Energiemenge nicht überschritten wird. Sie können also ganz normal gemeinsam mit Ihrer Familie oder Freunden essen, ohne für sich separat kochen zu müssen. Sie lernen jedoch, die von Ihnen bevorzugten Nahrungsmittel auf ihre Energiemenge zu prüfen und mit der Zeit aus eigenem Antrieb die kalorienreichen Lebensmittel durch kalorienarme zu ersetzen. Hier kommt Ihnen der im Kapitel „Nahrungsumstellung – eine andere Form von Diät“ erklärte Umstand zugute, dass gerade gesunde Nahrung wie Vollkornprodukte, Gemüse, Obst, Geflügel und Fisch einen hohen Sättigungsgrad bei einer vergleichsweise niedrigen Kalorienmenge haben. Es ist also durchaus ratsam, an den Spartagen „gesunde“ Nahrungsmittel, wie sie im Kapitel: „Die Ernährung: Das A und O“, ab Seite 79 vorgestellt werden, zu bevorzugen.

Auf diese Weise entwickeln Sie Schritt für Schritt ein gesundheitsförderndes Essverhalten, das auf Ihre individuellen Bedürfnisse und vor allem auf Ihren Geschmack abgestimmt ist. Das ist wichtig, weil der Spaß am lustvollen Essen nicht verloren gehen darf. Dann nämlich würde die Motivation für das nachhaltige Abnehmen auf der Strecke bleiben. Und die braucht es, da Sie bei einem Schnitt von 400 bis 500 Gramm pro Woche für einen Gewichtsverlust von drei bis vier Kilogramm etwa zwei Monate benötigen werden – Body Wave ist eben keine Zauberei, sondern zielt auf langfristige Erfolge.

Schritt 4: Nach dem Abnehmen zurück zur ursprünglichen Energiebilanz

Haben Sie Ihr Wunschgewicht erreicht, sollten Sie das Wellenessen nicht einfach abbrechen, sondern Schritt für Schritt zu dem Energieverbrauch zurückkehren, mit dem Sie in das Wellenessen gestartet sind bzw. der für Sie sinnvoll ist. Dazu gehen Sie bitte folgendermaßen vor:

Erhöhen Sie den Spartag um 100 kcal und senken Sie den Schlemmertag um 50 kcal ab. So essen Sie acht Tage lang, dann erhöhen Sie den Spartag erneut um 100 kcal und senken den Schlemmertag wiederum um 50 kcal ab. Verfahren Sie so alle acht Tage, dann haben Sie sich nach zwei Monaten bis auf 100 kcal an das Energieniveau angenähert, mit dem Sie das Wellenessen begonnen haben. Dieser kleine Sicherheitsabstand ist durchaus sinnvoll, da sich Ihr Energiebedarf während des Abnehmens evtl. ein wenig gesenkt hat. Denn: Sie sind jetzt leichter als vorher und verbrauchen aufgrund Ihres geringeren Gewichts auch weniger Kalorien. Ob und inwieweit Ihr Kilokalorienverbrauch sich vermindert hat, werden Sie an der Entwicklung Ihres Körpergewichtes erkennen, das während dieser Phase um maximal ein Kilogramm steigen darf.

Im Prinzip sind Sie jetzt am Ende der Reise angekommen, Sie haben Ihr Wunschgewicht erreicht und können fast genauso viele Kilokalorien zu sich nehmen wie vorher, oder wenn Sie zu denen gehörten, die Ihren Stoffwechsel erst ankurbeln mussten, sogar erheblich mehr. Wenn Sie sich mit dieser Kalorienmenge wohl fühlen, dann ist dies Ihre neue Energiebilanz und sollte die Menge an Kilokalorien sein, die Sie von nun an „ruhigen Gewissens" jeden Tag essen können und auch sollten. Sie wissen ja: Je zuverlässiger Ihr Körper die benötigte Menge an Kilokalorien bekommt, desto besser funktioniert der Stoffwechsel.

Kleiner Tipp: Errechnen Sie den für Ihre persönlichen Parameter empfohlenen Energiebedarf anhand der auf Seite 50 dargestellten Formel. Falls Sie das schon einmal vor dem Wellenessen gemacht haben, tun Sie es ruhig noch einmal, schließlich hat sich ja nun auf jeden Fall der Parameter „Körpergewicht" verändert. Liegt Ihre derzeitige Kalorienzufuhr deutlich unter dem empfohlenen Energiebedarf, so sollten Sie wie unter Schritt 2 (S. 49 und folgende) beschrieben versuchen, Ihren jetzigen Wert dem empfohlenen anzunähern.

Schritt 5: Halten Sie Ihr Wunschgewicht!

Ihr neues Körpergewicht langfristig zu halten, ist nun das oberste Ziel. Die Voraussetzungen dafür haben Sie mit Schritt 4 eigentlich schon geschaffen. Allerdings sollten Sie folgende Regeln einhalten, damit Ihr Gewicht nicht schon bald wieder in die Höhe schnellt:

- *Essen Sie nicht mehr, als Ihr Körper an Kilokalorien verbraucht.*

Das wird Ihnen sicherlich nicht schwerfallen, denn erstens wissen Sie über den individuellen Energiebedarf Ihres Körpers Bescheid, und zweitens kennen Sie den Kaloriengehalt vieler Lebensmittel nach Absolvierung des Body Wave Wellenessens so gut, dass Sie einen Überblick über die Kilokalorienzufuhr mit der Nahrung haben. Zur Kontrolle dient das tägliche Wiegen, das Sie nach Beenden des Wellenessens noch längere Zeit beibehalten sollten. Beherzigen Sie außerdem die zehn Ernährungsregeln, die in Kapitel „Zehn Regeln für das richtige Essverhalten" ab S. 237 aufgeführt sind. Essen Sie also zum Beispiel mehrmals pro Tag mehrere kleine Portionen, anstatt drei größere Mahlzeiten einzunehmen. Auf diese Weise ersparen Sie sich die eine oder andere Heißhungerattacke, die Sie dazu bringen könnte, Ihren Energiebedarf zu überziehen.

- *Essen Sie nicht permanent weniger, als Ihr Körper an Kilokalorien verbraucht.*

Sie sind im Stress und haben das Essen einfach vergessen? Oder Sie sind krank geworden und haben keinen Appetit? Sollten Sie aus diesen oder anderen Gründen länger als drei aufeinanderfolgende Tage weniger als sonst essen, haben Sie unbewusst mit einer Diät begonnen. Ihr Körper hat dann bereits die ersten Sparmaßnahmen, wie die Drosselung des Stoffwechsels, vorgenommen. Lassen Sie es möglichst nicht dazu kommen, denn sonst haben Sie Ihren „komfortablen" Energiebedarf ein wenig gesenkt und laufen Gefahr zuzunehmen, wenn Sie wieder ganz normale Mengen konsumieren.

Hilfsmittel, die Ihnen das Abnehmen erleichtern

Das theoretische Wissen, wie Sie mit dem Body Wave Wellenessen abnehmen können, haben Sie sich nun angelesen. Jetzt geht es daran, das Gelernte in die Tat umzusetzen. Folgende Hilfsmittel sind nötig, um erfolgreich durchzustarten:

Ernährungstagebuch

Natürlich reichen zum Protokollieren der Ernährungsgewohnheiten und des Gewichts ein paar lose Blätter aus, aber Sie werden froh sein, wenn Sie auf die Daten, die Sie einmal ermittelt haben, jederzeit in gebundener Form zurückgreifen können – zum Beispiel in einem Heft, das speziell als Ernährungstagebuch konzipiert wurde. So haben Sie die Möglichkeit, Ihre Daten schnell, unkompliziert und über einen längeren Zeitraum zu erfassen.

Digitale Körperwaage

Sie können Ihr Gewicht durchaus mit einer 500-Gramm-Waage ermitteln. Sinnvoll ist es jedoch, sich eine digitale Körperwaage anzuschaffen, die 100-Gramm-Schritte erfasst. Mit ihr lassen sich kleinere Gewichtsschwankungen besser registrieren.

Lebensmittelwaage

Um das Gewicht von Lebensmitteln zu bestimmen, ist es ratsam, eine digitale Waage mit Zuwiege-Funktion (TARA) zu verwenden, die mindestens in Zwei-Gramm-Schritten wiegt. Optimal ist eine Waage mit Ein-Gramm-Schritten, die ein Gesamtgewicht von bis zu zwei Kilogramm erfassen kann. Die Einteilung in 20-Gramm-Schritten reicht dagegen nicht aus.

Nährwerttabellen – ein Muss beim Abnehmen

Eine gute Kalorien- und Nährwertübersicht enthält Angaben pro Gramm Lebensmittel und darüber hinaus Angaben in handelsüblichen Verpackungseinheiten oder restaurantüblichen Portionen. Es sollten möglichst viele Lebensmittel – vom klassischen Gemüse, Obst und Fleisch- oder Fischmahlzeiten über Nahrungsergänzungen wie Acerola-Pulver bis zu Imbiss-Gerichten wie Gyros Pita aufgeführt sein. Achten Sie darauf, dass die Tabellen übersichtlich gestaltet sind und ein alphabetisches Register vorhanden ist. So lassen sich die Seiten schnell finden, auf denen die gesuchten Lebensmittel mit ihrem Gehalt an Kilokalorien, Eiweißen, Fetten sowie Kohlenhydraten und Broteinheiten für Diabetiker aufgeführt sind. Die Body Wave Nährwerttabelle „Ernährung mit Spaß und Maß" ist mit über 5500 Einträgen sehr umfangreich und dabei doch so kompakt und handlich, dass jeder sie immer und überall mit hinnehmen kann.

Kalorienkalkulator für den PC

Der Body Wave Kalorienkalkulator als CD-Rom nimmt Ihnen diese Rechnerei ab. Sie können sogar Ihr Gewicht eintragen und eine Kalorienvorgabe machen, sodass Ihr Programm Ihnen präsentiert,

wie viele Kalorien Sie an einem bestimmten Tag noch aufnehmen dürfen. Das Programm bietet sogar die Möglichkeit, Nährwertangaben über neue Nahrungsmittel, eigene Speisen und persönliche Gerichte zu speichern oder bestehende Nährwerte zu verändern, sodass sich die Nährwerttabelle gemeinsam mit Ihnen entwickelt – beispielsweise, wenn Sie regelmäßig eine andere Menge als die im Programm angegebene essen.

Nährwerte von Lebensmitteln werden in Büchern in der Regel für 100 Gramm oder übliche Portionsgrößen angegeben. Essen Sie eine davon abweichende Menge, so müssen Sie die entsprechende Kalorienzahl mühsam berechnen.

Kalorientaschenrechner

Eine echte Alternative zum PC-Programm ist der Mealus-Kalorientaschenrechner, ein Taschen PC, der (fast) alles kann, was der Kalorienkalkulator in Ihrem PC erledigt.
Zudem ist er so klein und handlich, dass Sie ihn überall mit hinnehmen können.

*** Haben Sie weitergehende Fragen zu den hier vorgestellten Hilfsmitteln? Im Anhang in Kapitel „Seminare, Abnehmprogramme und Kontakte" erfahren Sie mehr**

Schreiten Sie professionell ausgerüstet, motiviert und wie in Schritt 1 bis 5 beschrieben zur Tat, kann eigentlich nichts mehr schiefgehen. Sie werden Ihre Figur demnächst auf Dauer in den Griff bekommen und sicherlich bald die ersten Komplimente ernten. Lassen Sie sich auf dem Weg dorthin nicht entmutigen. Denken Sie immer daran, dass Sie zwar nur langsam, dafür aber kontinuierlich Gewicht beziehungsweise Fett verlieren. Trotzen Sie daher den falschen Versprechungen vom schnellen Erfolg, der sich entweder nicht einstellt oder schnell wieder verschwindet!

Über den Sinn und Unsinn von Diäten

Nach Angaben der Deutschen Gesellschaft für Ernährung (DGE) werden derzeit mehr als 300 Diäten propagiert. Dabei gilt: Je unsinniger der Weg zum Ziel klingt, umso beliebter ist er. Die Kartoffel-, Schrot-, Bier-, Ananas- oder Hollywood-Diäten seien hier nur exemplarisch genannt. Leider haben diese angeblichen Wunderdiäten, Pillen oder andere dubiose Methoden meist nur eines gemeinsam: Sie sind in den wenigsten Fällen effektiv und erhöhen meist nur den Umsatz der Hersteller. Bevor Sie mit einer Diät oder einem Abnehmprogramm beginnen, sollten Sie dieses genau unter die Lupe nehmen.

Was muss ein gutes Abnehmprogramm leisten?

Nachdem, was Sie jetzt schon über das Abnehmen wissen, sollte es Ihnen leicht fallen, mit Hilfe der folgenden fünf Fragen eine sinnvolle Diät von einer unsinnigen zu unterscheiden.

Ja	Nein	
☐	☐	1) Schädigen Sie mit dieser Methode nicht Ihren Stoffwechsel – indem Sie dem Körper durch permanentes Hungern eine Notsituation signalisieren und ihn dazu bringen, den Energieverbrauch abzusenken?
☐	☐	2) Verlieren Sie beim Abnehmen tatsächlich Körperfett oder nehmen Sie lediglich an „Gewicht" ab, und es geht Ihnen vornehmlich wertvolle Muskulatur verloren?
☐	☐	3) Sind Sie mit Ihrer Lebensqualität während des Abnehmens zufrieden? Sind Sie in der Lage, diese Methode über mehrere Monate oder gar Jahre auszuhalten, ohne dabei an Lebensfreude einzubüßen?
☐	☐	4) Ist gewährleistet, dass Sie während der Abnehmphase mit ausreichend Nähr- und Vitalstoffen versorgt sind und nicht durch einseitige Ernährung Mangelerscheinungen auftreten können?
☐	☐	5) Ist Ihr Abnehmprogramm so ausgerichtet, dass Sie Ihr Gewicht im Anschluss daran ohne Mühe halten können und nicht ein Leben lang auf Diät bleiben müssen?

Nur wenn Sie all diese Fragen mit einem eindeutigen „Ja" beantworten können, ist die untersuchte Methode geeignet, um dauerhaft damit abnehmen zu können.

Nehmen Sie eine neue Diät genau unter die Lupe – seien Sie kritisch

Testen Sie es aus. Wir stellen Ihnen im Folgenden nun einige populäre Diät-Programme und deren Wirksamkeit vor. Versuchen Sie, sich mit Hilfe Ihres neuen Wissens und unserem Fragenkatalog selbst ein Urteil über die verschiedenen Programme zu bilden.

Mit „Fit for Life" zum Idealgewicht?

Noch vor wenigen Jahren waren Trennkost- beziehungsweise „Fit for Life„-Diäten der große Renner. Mehr als sechs Millionen Amerikaner und 200000 Deutsche aßen nach der neuen Ernährungsphilosophie von Harvey und Marylin Diamond. Mit ihrem Buch „Fit for Life" eroberten sie innerhalb kürzester Zeit die Bestsellerlisten. Die Grundzüge ihrer Diät sind einfach und verständlich erklärt und auf den ersten Blick auch einleuchtend. Der Methode zufolge soll bis zum Mittagessen lediglich Obst auf dem Speiseplan stehen. Die Nährstoffe dürfen dem Organismus nur in möglichst reiner Form, entweder als Kohlenhydrate oder als Eiweiß zugeführt werden. Die Theorie, die dahintersteckt: Wir werden angeblich deshalb zu dick, weil die zusammengewürfelte Nahrung, von Harvey und Marylin Diamond als „faule, übel riechende Masse" beschrieben, in unserem Magen nicht so gut verdaut werden kann. Aus solchen nicht sofort verarbeiteten Mahlzeiten legt der Körper demzufolge Fettdepots an, während isoliert zugeführte Nährstoffe besser verdaut werden und sich demnach nicht als Pölsterchen auf den Hüften bemerkbar machen. Die Autoren erklären außerdem, dass durch diese Ernährungsweise angeblich Körperschlacken, Abfallprodukte, Toxine und Körpersäfte positiv beeinflusst werden. Doch welche das sind, sagen sie leider nicht.

Die meisten Wissenschaftler sehen die Trennung von Kohlenhydraten und Eiweißen, wie in „Fit for Life" propagiert, als ernährungsphysiologisch absolut sinnlos an, da unser Magen sehr variabel auf die ihm angebotenen Speisen reagieren kann. Im Gegenteil: Es ist wichtig, sich möglichst abwechslungsreich zu ernähren, weil sich viele Inhaltsstoffe in unserer Nahrung gegenseitig ergänzen. Mit der getrennten Aufnahme einzelner Nährstoffe fällt dieser Effekt auch Synergieeffekt genannt, weg (mehr dazu im Kapitel „Eiweiß, das Baumaterial", S. 122).

Warum viele Menschen mit dieser Methode trotzdem das ein oder andere Pfund verloren haben, ist einfach erklärt. Genau betrachtet handelt es sich bei der Trennkostmethode nämlich um nichts anderes als eine kohlenhydratreiche und fettarme Diät. Eine Abnahme beruht also auf einer drastisch verminderten Kalorienzufuhr, mit der Folge, dass alle abgenommen Kilos schnell wieder da sind, sobald man die Trennkost leid ist und wieder „normal" isst.

Was bewirken Abnehm-Pflaster?

Auch mit der Hilfe von Pflastern, die einfach auf die Haut geklebt werden, sollen sich alle Gewichtsprobleme in kürzester Zeit in Luft auflösen. Dieses

Wunderpflaster enthalte eine Algensubstanz – bestehend aus Jod und Mineralsalzen –, die über die Haut aufgenommen die Pfunde purzeln lassen könne. Um den Erfolg sicherzustellen, wurde der Käufer aufgefordert, folgende Punkte zu beachten: Alkohol sei verboten, Fett, Süßigkeiten und Zucker seien so weit möglich ebenfalls zu meiden. Zudem würde die Wirkung des Pflasters gesteigert, wenn man viel Obst, Gemüse und Fisch esse. Beim Einhalten aller Vorschriften stellt der Anbieter einen Gewichtsverlust von fünf Kilogramm in acht Wochen in Aussicht. Das Pflaster ist damit genau betrachtet alles andere als ein Wundermittel, denn eine fünf Wochen andauernde Änderung des Essverhaltens mit dem Verzicht auf fette und süße Nahrung sowie Alkohol erbringt auch ohne dieses Hilfsmittel die gleichen Erfolge. Auch hier beruht die Abnahme auf einer krassen Diät, der Jo-Jo-Effekt lässt grüßen.

Teures Pflaster verspricht Verlust der Pfunde

Im Trend: der glykämische Index und Low Carb

Der Trend aus Amerika heißt Low Carb (wenig Kohlenhydrate) und revolutioniert die bisherigen Ernährungsgewohnheiten der US-Amerikaner. Nach den neuesten Schätzungen haben laut „Time Magazine“ bereits 26 Millionen ihre Ernährungsweise drastisch umgestellt. Zirka 70 Millionen US-Bürger haben angeblich ihren Kohlenhydratkonsum deutlich eingeschränkt, weil sie glauben, dass Müsli, Reis, Kartoffelbrei, Nudeln und Brot absolut kontraproduktiv für die schlanke Linie sind. Die in Zucker, Mehl und Stärke enthaltenen Kohlenhydrate sind als die großen Dickmacher verschrien.

Low Carb: Speck statt Müsli

Eiweiß- und fettreiche Speisen dagegen gelten als die großen Schlankmacher. Die Anhänger der Low-Carb- Bewegung verändern ihren kompletten Speiseplan. Die bisher über alles gelobten Kohlenhydrate werden auf Grund der so genannten glykämischen Last, die sie mit sich bringen sollen, bis auf geringe Anteile aus dem Speiseplan eliminiert. Morgens stehen anstatt des Müslis, Obst, Joghurts oder des Vollkornbrots nun plötzlich Rühreier mit Speck auf dem Tisch. Eine für Schlemmer gern gesehene Alternative zum gesunden Frühstück, denn eine solche Ernährung schmeckt nicht nur gut, sondern soll auch noch schlank machen. Damit steht die Low-Carb-Theorie im kompletten Gegensatz zu den Empfehlungen der Deutschen Gesellschaft für Ernährung. Die DGE plädiert dafür, dass ca. die Hälfte der täglichen Energiezufuhr mit kohlenhydratreichen Nahrungsmitteln gedeckt werden sollte.

Die Low-Carb-Theorie empfiehlt demgegenüber, maximal 10 %der täglichen Energiezufuhr aus Mehl- und Stärkeprodukten zu verzehren, dafür die Fette mit einem Anteil von 60 % an der täglichen Energiezufuhr zum Hauptenergieträger zu machen und 30 % der Energie aus Eiweißen zu holen. Als Initiator dieser Fett- und Eiweißdiät gilt der New Yorker Kardiologe Richard Ätkins, der bereits Ende der 60er Jahre ein damals revolutionäres Konzept für fettleibige Patienten entwickelte. Sein Buch „Diet Revolution" erschien 1972 und stellte alle bis dahin geltenden Ernährungsregeln auf den Kopf. Er erteilte ein Verbot für Nudeln, Kartoffeln, Zucker, Mehlspeisen und Fruchtsäfte. Erlaubt waren hingegen Cheeseburger, dicke Steaks, aber auch der große Eisbecher mit Schlagsahne, der Schweinebraten oder Rühreier mit Speck.

Die Ätkins-Diät – eine kleine Revolution

Die wichtigsten Begriffe des Ätkins-Programms heißen Ketose und glykämischer Index. Als Ketose wird das Phänomen bezeichnet, dass unser Organismus – wenn ihm keine Kohlenhydrate als Energiespender mehr zur Verfügung stehen – Körperfette in Ketonkörper umwandelt, die vor allem dem Gehirn dann als alternative Energiespender dienen. Der Hintergrund: Eigentlich braucht unser Organismus vor allem Zucker als Energiequelle, insbesondere, um unsere Schaltzentrale, das Gehirn, ständig mit Energie zu versorgen. Wird die Zuckerzufuhr gedrosselt, müssen unsere Zellen auf einen Ersatz- oder Sicherheitstreibstoff umschalten, nämlich auf Fette beziehungsweise

Ketonkörper – alternativer Treibstoff für unser Gehirn

ihre Bestandteile, die Fettsäuren. Letztere werden zu Ketonkörpern umgebaut, die dann anstelle von Zucker verbrannt werden.

Genau diese Besonderheit des menschlichen Stoffwechsels versucht man mit den Low-Carb-Diäten zu nutzen. Demnach soll unser Organismus durch den Mangel an Zucker gezwungen werden, die Fettpolster anzugreifen. Das Problem liegt aber darin, dass dieser Effekt nur dann eintritt, wenn wir eine sehr extreme Diät machen oder im schlimmsten Falle sogar überhaupt nichts essen.

Der glykämische Index

Ohne richtig zu hungern oder durch sportliche Aktivitäten angekurbelt, hat unser Organismus keinen Grund, Fettreserven zu mobilisieren, weil er die Nährstoffe ja aus dem Essen ziehen kann. Der hohe Fettanteil in der Nahrung wird bei Low-Carb-Diäten zwar verbraucht, sofern er nicht zu hoch ist, allerdings besteht für unseren Körper keine Veranlassung, die eigenen Fettreserven anzutasten.

Der Erfolg der Ätkins-Diät stellte lange Zeit viele Mediziner und Wissenschaftler vor ein Rätsel, man konnte sich die enorme Abnahme der Ätkins-Anhänger anfangs nicht erklären. Die BBC hat in einem aufwändigen Bericht, der am 20.01.2005 unter dem Titel „Die Ätkins-Diät - Was wirklich dahintersteckt" auch im Deutschen Fernsehen ausgestrahlt wurde, ermittelt, warum die Teilnehmer der Ätkins-Diät zum großen Teil während der Diät enorme Gewichtsverluste verzeichnen konnten: Alle getesteten Personen hatten, trotz dass sie nach Herzenslust essen durften, weniger Kalorien verzehrt als vor der Diät. Sie haben richtig gelesen! Trotz Sahnetorten, Koteletts, fettem Käse und Rührei mit Speck haben sie ihre Kalorienzufuhr deutlich verringert. Der Erfolg des Ätkins-Programms lag also nicht in der Wahl der Lebensmittel, sondern in einer reduzierten Kalorienzufuhr. Vorteilhaft für die Teilnehmer war allerdings, dass sie diese erhebliche Reduktion nicht als solche empfunden haben, weil sie ja nach Herzenslust hätten zuschlagen dürfen und vor allem von den Nahrungsmitteln, die normalerweise bei einer Diät strengstens verboten sind. Dieses positive Gefühl, gekoppelt mit dem hohen Sättigungsgrad, das fette Speisen wie Rührei mit Speck oder Kotelette und fetter Käse mit sich bringen, und nicht zuletzt die Einseitigkeit, die auch diese Art des Essens mit sich bringt, hat dazu geführt, dass letztendlich weniger gegessen wurde als vorher.

Doch nach Ansicht der meisten Ernährungsexperten ist die Ätkins- oder auch Low-Carb-Diät als Langzeitprogramm ungeeignet. Insbesondere die einseitige Ernährung und das Ersetzen von Kohlenhydraten durch tierische Fette erhöht die Gefahr, dass Herzerkrankungen entstehen.

Ätkins-Diät als Langzeitprogramm ungeeignet

Wenn wir kein Obst und keine Vollkornprodukte mehr essen, fehlen lebenswichtige Vitamine und Ballaststoffe in unserer Ernährung. Es kommt zu Vitalstoffdefiziten und zur Verstopfung. Durch den übermäßigen Verzehr von dunklem Fleisch steigt zudem das Darmkrebsrisiko, und mit zunehmender Dauer der Diät wächst die Wahrscheinlichkeit dafür, dass sich der Cholesterinspiegel im Blut erhöht. Überdies können durch den hohen Eiweißanteil in der Nahrung unsere Nieren belastet und Gichtanfälle ausgelöst werden. Nach Aussagen der Deutschen Gesellschaft für Ernährung ist es auf jeden Fall sinnvoller, sich vollwertig zu ernähren, als die Lebensmittel nach den von Ätkins beschriebenen Faktoren zusammenzustellen und sich dadurch unnötigen Risiken auszusetzen.

Mogelpackung „light"

Fett- und kalorienreduziert, light und zuckerarm – mit diesen Attributen locken Werbung und Industrie schon seit Jahren. Sie begegnen damit dem Bedürfnis der Menschen, ihrem verringerten Energiebedarf gerecht zu werden. Mit Slogans wie „Iss das Doppelte" oder „Ich will so bleiben, wie ich bin" sollen uns ein modernes und gutes Lebensgefühl, Gesundheit und Fitness suggeriert werden. Auf den ersten Blick betrachtet bieten die „Leichten" viele Vorteile: Weniger Fett und Zucker, ein reduzierter Energiegehalt der Lebensmittel, weniger „Genussgifte" wie Koffein und Nikotin entsprechen angeblich den Anforderungen an eine gesunde Ernährung und Lebensweise. Fertig verpackt kann das Wohlbefinden im Supermarkt eingekauft werden, ohne sich der Anstrengung auszusetzen, das eigene Essverhalten zu verändern oder sich gar mehr zu bewegen.

Doch so einfach, wie sich das anhört, funktioniert es leider nicht. Beim genauen Betrachten dieser angeblichen Leichtigkeit wird schnell

Geschickt verpackte Luft

offensichtlich, dass solche Produkte zu der am stärksten bearbeiteten Nahrung gehören. Werden Fett und Zucker aus einem Lebensmittel entfernt oder gar nicht erst für die Herstellung von Fertiggerichten verwendet, müssen weniger energiereiche Stoffe zugesetzt werden, um dem Verbraucher möglichst die gewohnte Qualität zu bieten. So werden Quarkspeisen und Desserts ebenso mit Luft geschäumt wie Knäckebrot. Sie alle sind deswegen leichter als andere

Nahrungsmittel, weil sie mit Luft „aufgeblasen" werden. Beispielsweise hat man bei einem „luftig-leichten Biskuitgebäck" festgestellt, dass es sogar mehr Kalorien pro Gramm enthielt als herkömmliches Gebäck.

Süßstoff statt Zucker

Bei vielen Lebensmitteln wird Zucker einfach gegen Süßstoff und andere Zusätze ausgetauscht. Eine herkömmliche Konfitüre beispielsweise wird durch die Zugabe von Zucker gefestigt und konserviert. Fehlt er ganz oder teilweise, wird er durch Gelier- und Konservierungsmittel gegen vorzeitigen Schimmelbefall und durch Zuckeraustauschstoffe beziehungsweise künstliche Süße ersetzt.

Um fettarme Nahrung schmackhaft zu machen, greifen die Lebensmittelhersteller ebenfalls in die Trickkiste. Fett wird im günstigsten Fall wie bei den meisten „leichten" Wurstsorten durch einen höheren Anteil an magerem Fleisch ersetzt. Andere fettreduzierte Produkte werden jedoch vielfach mit Wasser, Emulgatoren und Quellstoffen „verfeinert". Die Zutatenliste für eine Halbfettbutter liest sich zum Beispiel folgendermaßen: Wasser, Butter, Butterfett fraktioniert, entrahmte Milch, Gelatine, Speisesalz, Emulgator Monoglycerid, Konservierungsstoff Sorbinsäure, Säuerungsmittel Zitronensäure, Farbstoff Karotin. Im Herstellerjargon wird das auch als „Wasser schnittfest machen" bezeichnet. Das Fett wird einfach durch gequollene Gelatine, Stärkekleister oder andere gallertartige Kohlenhydratbreie ersetzt, um dem Konsumenten durch den fast gleichen Geschmack und eine ähnliche Konsistenz vorzugaukeln, dass die fettarmen Erzeugnisse und die „natürlichen" fetthaltigen Produkte dieselbe Qualität aufweisen. Lebensmitteltechnologen, Chemiker und Food-Designer sind damit beschäftigt, die neu entwickelten Lebensmittel so zu manipulieren, dass sie den Erwartungen und dem Geschmack der Verbraucher entsprechen. Dies gelingt jedoch nur in den wenigsten Fällen. Viele Konsumenten beschweren sich über den faden, trockenen und wässrigen Geschmack dieser Produkte. Abgesehen davon, dass eine Langzeitwirkung dieser „künstlichen" Produkte noch gar nicht ausreichend erforscht ist.

Wasser schnittfest machen

Das Sattwerden wird teurer

Im Grunde genommen handelt es sich bei solchen Veränderungen von Lebensmitteln um nichts anderes als um die Optimierung von Kalorien und somit auch um eine grandiose Möglichkeit, mit der die Industrie das Sattwerden teurer machen kann. „Iss das Doppelte" – mit diesem einfachen und einprägsamen Slogan einer Molkerei wird die Gefahr, die von Light-Produkten ausgeht, ersichtlich. In der Annahme, diese Lebensmittel würden nicht dick machen, wird sehr viel von ihnen konsumiert – die doppelte Menge ist keine Seltenheit. Von einer kalorienreduzierten Ernährung kann dann keine Rede mehr sein.

Leichtesser werden zu Mehressern

Die Praxis hat gezeigt, dass viele der leichten Esser einfach mehr Essen, denn unseren Magen können wir nur sehr schwer täuschen. Nach der Mahlzeit ist er für einen kurzen Augenblick ruhiggestellt, da er rein volumenmäßig gesehen gefüllt ist. Doch während die Nahrung verdaut wird, registriert unser Körper ziemlich schnell, ob es sich bei dem Essen um verwertbare Kalorien oder nur um Luft, Süßstoffe, Wasser oder ähnliche Ersatzstoffe handelt. Der Organismus misst den Nährwert unseres Essens und stellt fest, ob die zugeführte Nahrungsenergie ausreichend ist. Füllen wir unseren Magen mit Light-Produkten, führt das also dazu, dass wir relativ schnell wieder Hunger verspüren und erneut essen.

Aus diesem Grund ist der Ersatz von Zucker durch Süßstoff alles andere als eine optimale Lösung. Über Jahrmillionen hinweg ist der menschliche Organismus darauf getrimmt worden, dass nach einem süßen Signal auf der Zunge eine Portion Zucker den Magen erreicht. Unser Organismus reagiert auf diesen Reiz mit der Ausschüttung von Hormonen (Insulin), um die ankommenden Kohlenhydrate möglichst schnell verarbeiten zu können. Doch nun gelangen statt der erwarteten kalorienreichen Kohlenhydrate nur Süßstoffe in den Magen – die Hormone indes stehen zur Verarbeitung des Zuckers bereit. Bleibt die Energiezufuhr aus, ist das Hungergefühl schnell wieder da. So gibt es vermehrt Hinweise darauf, dass bestimmte Süßstoffe den Appetit sogar anregen. Wer beispielsweise eine Cola light trinkt, braucht sich nicht zu wundern, wenn sich kurz darauf Heißhunger auf etwas Süßes einstellt.

Süßstoff regt den Appetit an

Die meisten Konsumenten von kalorienreduzierten Erzeugnissen kehren nach einer gewissen Zeit zumeist aus Geschmacksgründen wieder zu der „normalen" Butter, dem herkömmlichen Käse, der fetten Wurst und den nicht kalorienreduzierten Getränken zurück. An die üppigen Light-Mengen gewöhnt, konsumieren sie jedoch oft genauso viel wie zuvor, sodass wesentlich mehr Fett und Kalorien aufgenommen werden. Der Jo-Jo-Effekt lässt grüßen!

All diese Gründe haben Verbraucherverbände und Lebensmittel-Überwachungsbehörden dazu veranlasst, vor den „leichten" Lebensmitteln zu warnen: Die Bezeichnung „light" sei häufig irreführend und die Nahrungsmittel hielten nicht, was ihre Aufschrift verspreche. Hinzu kommt: Der Begriff ist nicht einmal eindeutig definiert und lebensmittelrechtlich nicht geschützt. Light kann also auch leicht bekömmlich bedeuten. „Wir haben die ganze Sache regelrecht verschlafen", gestehen Mitarbeiter der Hamburger Lebensmittel-Überwachungsbehörde. Demgegenüber sind Bezeichnungen wie kalorienreduziert, kalorienarm oder diätetisch nach dem Lebensmittelrecht präzise definiert:

- **Kalorienreduziert:** Solche Produkte müssen einen Energiegehalt haben, der um mindestens 40 % unter dem eines vergleichbaren nicht kalorienreduzierten Produktes liegt. Außerdem müssen fettarme Erzeugnisse mindestens 40 % weniger Fett aufweisen als entsprechende herkömmliche Lebensmittel.
- **Kalorienarm:** Diese Bezeichnung bedeutet, dass 100 Gramm eines Lebensmittels nicht mehr als 50 Kilokalorien und 100 Milliliter eines Getränks nicht mehr als 20 Kilokalorien enthalten dürfen.
- **Diätetisch:** Diese Erzeugnisse sind nicht unbedingt kalorienreduziert oder kalorienarm. Sie müssen einen gesundheitsbezogenen Zweck erfüllen, wie beispielsweise der Ernährung von Zuckerkranken dienen. Diätetische Lebensmittel müssen Angaben über Inhaltsstoffe und über ihren Energiegehalt aufweisen.

„Light" aus der Natur – die beste Alternative

Light-Produkte gehören zu den am stärksten bearbeiteten Lebensmitteln. Wenn wir uns fett- und zuckerarm ernähren und weniger Alkohol und Nikotin aufnehmen wollen, müssen wir nicht auf diese „synthetischen" Produkte zurückgreifen. Die besten und sinnvollsten Light-Erzeugnisse liefert uns die Natur. Um mit ihrer Hilfe Kalorien zu sparen, müssen wir lediglich unser Essverhalten etwas ändern. Viel Obst, Gemüse und Vollkornprodukte verzehren, die Butter etwas dünner auf unser Brot schmieren, auf besonders fette Käse- und Wurstsorten verzichten und Süßigkeiten und Alkohol langsam und schrittweise reduzieren – solche Strategien sind Erfolg versprechender, als die Regale der Supermärkte nach „Leichtem" zu durchforsten.

Die letzte Hoffnung: Enzyme, Pillen und Schlankmacher

Als letzte Alternative stehen am Ende erfolgloser Abnehmversuche meist Pillen oder andere Hoffnungsträger auf dem Programm. Schlankmacher, Appetitzügler, Hormonpräparate und Schlankheitstropfen, Entwässerungs- und Abführmittel. Sie sind die allerletzte Hoffnung, um ohne Anstrengung und ohne Verzicht auf Genuss und lieb gewonnene Gewohnheiten Pfunde zu verlieren. Ein vermindertes Hungergefühl, ein gesteigerter Stoffwechsel und damit ein erhöhter Energieverbrauch, eine beschleunigte Verdauung und eine herabgesetzte Verwertung von Energie liefernden Nährstoffen – so lauten die Verheißungen vieler Hersteller. Von Gesundheitsgefahren sprechen sie nicht.

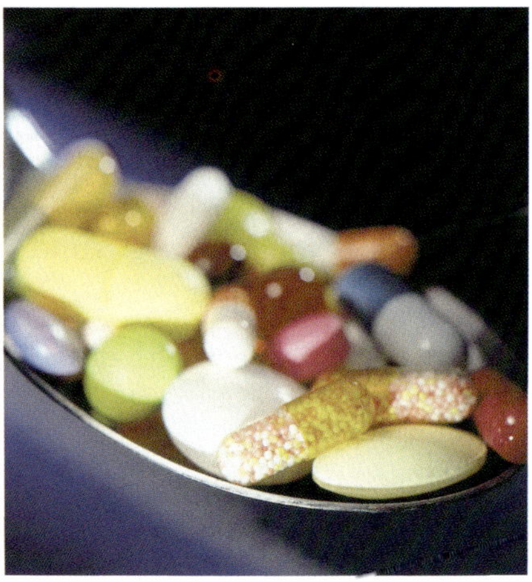

Fakt ist: Diese Produkte sind in den meisten Fällen nicht nur wirkungslos, sondern ihr Konsum birgt vielfach sogar ernsthafte Risiken. Die Schlagzeilen, die von Todesfällen durch die Einnahme solcher Präparate berichteten, sollten zu denken geben. Es wird nicht bestritten, dass eine schnelle gewichtsreduzierende Wirkung bei manchen Schlankheitsmitteln durchaus eintreten kann. Sie beruht aber meist nur auf einem Wasserverlust oder auf abführenden Effekten. Der erwünschte und oftmals versprochene Verlust an Körperfett wird dadurch nicht erreicht.

Hinzu kommt: Die Liste der Nebenwirkungen solcher Wundermittel ist lang. Das Beispiel der Appetitzügler, die aus diesem Grund nur unter ärztlicher Aufsicht verabreicht werden dürfen, macht das deutlich: Nervosität, Schwitzen, Kopfschmerzen, Schlafstörungen, Müdigkeit, Schwindel,

Erbrechen, Übelkeit und psychische Störungen wie halluzinatorische Verkennung und Psychosen können unter Einwirkung dieser Produkte entstehen. Nehmen Sie Appetitzügler trotz aller Warnungen und Bedenken ein, sprechen Sie sich bitte vorher unbedingt mit Ihrem Hausarzt ab.

Appetitzügler – eine Gefahr für unsere Gesundheit

Mit Abführmitteln verhält es sich nicht anders. Sie werden geschluckt, um die Verdauung zu beschleunigen oder die Nutzung der angebotenen Nahrungsmittel zu verschlechtern, und bergen dabei einige Gesundheitsrisiken. Viele von ihnen reizen die Darmschleimhaut. Die Folge können Entzündungen und im Extremfall bösartige Entartungen sein. Auch die Darmflora kann durch die Einnahme von Abführmitteln aus dem Gleichgewicht geraten. Bei längerer Anwendung solcher Produkte, auch der rein pflanzlichen, wird nicht nur die Aufnahme von Fetten und Kohlenhydraten, sondern auch die Versorgung unseres Organismus mit Elektrolyten und anderen wichtigen Vitalstoffen beeinträchtigt. Dies kann so weit gehen, dass Mangelerscheinungen auftreten. Dem Körper werden durch Abführmittel Wasser und vor allem Kalium entzogen. Der Kaliumverlust schwächt den Organismus, insbesondere die Muskulatur des Darms. Die Darmbewegungen werden dadurch träger, sodass immer öfter zur Verdauungshilfe gegriffen werden muss. Der wohl entscheidende Nachteil der Abführmittel liegt somit in der Gewöhnung an ihre Wirkung.

Abführmittel reizen den Darm und machen abhängig

Neu im Trend liegen Präparate mit einem hohen Gehalt an meist nicht näher spezifizierten Enzymen. Ihre Hersteller versprechen, dass durch sie das Körperfett rasch und nur an den Problemzonen „einschmilzt". Aus den biochemischen und physiologischen Gegebenheiten unseres Körpers heraus ist dies allerdings nicht möglich. Auch Präparate, die Extrakte aus enzymreichen tropischen Früchten wie Papaya, Mango oder Ananas enthalten, sind nicht besonders effektiv. Ihr Wirkungsprinzip soll darin bestehen, dass sie Eiweiß spaltende Enzyme wie Papain oder Bromelain enthalten, die die Eiweißverdauung im Darm unterstützen. Leider nehmen wir dadurch jedoch nicht ab. Im Gegenteil: Durch die gesteigerte Verdauungsleistung wird die Verwertung der Nährstoffe im Körper sogar noch verbessert – ein Effekt, den ein Mittel zur Verringerung des Körpergewichts eigentlich nicht aufweisen sollte. Eine Ernährung mit viel enzymreichem frischem Obst bringt vor allem

Schmelzen Enzympräparate Fette ein?

aus gesundheitlichen Gründen sicherlich mehr als die Einnahme solcher Enzympräparate.

Entwässernde und harntreibende Mittel helfen – allerdings nicht beim Abnehmen

Entwässernde und harntreibende Mittel sind bei Erkrankungen wie bei einem hohen Blutdruck durchaus hilfreich und sinnvoll. Zum Abnehmen eingesetzt bewirken sie jedoch nichts anderes als die Ausscheidung von Wasser und Kochsalz, das im Organismus Wasser bindet. Sie verlieren dabei kein einziges Gramm Fett, sondern erleichtern lediglich Ihren Geldbeutel.

Durch die Einnahme von Schilddrüsenhormonen ist zwar eine Steigerung des Stoffwechsels und damit auch des Energieverbrauchs möglich. Allerdings ist das Risiko, dass es dabei zu massiven Nebenwirkungen kommt, sehr groß. Insbesondere können das Herz und die Herzkranzgefäße geschädigt und die Sauerstoffversorgung des Herzens stark beeinträchtigt werden. Mit Hilfe von Schilddrüsenhormonen abzunehmen ist also äußerst gefährlich und auf keinen Fall empfehlenswert. Die Einnahme solcher Medikamente ist nicht umsonst rezeptpflichtig und denjenigen vorbehalten, die durch eine Schilddrüsenfehlfunktion darauf angewiesen sind und sie nur unter Aufsicht eines Arztes einnehmen.

Gefährliche Schilddrüsenpräparate

Schilddrüsenhormone, Appetitzügler auf der Basis süchtig machender Amphetamine, ein Medikament für Diabetiker und Entwässerungspillen – so lautete die Rezeptur der angeblichen „Superpille" zum Abnehmen, für deren Einnahme einige Menschen mit dem Leben bezahlen mussten. Die Dunkelziffer liegt wahrscheinlich höher. Jedes Präparat einzeln birgt bereits gesundheitliche Gefahren. Amphetamine beispielsweise können bei Menschen mit hohem Blutdruck Herzinfarkte, Schlaganfälle und Gehirnblutungen auslösen. Werden sie jedoch mit anderen Präparaten zusammen eingenommen, entsteht eine explosive Mischung – eine pharmazeutische Zeitbombe, die uns das Leben kosten kann.

Todesfälle durch die „Superpille"

Diese Beispiele zeigen: Eine verringertes Körpergewicht kann sich niemand kaufen und es ist schon gar nicht bei dubiosen Anbietern von Wundermitteln erhältlich. Wir müssen an uns arbeiten, um uns in die gewünschte „Form" zu bringen.

Tabelle 5: **Wirkungen und Nebenwirkungen von Wundermitteln**

Präparat	Wirkung	Nebenwirkungen	Empfehlung
Abführmittel	beschleunigt die Verdauung, kein Einfluss auf den Fettabbau	hoher Verlust an Wasser und Mineralstoffen	ungeeignet
Appetitzügler	Wirkungen auf das Gehirn / Sättigungsgefühl wird verstärkt, das Essen wird eingeschränkt	Suchtgefahr, Herzrasen, Blutdruckanstieg, Halluzination	ungeeignet
Aufputschmittel	Stoffwechsel und Herzkreislaufsystem werden angeregt	Suchtgefahr, Kreislaufstörungen, Bluthochdruck	ungeeignet
Entwässerungsmittel	Wasser wird ausgeschwemmt, Fettabbau wird nicht beeinflusst	hoher Verlust an Mineralstoffen, Gefahr von Krämpfen und Thrombosen	ungeeignet
„Fat Burner"	keine nachgewiesenen Effekte	unsichere Erkenntnisslage	ungeeignet
„Enzympräparate"	keine nachgewiesenen Effekte	unsichere Erkenntnisslage	ungeeignet
Resorptionshemmer	vermindern Fettaufnahme, Fett wird mit dem Stuhl ausgeschieden	Gefahr von Durchfällen, hoher Verlust an Wasser und Mineralstoffen	ungeeignet
„Schlaf-Dich-Schlank-Pillen"	nicht nachgewiesen	nicht erforscht	ungeeignet
Schlankmacherdrink	Sättigungseffekt durch Ballaststoffe	bei zugelassenen Präparaten keine	ungeeignet
Schilddrüsenhormon	starke Aktivierung des Stoffwechsels	Muskelabbau, bei Risikopatienten, Gefahr von Herzrhythmusstörungen	ungeeignet

Der gesunde Lebensstil

Der gesunde Lebensstil

Neben dem Mangel an körperlicher Aktivität übt vor allem unsere Ernährungs- und Lebensweise einen entscheidenden Einfluss auf Gesundheit, Wohlbefinden und Leistungsfähigkeit aus, denn viele Krankheiten werden durch Bewegungsmangel und falsche Ernährung bzw. Übergewicht hervorgerufen oder zumindest gefördert.

Mit 50 % aller Todesfälle sind Herz-Kreislauf-Erkrankungen, die vor allem auf mangelnde Bewegung und falsche Ernährung zurückzuführen sind, in unserer Gesellschaft immer noch Todesursache Nummer eins. Schätzungen von Fachleuten zufolge wird diese Zahl auch zukünftig weiterhin ansteigen und es werden in Zukunft nicht nur Erwachsene, sondern auch Kinder und Jugendliche verstärkt betroffen sein. Bereits jedes zehnte Kind in Deutschland bringt bei der Einschulung zu viel Gewicht auf die Waage oder weist zum Teil massive Essstörungen auf. Die betroffenen Kinder haben im Vergleich zu ihren normalgewichtigen Altersgenossen ein um etwa drei- bis fünffach erhöhtes Risiko, einen Herzinfarkt oder Schlaganfall zu erleiden, ehe sie 65 Jahre alt werden. Auch Diabetes Typ II ist eine Erkrankung, die durch Übergewicht und Bewegungsmangel gefördert wird. Mehr als sechs Millionen Deutsche leiden derzeit daran und Experten schätzen, dass sich diese Zahl in den nächsten zehn Jahren noch verdoppeln wird. Die landläufige Bezeichnung Altersdiabetes für diese Form der Erkrankung ist dabei irreführend. Immer mehr Kinder und Jugendliche sind vom Diabetes Typ II betroffen.

Die Gesamtkosten im deutschen Gesundheitswesen betrugen lt. Angaben des Statistischen Bundesamtes im Jahr 2002 wahnsinnige 224 Milliarden Euro. Eine gewaltige Summe, wenn man sich vor Augen hält, dass nach Aussagen vieler Wissenschaftler ungefähr zwei Drittel aller Erkrankungen lebensstilbedingt sind und somit zu vermeiden gewesen wären. Höchste Zeit also, dass etwas passiert, um diesem beängstigenden Trend entgegenzusteuern.

Die entscheidende Frage lautet also: „Wie bleiben wir gesund?" Das Ziel dieser Denkweise liegt darin, uns ein Gesundheitsverständnis anzueignen, das auf Vorbeugung setzt. Dazu sollten wir alle gesundheitlichen Schutzfaktoren, die wir positiv beeinflussen können und die uns zur Verfügung stehen, nutzen.

Das beginnt bei der Ernährung, da bereits wenige Veränderungen des Speiseplans hilfreich sein können, um Krankheiten zu vermeiden. Aber auch der Bewegung sollten wir mehr Beachtung schenken, und zwar nicht erst dann, wenn es zu spät ist, sondern auch hier vorbeugend, um den Bewegungsapparat und das Herz-Kreislauf-System in Takt zu halten. Nutzen Sie auch die angebotenen Vorsorgeuntersuchungen, um sich ein Bild über Ihre Gesundheit zu machen, denn viele Krankheiten kann man erst spüren, wenn es bereits zu spät ist. Strategien über den Stressabbau sowie der maßvolle Umgang mit Genussmitteln wie Alkohol und Nikotin runden das Gesamtbild „Gesundheit" ab. Experten propagieren dies schon seit Jahren, doch anscheinend messen wir diesen Aussagen nicht die richtige Bedeutung zu oder wir wissen nicht ganz genau, wie wir diesen Lebensstil in die alltägliche Praxis umsetzen können; vielleicht sind wir auch oft nur zu bequem.

Wir wollen Ihnen dabei helfen, das nötige Bewusstsein für Ihren Körper zu entwickeln, damit es Ihnen leichter fällt, aus Ihrem Alltagstrott auszubrechen und aktiv etwas für Ihre Gesundheit zu tun. Die folgenden Kapitel sollen Sie über die Abläufe in Ihrem Körper informieren, damit Sie verstehen, welche vielfältigen Aufgaben Ihr Organismus zu bewältigen hat und wie Sie ihn durch eine ausgewogene Ernährung und regelmäßige Bewegung bei diesen Aufgaben unterstützen und möglichst lange gesund erhalten können.

Die Ernährung: das A und O

Die Ernährung zählt zu den wichtigsten Grundbedürfnissen des menschlichen Lebens. Doch nur in wenigen Bereichen der Naturwissenschaften sind die Widersprüche, Unklarheiten und auch die Unsicherheit seitens der Verbraucher derart markant wie auf diesem Gebiet.

Kleine Veränderungen bei der Ernährung haben große Effekte

Das komplexe Thema Ernährung durchschaubar und verständlich darzustellen, ist selbst für den Experten nicht immer leicht. Ziel dieses Kapitels ist es, auf einfache und nachvollziehbare Art und Weise die Grundzüge einer ausgewogenen Ernährung zu vermitteln und Zusammenhänge zu erklären, denn unsere Umwelt, unser Lebensstil und unsere Ernährung stehen in enger Beziehung zu unserer Gesundheit. Dabei soll nicht der erhobene Zeigefinger im Vordergrund stehen. Vielmehr wollen wir zeigen, dass und wie mit der Ernährung wesentlich dazu beigetragen werden kann, das eigene Leistungsvermögen zu erhalten bzw. zu verbessern und mit den täglichen Belastungen, denen wir in unserer Wohlstandsgesellschaft ausgesetzt sind, besser umzugehen.

In unserer modernen Gesellschaft nehmen äußere Umstände wie Beruf, Partnerschaft, Familie und heute mehr denn je auch die wirtschaftlichen Gegebenheiten in einem immer größer werdenden Ausmaß Einfluss auf unser Essverhalten. Das Leben im Single-Haushalt, Fastfood, Kantinen, Mikrowellen und weitere so genannte Erleichterungen und Annehmlichkeiten des Lebens führen heute dazu, dass wir uns immer weniger mit unserem Essen auseinandersetzen und viel weniger Zeit darin investieren.

Essen wird zur Nebensache

Wo bleibt das Pausenbrot für unsere Kinder? Mit ein paar Euro, die wir ihnen morgens noch schnell in die Tasche stecken, ist der Punkt Frühstück meist schnell abgehakt. Wer schmiert sich heute noch seine „Stulle“, bevor er zur Maloche geht? Wie oft sitzen Sie mit Ihrer Familie oder Freunden am Tisch und genießen die gemeinsame Mahlzeit als Mittel zur Kommunikation? Essen mutiert immer mehr zu einem im schlichten Kampf mit der Zeit notwendigen Übel. Schnell muss es gehen und Mühe darf es uns schon überhaupt nicht bereiten. Die Schattenseiten, die dieser dramatische Wandel in unserer Gesellschaft mit sich bringt, haben wir eben schon angesprochen. Wer sich zu wenig mit seinem Essen auseinandersetzt, läuft Gefahr, früher oder später krank zu werden.

Zugegeben, der ein oder andere Satz ist vielleicht etwas zu bösartig formuliert, es ist jedoch wichtig, aufzurütteln, dabei aufzuklären und zugleich Wege aufzuzeigen, die umsetzbar sind. Suchen Sie für sich im Folgenden die Möglichkeiten heraus, die für Sie persönlich Sinn machen. In erster Linie sollten Sie dabei Ihr persönliches Ziel im Auge haben. Wie können Sie an einer Änderung Ihres Ernährungsverhaltens arbeiten und welche Inhaltsstoffe in Lebensmitteln sollten nicht fehlen? Nicht radikale, kurzfristige Umstellungen sind erforderlich, denn alles „Radikale" schadet unserem Organismus mehr, als dass es ihm nützt. Der Spaß und der Genuss am Essen dürfen nicht zu kurz kommen. Weder die Vollwerternährung noch andere Ernährungsformen bedeuten, dass nur noch „Körner und Müsli" auf dem Speiseplan stehen müssen, wie viele Kritiker immer wieder behaupten. Vielleicht können Ihnen die folgenden Kapitel wichtige Informationen und Anregungen liefern, damit der Entscheidungsprozess für oder gegen eine bestimmte Ernährung leichter fällt. Dabei wünschen wir Ihnen einen guten Appetit.

Zum Leben brauchen wir Energie

Ernährung und Energie

Bevor Sie weiterlesen, nehmen Sie sich einen Augenblick Zeit und beantworten für sich folgende Frage: „Warum essen wir überhaupt?" So banal und einfach diese Frage auf den ersten Augenblick erscheint, ist sie nicht. Der eine oder andere von uns wird für einen kurzen Augenblick über sie nachdenken und hat sie sich vielleicht bislang noch gar nicht gestellt.

Um überhaupt überleben zu können, benötigen sowohl der menschliche Organismus als auch alle anderen Lebewesen Energie. Leben ist nur unter dem ständigen Verbrauch von Energie möglich.

Warum essen wir überhaupt?

Diese Energie beziehen wir aus der Nahrung, die uns mit all den Stoffen versorgt, die wir täglich benötigen. Doch nicht alle Stoffe, die wir aufnehmen, liefern uns auch Energie. Die so genannten Grundnährstoffe wie die Kohlenhydrate, die Eiweiße und die Fette sind es, die unseren „Motor" am Laufen erhalten und ihn mit den nötigen Treibstoffen versorgen. Alkohol gehört ebenfalls zu diesen Energielieferanten. Er trägt seit einigen Jahren wesentlich zu unserer Energieversorgung bei. So deckt ein männlicher Erwachsener durchschnittlich mehr als 10 % seines täglichen Energiebedarfs über den Alkohol.

Die anderen Inhaltsstoffe unseres Essens wie Vitamine, Ballaststoffe, Wasser, Mineralstoffe, Spurenelemente und Aromastoffe liefern uns zwar keine Energie, sind aber dennoch wichtige und unverzichtbare Nahrungsbestandteile. Sie erfüllen wesentliche Funktionen in unserem Stoffwechsel und tragen so zur Regelung unseres „inneren Milieus" bei.

Unsere Energielieferanten, die Kohlenhydrate, Eiweiße und Fette, werden auf dem Weg durch den Verdauungskanal in kleinere Bestandteile zerlegt und erfüllen in unserem Organismus vielfältige Aufgaben (s. Tabelle 6).

Tabelle 6: **Aufgaben der Nährstoffe in unserem Organismus**
Kohlenhydrate • Eiweiße • Fette
Liefern Energie zur Aufrechterhaltung und Unterstützung der untenstehenden lebenswichtigen Prozesse
• Bewegung • Wachstum • Körpertemperatur • Atmung • Blutkreislauf • Immunsystem • Transport

Bei ihrem Abbau entstehen energiereiche Verbindungen und Wärmeenergie. Der menschliche Organismus gibt ununterbrochen Wärme an seine Umwelt ab. Der Wärmewert unserer Nahrungsmittel, auch als Brenn- oder Nährwert bezeichnet, wird in Wärmeeinheiten als Kalorie beziehungsweise Joule angegeben. Das bedeutet: Die Energie eines Lebensmittels richtet sich nach der Wärme, die bei der Verbrennung seiner Nährstoffe im Körper erzeugt wird. Der Brennwert der einzelnen Nährstoffe ist unterschiedlich hoch (s. Tabelle 3, Seite 40). Ein Gramm Fett enthält am meisten Kilokalorien, ein Gramm Kohlenhydrate oder Eiweiß am wenigsten.

Die Kalorienschere

Bedingt durch die veränderten Anforderungen an unseren Berufsalltag ist der Energiebedarf stark rückläufig. Mit dem Beginn der industriellen Revolution Anfang des 19. Jahrhunderts haben sich die körperlichen Anforderungen sowohl am Arbeitsplatz als auch in vielen anderen Lebensbereichen deutlich verringert. Automatisierung und Büroarbeit haben dazu geführt, dass wir unsere Muskeln im Vergleich zu früher viel weniger einsetzen müssen. Handwerker und Landwirte haben mit Computerfachleuten, Außendienstmitarbeitern und „Schreibtischtätern" die Arbeitsplätze getauscht.

Veränderte Situation am Arbeitsplatz

Während 1882 noch zirka 80% der Bevölkerung körperlich anspruchsvolle und schwere Arbeiten zu verrichten hatten, hat sich dieser Prozentsatz im Jahr 1980 bereits auf etwa 28% verringert. Heutzutage sind nur noch etwa 1% unserer Bevölkerung der Gruppe der Schwerstarbeiter, 8% der Gruppe der Schwerarbeiter und 19% der Gruppe der Mittelschwerarbeiter zuzuordnen. Folglich gehören mehr als 70% unserer Bevölkerung der Gruppe der Leichtarbeiter, den so genannten „Hirn-Sitz-Menschen", an.

Während unsere Großeltern täglich zwischen 3000 und 3500 Kilokalorien „abgearbeitet" haben, „sitzt" der Leichtarbeiter im Durchschnitt unter 2400 Kilokalorien ab. Innerhalb der vergangenen 100 Jahre ist der durchschnittliche Energiebedarf also um mindestens 600-1100 Kilokalorien pro Tag gesunken.

70% „Leichtarbeiter"

Das Nahrungsmittelangebot wurde jedoch im Vergleich zur vorindustriellen Zeit um ein Vielfaches erweitert, sodass den reduzierten körperlichen Anforderungen ein Überangebot an kalorienreichen und hochwertigen

Lebensmitteln gegenübersteht. Energiebedarf und -aufnahme driften folglich immer weiter auseinander. Das Verhältnis zwischen ihnen hat sich innerhalb weniger Jahrzehnte umgekehrt. Während die Menschen vor dem Zweiten Weltkrieg noch weniger Kilokalorien aufgenommen haben, als benötigt, man spricht von einer „negativen" Energiebilanz, wurde in den frühen 50er Jahren zum ersten Mal ein Gleichgewicht zwischen Energieaufnahme und -verbrauch erreicht. Seither nimmt die Energieaufnahme im Vergleich zum -bedarf kontinuierlich zu. Derzeit beträgt die Energiezufuhr in Deutschland im statistischen Mittel etwa 3200 Kilokalorien für Männer und zirka 2800 Kilokalorien für Frauen. Ein Überschuss von bis zu 1000 Kilokalorien pro Tag ist leider keine Seltenheit mehr. Das heißt, obwohl sich unser Energiebedarf gegenüber dem unserer Großeltern um mindestens 600 Kilokalorien verringert hat, essen wir immer noch so reichlich, als ob wir körperlich schwer arbeiten müssten. Die Folge dieser Entwicklung ist eine „positive" Energiebilanz, die langsam aber stetig zu einer Erhöhung des Körpergewichts führt.

Überangebot an kalorienreichen Nahrungsmitteln

Gestörte Energiebilanz

Die entscheidende Ernährungsregel für uns Leichtarbeiter ist demnach, die Kalorienaufnahme und den durch die Arbeitsbelastung bedingten Energiebedarf aufeinander abzustimmen. Bereits ein täglicher Kalorienüberschuss von nur 70 Kilokalorien bedeutet, dass pro Tag etwa zehn Gramm Körperfett zusätzlich deponiert werden. Auf den Monat umgerechnet sind das zirka 300 Gramm und in einem Jahr können daraus immerhin 3,6 Kilogramm werden. Ist unsere Energiebilanz jedoch ausgeglichen, essen wir also nur so viel, wie unser Körper verbraucht, bleibt das Körpergewicht stabil.

Kalorienaufnahme und Kalorienverbrauch müssen aufeinander abgestimmt werden

Das Thema „Energie und Brennwerte" stellt nur einen Aspekt von vielen dar, unter dem unser Ernährungsverhalten betrachtet werden muss. Begriffe wie Genießen und Schlemmen umschreiben demgegenüber die angenehme Seite der Nahrungsaufnahme. Nicht zu vergessen sind auch psychische wie kulturelle Faktoren, Werbung, finanzielle und gesundheitsorientierte Aspekte der Nahrungsmittelauswahl, Prägungen durch Erziehung und Gewohnheiten. Doch darf trotz allem nicht vergessen werden: Gerade eine gestörte Energiebilanz führt dazu, dass vieles, was wir heutzutage essen, nicht mehr den Anforderungen entspricht, denen wir ausgesetzt sind.

Wie viel Energie benötigen wir?

Doch wie viel Energie benötigen wir überhaupt und welche Einflussgrößen bestimmen unseren Bedarf?

Unser Essverhalten entspricht nicht mehr den Anforderungen

Der Energiebedarf des Menschen ist von mehreren Faktoren abhängig. Dazu gehören die berufliche Belastung am Arbeitsplatz, die Körpergröße, das Lebensalter und das Geschlecht. Es handelt sich also nicht um einen feststehenden Wert, sondern um eine variable Größe, die vor allem durch die Belastungen, denen unser Organismus ausgesetzt ist, bestimmt wird. Der Energiebedarf setzt sich dabei aus folgenden Elementen zusammen:

- Grundumsatz
- Arbeitsumsatz
- Bedarf für Wachstum und Schwangerschaft

Die nachfolgend genannten Zahlen schließen die Werte für die so genannte spezifisch-dynamische Wirkung der Nährstoffe und die Ausscheidung von nicht komplett verwerteter Nahrung über den Stuhl bereits mit ein. Sie müssen deshalb bei den Berechnungen nicht extra berücksichtigt werden. Unter der spezifisch-dynamischem Wirkung der Nährstoffe wird die Steigerung des Stoffwechsel- beziehungsweise Energieumsatzes als Reaktion auf jede Nahrungsaufnahme bezeichnet.

Der Grundumsatz

Selbst wenn wir uns nicht bewegen und den ganzen Tag träge auf dem Sofa sitzen, benötigen wir Energie, damit lebensnotwendige Körperfunktionen aufrechterhalten werden können. So müssen das Herz, die Leber, die Nieren, das Gehirn, die Atmung, die Muskulatur und unser Hormonsystem auch unter ruhenden Bedingungen ihre Alltagsarbeit verrichten. Die Beteiligung der einzelnen Organe und Gewebe am Grundumsatz ist jedoch unterschiedlich. Beispielsweise sind die Leber und die Skelettmuskulatur daran mit etwa je 25 % beteiligt, das Herz mit knapp 10 % und das Gehirn mit zirka 25 %.

Aufrechterhalten der körperlichen Grundfunktionen

Der Energiebedarf eines Menschen, der sich in nüchternem Zustand und entspannt liegend in völliger Ruhe bei einer konstanten Umgebungstemperatur von 20 Grad Celsius befindet, wird als Grundumsatz bezeichnet. Jeder Mensch hat seinen ganz persönlichen Grundumsatz, der von folgenden Faktoren abhängt:

Männer setzen mehr Energie um als Frauen

- **Geschlecht:** Männer haben einen um etwa sechs bis zehn Prozent höheren Grundumsatz als Frauen. Die Ursache dafür ist in der unterschiedlichen Zusammensetzung des Körpergewebes beider Geschlechter zu suchen. Frauen sind von Natur aus mit einem stärkeren Unterhautfettgewebe ausgerüstet. Sie sind somit besser „wärmeisoliert" und geben nicht so viele Kalorien an die Umgebung ab. Gesunde normalgewichtige Männer dagegen haben im Durchschnitt mehr Muskelmasse und weniger Fettgewebe als das weibliche Geschlecht. Der Körperfettanteil liegt bei jungen schlanken Männern zwischen 12 und 15 %, während er bei jungen schlanken Frauen im Durchschnitt zwischen 22 und 24 % schwankt. Da Muskeln (aktive Körpermasse) stoffwechselaktiver sind und mehr Energie verbrauchen als Fettgewebe (passive Körpermasse), setzen Männer mehr Energie um.

Im Alter verringert sich der Energiebedarf

- **Alter:** Mit zunehmendem Alter sinkt der Grundumsatz. Das liegt unter anderem daran, dass die Stoffwechselvorgänge mit zunehmendem Alter langsamer ablaufen und ältere Menschen sich weniger bewegen. Letzteres spiegelt sich in der Gewebezusammensetzung wider: Die Muskelmasse nimmt im Alter ab und der Fettanteil steigt. Außerdem verbraucht unser Organismus mit den Jahren immer weniger Energie, um die lebensnotwendigen Körperfunktionen aufrechtzuerhalten.

  Ein 50-Jähriger benötigt aufgrund dessen nur etwa 85 %, ein 70-Jähriger sogar nur noch zirka 65 %der Energie eines 20-Jährigen. Das ist einer der Hauptgründe dafür, dass viele von uns erst ab der Mitte des Lebens mit einer stetigen Gewichtszunahme zu kämpfen haben. Dabei spielt unser Essverhalten eine gewichtige Rolle, denn obwohl sich unser Grundumsatz mit zunehmendem Alter verringert, schlagen wir uns den Bauch ähnlich voll wie in jungen Jahren. Dem Körper bleibt so nichts anderes übrig, als den Überschuss im Fettgewebe einzulagern.

- **Körpergröße und Gewicht:** Weitere Einflussgrößen für die Höhe des Grundumsatzes sind die Körpergröße und das Körpergewicht. Je größer ein

Mensch ist, umso größer ist sein Grundumsatz. Großgewachsene normalgewichtige Menschen weisen eine größere Körperoberfläche und zumeist mehr Körpermasse auf als kleinere Personen. Sie verbrauchen deshalb auch mehr Energie, um das stoffwechselaktive Gewebe zu versorgen und um die Körpertemperatur aufrechtzuerhalten.

Große Menschen brauchen mehr Energie

Der Einfluss des Körpergewichts auf den Grundumsatz ist abhängig davon, ob ein Mensch eher muskulös ist oder nicht. Während viel Muskelmasse einen erhöhten Energieverbrauch nach sich zieht, benötigen zum Fettansatz neigende Menschen eher weniger Energie. Das liegt daran, dass die Muskeln neben der Leber die größte „chemische Küche" in unserem Organismus sind. Die aktive Körpermasse Muskulatur verbraucht daher im Ruhezustand erhebliche Energiemengen. Demgegenüber trägt das passive Fettgewebe nicht zu einer Steigerung des Grundumsatzes bei. Es ist träge und im Vergleich zum Muskelgewebe nur eingeschränkt stoffwechselaktiv.

Je mehr Muskelmasse, desto mehr Energie wird umgesetzt

- **Weitere Faktoren:** Hormone, Stress, längeres Fasten oder Erkrankungen können den Grundumsatz ebenfalls beeinflussen. Eine Unterfunktion der Schilddrüse beispielsweise kann dazu führen, dass sich unser Grundumsatz verringert. Viele Emotionen (Zorn, Beklemmung, Freude) verbrauchen infolge einer erhöhten Muskelanspannung (Muskeltonus) mehr Energie. Hinzu kommt, dass eine vermehrte Ausschüttung von Stresshormonen zu einem gesteigerten Energieumsatz führt, denn unser Organismus stellt für solche ungewöhnlichen Belastungen zusätzliche Energien zur Verfügung.

Außergewöhnliche Belastungen rauben Energie

Dagegen tragen radikale Diäten zu einer erheblichen Verringerung des Grundumsatzes bei. Warum dies der Fall ist, wird im Kapitel „So entsteht der Jo-Jo-Effekt" ab Seite 34 näher erläutert.

Vorsicht vor Diäten!

Berechnung des Grundumsatzes

Um den Grundumsatz eines Menschen in Abhängigkeit seines Alters, Geschlechts, Körpergewichts und Körpergröße zu berechnen, greift man auf die Formel von Harris-Benedict zurück. Diese Formel beinhaltet alle messbaren Größen und versteht sich als zu erwartender Grundumsatz eines Menschen, ohne dabei allerdings die oben erwähnten sonstigen Umstände zu berücksichtigen.

Zur Berechnung Ihres Grundumsatzes tragen Sie bitte Ihre Werte in die dafür vorgesehenen freien Felder ein. Für Männer und Frauen werden unterschiedliche Multiplikatoren verwendet.

1a) für Frauen

655,1 + (9,563 x kg)+ (1,850 x cm) – (4,676 x Alter) = Grundumsatz in kcal

655,1 + (   ) + (   ) – (   ) = [   ]

1b) für Männer

66,5 + (13,75 x kg) + (5,003 x cm) – (6,775 x Alter) = Grundumsatz in kcal

66,5 + (   ) + (   ) – (   ) = [   ]

Beispiel: Eine 1,65 Meter große und 60 Kilogramm schwere Frau im Alter von 40 Jahren hat einen Grundumsatz von 1.347 kcal pro Tag.

Rechnung: 655,1 + 573,78 + 305,25 – 187,04 = 1.347,09 kcal/Tag

Der Arbeitsumsatz

Der Grundumsatz macht nur einen Teil unseres täglichen Energiebedarfs aus. Die nächste und sehr wesentliche Einflussgröße auf unseren Energiebedarf ist der Arbeitsumsatz. Sobald wir uns vom Sofa erheben, wird unsere Muskulatur vermehrt beansprucht. Das bedeutet, dass wir über den Grundumsatz hinaus Energie benötigen. Diese Energie, die die Muskulatur zusätzlich verbraucht, wird als Arbeitsumsatz bezeichnet. Sie kann unter Extrembedingungen riesige Ausmaße annehmen. Je mehr Muskeln beansprucht werden und je extremer die Belastung ist, desto mehr Kilokalorien sind erforderlich. Durch die hohen Belastungen, denen beispielsweise die Radfahrer während der Tour de France ausgesetzt sind, werden die größten Zuwachsraten zum Grundumsatz erreicht. Um die außergewöhnlichen Anstrengungen zu meistern, verbrennen die Athleten bei den Bergetappen in den Alpen unter Umständen bis zu 12000 Kilokalorien pro Tag.

Erhöhter Energiebedarf durch körperliche Belastung

Sitzen wir jedoch tagsüber am Schreibtisch, in einer Konferenz oder im Auto, ist dieser Mehrbedarf an Energie vergleichsweise gering. Während ein körperlich schwer arbeitender Mensch unter Umständen mehr als 200

Kilokalorien in der Stunde zusätzlich verbrennt, bringt es ein Büroangestellter gerade mal auf schlappe 35 Kilokalorien. Das liegt daran, dass unser Gehirn immer arbeitet und sein Energieverbrauch bereits im Grundumsatz mit etwa 25 % enthalten ist. Körperlich arbeitende Menschen können deswegen mehr essen als Menschen, die den ganzen Tag am Schreibtisch sitzen, und nehmen trotzdem nicht zu. Viele „Schreibtischtäter" setzen in ihrer Freizeit oft wesentlich mehr Energie um als während ihrer Arbeitszeit.

Geistige Arbeit verbraucht kaum Kalorien

Um den Arbeitsumsatz zu berechnen, müssen die unterschiedlichen Anforderungen, denen wir täglich ausgesetzt sind, mit einkalkuliert werden. Je nach Art der Belastung werden dafür unterschiedliche Beträge zum Grundumsatz hinzuaddiert.

Sport und andere körperliche Betätigungen führen natürlich zu einem Mehrverbrauch an Energie, doch leider bei weitem nicht in dem Ausmaß, wie vielfach angenommen wird (siehe auch Tabelle 32, S. 222). Der zusätzliche Energieverbrauch liegt für eine halbe Stunde gemütliches Joggen bei zirka 300 Kilokalorien, was in etwa der Energiemenge von 50 Gramm gerösteten Erdnüssen oder 0,7 Litern Bier entspricht. Trotzdem sollte sich jeder von uns so viel wie möglich bewegen. Abgesehen davon, dass Sport Spaß macht, bewegen wir uns ja nicht ausschließlich, um unser Körpergewicht zu reduzieren, sondern vor allem, um beispielsweise unser Herz-Kreislauf-System auf Vordermann zu bringen und aktive Muskelmasse aufzubauen bzw. zu erhalten (mehr dazu Kapitel Bewegung S. 205).

Berechnung des Arbeitsumsatzes

Der Arbeits- beziehungsweise Leistungsumsatz hängt allein von der Dauer, der Intensität und der Art der körperlichen Aktivität ab. Um den Energieverbrauch, der mit dieser Aktivität verbunden ist, besser einschätzen zu können, erfolgt eine Einteilung in verschiedene Berufs- und Freizeittätigkeiten. Ordnen Sie sich dafür in eine der fünf Kategorien in Tabelle 7 ein.

Tabelle 7: **Arbeitsschwere und Freizeitverhalten**

Kategorie	Tätigkeit	Arbeitsumsatz	PAL
Sehr gering	Ausschließlich sitzende u. liegende Lebensweise (sprechen, lesen), alte, gebrechliche Menschen	20% des Grundumsatzes **Multiplikator** = 0,2	1,2
Gering	Ausschließlich sitzende Tätigkeit mit wenig oder keiner anstrengenden Freizeitaktivität: Büroangestellte, Feinmechaniker	40-50% des Grundumsatzes **Multiplikator** = 0,4-0,5	1,4-1,5
Mittel	Sitzende Tätigkeit, zeitweilig auch stehende oder gehende Tätigkeit: Laboranten, Kraftfahrer, Studierende, Fließbandarbeiter	60-70% des Grundumsatzes **Multiplikator** = 0,6-0,7*	1,6-1,7*
Schwer	Überwiegend gehende und stehende Arbeit: Hausfrauen, Verkäufer, Kellner, Mechaniker, Handwerker	80-90% des Grundumsatzes **Multiplikator** = 0,8-0,9*	1,8-1,9*
Sehr schwer	Bauarbeiter, Landwirte, Waldarbeiter, Hochofen-arbeiter, Möbelpacker, Bergmann, Leistungssportler	100-140% des Grundumsatzes **Multiplikator** = 1,0-1,4*	2,0-2,4*

* Für sportliche Betätigungen oder anstrengende Freizeitaktivitäten (30-60 min, 4 bis 5mal je Woche) können pro Tag 0,3 PAL-Einheiten zusätzlich gerechnet werden, bzw. kann der Multiplikator um 0,3 erhöht werden.

Um Ihren persönlichen Arbeitsumsatz zu berechnen, setzen Sie den in der Spalte Arbeitsumsatz aufgeführten Multiplikator bitte in folgende Formel ein:

Grundumsatz (in kcal) x Multiplikator (s. Tabelle 3) => Arbeitsumsatz pro Tag (in kcal)

________ x ________ => ________

Beispiel: Eine Frau (1,65 Meter groß; 60 Kilogramm schwer, 40 Jahre alt) hat einen Grundumsatz von 1374 Kilokalorien. Sie übt eine leichte körperliche Tätigkeit aus (Multiplikator laut Tabelle 3 = 0,4). Daraus ergibt sich ein Arbeitsumsatz von 550 Kilokalorien pro Tag.

Rechnung: 1374 x 0,4 = 549,6 kcal

Der Energiebedarf

Der tägliche Energiebedarf ist somit die Summe aus Grundumsatz und Arbeitsumsatz eines Menschen.

Berechnung des täglichen Energiebedarfs

Der tägliche Energiebedarf setzt sich wie folgt aus Grund- und Arbeitsumsatz zusammen:

Grundumsatz (in kcal)	+	Arbeitsumsatz (in kcal)	=>	Kilokalorienbedarf pro Tag
	+		=	

Beispiel: Die Frau (s. o.) mit ihrem Grundumsatz von 1374 und einem Arbeitsumsatz von 550 Kilokalorien hat einen täglichen Energiebedarf von 1924 Kilokalorien.

Eine andere Möglichkeit, den Energiebedarf auszurechnen, ist, den Grundumsatz sofort mit dem Faktor PAL siehe (Tabelle 3) zu multiplizieren.

Grundumsatz (in kcal)	x	PAL		= Kilokalorienbedarf pro Tag
	x		=	

Bitte beachten Sie, dass der auf diese Art ermittelte Kalorienbedarf nur einen Richtwert darstellen kann, da immer noch einige Umwelteinflüsse unberücksichtigt bleiben.

Genauer lässt sich der Kalorienverbrauch nach dem im Kapitel „Schritt 1: Ermitteln Sie Ihren individuellen Energiebedarf!" auf S. 46 gezeigten Weg bestimmen. Noch exaktere Werte sind mit aufwändigen Messungen zu erzielen. Doch für den Alltagsgebrauch reichen die beschriebenen Methoden völlig aus, denn es kommt nicht auf jede einzelne Kalorie an. Wichtig ist, dass der Energiebedarf uns eine Orientierung bietet, mit deren Hilfe wir das Körpergewicht auf einem konstanten Niveau halten beziehungsweise bei Bedarf senken können.

Mangel im Überfluss

Die aktuelle Bilanz

Die Zeiten der Jäger und Sammler gehören zum Glück der Historie an, denn Supermarkt, Kantine und Imbissbude sind die neuen Jagdreviere des 21. Jahrhunderts. So schnell und so einfach wie heutzutage stand noch nie ein warmes Essen auf dem Tisch. Die Fertigpizza aus der Mikrowelle, Chilled Food aus dem Kühlregal als der Ernährungstrend der Zukunft, der Essensservice vom Italiener in der Nachbarschaft oder der Hamburger vom Drive-in-Schalter ermöglichen, dass wir nach einem anstrengenden Arbeitstag nicht noch zusätzlich Zeit vergeuden, um endlich den wohlverdienten Feierabend zu genießen. Food-Designer und Lebensmitteltechnologen sind eifrig darum bemüht, unseren Geschmack zu treffen. Ist unser Essen dann doch immer noch zu fettreich, verpackt uns die angeblich so moderne Forschung das Nahrungsfett so geschickt, dass es unser Körper nicht mehr verwerten kann und durch unseren Darm einfach „durchrauscht". Bösartig formuliert: Lieber öfter mal zur Toilette gehen, anstatt auf die Eiscreme oder die Chips zu verzichten.

Wir essen zu viel Fett, vor allem tierisches Fett, zu viel tierisches Eiweiß und zu viel Süßes. Außerdem trinken wir zu viel Alkohol. Neben unserer ungesunden Lebensweise mit Bewegungsarmut, Stress, hoher beruflicher Belastung, dem übermäßigen Verzehr von Genussmitteln und einer verstärkten Umweltverschmutzung trägt vor allem eine falsche Ernährung zur Entstehung von Zivilisationskrankheiten bei. Innerhalb der Bevölkerung hat sich das Wissen und die Informationsflut über Ernährungsfragen zwar deutlich verbessert, aber trotzdem sind Schlagzeilen wie „Selbstmord mit Messer und Gabel" aktueller denn je. Die Kosten zur Heilung ernährungsbedingter Krankheiten in Deutschland betrugen nach den Berechnungen der Gesellschaft für Ernährungsmedizin und Diätetik im Jahr 2004 schätzungsweise 75 Milliarden Euro.

Gigantische Kosten

In neuesten Studien wird immer wieder von einem Mangel im Überfluss berichtet. Bei vielen Menschen, im Besonderen bei vielen Risikogruppen (Raucher, Schwangere, Senioren, Gestresste, Diätanhänger) genügt die mehr als ausreichende Energiezufuhr nicht, um eine ausreichende Versorgung mit essenziellen Nähr- und Ballaststoffen zu gewährleisten. Die möglichen Folgen sind bekannt (zitiert aus: Deutsche Gesellschaft für Ernährung, 1992): „Ergebnisse zahlreicher epidemiologischer Studien machen es wahrscheinlich, dass eine chronisch niedrige Versorgung mit antioxidativen Vitaminen und Karotinoiden die Entstehung bestimmter chronischer Erkrankungen begünstigt. Einem regelmäßigen und hohen Verzehr von Karotinoid- und Vitamin-C-reichen Salat -, Obst- und Gemüsearten wird daher eine gewisse Schutzfunktion beigemessen." Hauptsächlich Raucher und die Freunde eines „guten Tropfens" sind davon betroffen. Aktuelle Studien belegen, dass auch Stress und Umweltfaktoren sich als wahre Vitaminräuber erweisen.

Laut den Empfehlungen der Deutschen Gesellschaft für Ernährung sollen zwischen 55 bis 60% der täglichen Energiezufuhr aus Kohlenhydraten, zirka 15% aus Eiweißen und maximal 25 bis 30% der täglichen Energiezufuhr aus Fetten stammen. Empfehlung und Realität driften allerdings weit auseinander, wie Tabelle 8 zeigt.

Tabelle 8: **Diskrepanz zwischen Soll- und Ist-Zustand der täglichen Energiezufuhr**

Nährstoff	Empfehlung für Jugendliche und Erwachsene	Ist-Zustand
Kohlenhydrate	55 (50- 60 %)	bis zu 47 %
Eiweiß	15 (10-20 %)	bis zu 25 %
Fett	30 (25-35 %)	bis zu 45 %
Alkohol	0 %	bis zu 13 %

Bis zu 45% der Nahrungsenergie werden über Fette aufgenommen, obwohl wir doch eigentlich überhaupt kein Fett essen: Der Fettrand beim Schinken oder dem Kotelett wird akribisch entfernt und die pflanzliche Margarine hat aus gesundheitlichen Gründen in vielen Haushalten schon lange die Butter ersetzt. Das Problem dabei ist jedoch: Fette sehen wir nicht, dennoch sind sie in fast allen Nahrungsmitteln enthalten.

Fette liefern bis zu 45% der Tagesenergie

Ernährungswandel in Zeiten des Wirtschaftswunders

Die enormen Zuwachsraten beim Fettverbrauch sind nicht nur die Folge einer steigenden Zufuhr von „sichtbaren" Speisefetten, sondern vor allem durch den überhöhten Verzehr von Nahrungsmitteln tierischer Herkunft bedingt. Vor allem Fleisch- und Wurstwaren enthalten viele versteckte Fette und entpuppen sich als deren Hauptlieferanten. Das war nicht immer so. Das Ernährungs- und Konsumverhalten der deutschen Bevölkerung hat sich vor allem seit Beginn des so genannten Wirtschaftswunders gewandelt. Während in den Nachkriegsjahren noch oft eine einfache Suppe auf dem Tisch stand, konnte man sich ab Mitte der 50er Jahre „wieder etwas leisten". Durch den neuen Wohlstand und die immer größer werdende Vielfalt an Nahrungsmitteln änderten sich auch die Ernährungsgewohnheiten drastisch. Frei nach dem Motto „Es geht wieder aufwärts!" begannen die Menschen, mehr und mehr Fleisch zu essen. Im Gegenzug verzichteten sie immer öfter auf die „alten Nahrungsmittel" wie Getreideprodukte, Kartoffeln und ballaststoffhaltige Nahrungsmittel. Vor allem unserer Hauptnahrungsmittel Brot diente nur noch zu einer notwendigen Unterlage für einen dicken Wurst- und Käsebelag. Zucker-, fett- und kalorienreiche Nahrungsmittel sowie alkoholische Getränke dagegen waren nach der langen entbehrungsreichen Zeit der große Renner.

Trendwende bei der Ernährung

Erst in den vergangenen Jahren hat sich das Ernährungsbewusstsein zumindest bei einem Teil der Bevölkerung verändert. Getreideprodukte, Gemüse und Obst, Frischmilcherzeugnisse sowie Fisch, Käse und Geflügelfleisch sind vermehrt auf unseren Tischen zu sehen. Neu ist eine deutliche Abnahme des Fleischverbrauchs. Rinderwahnsinn, Vogelgrippe und Horrormeldungen über den internationalen Viehhandel haben den Verbraucher so verunsichert, dass der Rind- und Schweinefleischverzehr leicht rückläufig ist. Weitestgehend auf einem hohen Niveau stagniert jedoch der Verbrauch von Zucker, Fetten sowie von alkoholischen Getränken.

Intensivanbau und Umweltverschmutzung

Neben den „klassischen Ernährungsfehlern" tragen Intensivlandwirtschaft, Umweltverschmutzung und lange Transportwege ihren Teil dazu bei, dass die Qualität unserer Lebensmittel schwindet. Sie sehen zwar besser aus, halten länger und werden immer größer, doch wichtige Inhaltsstoffe bleiben auf der Strecke. Die übermäßige Düngung beispielsweise bewirkt, dass unser Gemüse einen zu Lasten des Vitamin- und Spurenelementgehalts gehenden unnatürlich hohen Wasser- und Eiweißgehalt aufweist. So gibt es beispielsweise Gemüse aus Gewächshäusern, die nur noch in Nährstofflösungen gedeihen und für deren Wachstum kein Krümel Erde mehr benötigt wird. Auch die erhöhte Umweltbelastung geht an unseren Nahrungsmitteln nicht spurlos vorbei. Der saure Regen beispielsweise enthält das Element Schwefel, das sich im Boden mit Selen verbindet. Für die Pflanzen ist diese Verbindung nur noch schwer verwertbar, sodass sie einen geringeren Anteil des „Radikalfängers" Selen enthalten.

Unser Verhalten ist entscheidend

Trotzdem ist vor allem unser eigenes Verhalten dafür ausschlaggebend, wie gesund wir uns ernähren. Wie oft stellen wir „kleine Sünden" radikal ab, fühlen uns dabei wohler, um nach einer gewissen Zeit schließlich doch wieder in den alten Trott zu verfallen. Die Zigarette, das Sahnetörtchen, die Pizza und die Erdnüsse werden unter dem Deckmantel der Lebensqualität wieder in den Alltag integriert. Die Diskrepanz zwischen dem Bedarf unseres Organismus und unseren Wünschen wird im Zuge dessen immer größer.

Dabei lassen sich Genuss und eine ausgewogene Ernährung durchaus in Einklang bringen. Wir müssen nur die Aufnahme von „leeren Kalorienträgern" verringern und die Nährstoffdichte erhöhen. So können wir den hohen Anforderungen, die Beruf und Alltag an uns stellen, gerecht werden.

Leere Kalorienträger meiden

Der Nähr- und Vitalstoffgehalt unserer Lebensmittel wird vor allem von den Wachstumsbedingungen, vom Verarbeitungsgrad, der Zubereitung und der Lagerung bestimmt. Nur wenn wir diese Zusammenhänge kennen, sind wir in der Lage, qualitativ hochwertige Nahrung einzukaufen. Beispielsweise gehen durch die chemische Behandlung, die Pasteurisierung und Konservierung vieler Nahrungsmittel wertvolle Inhaltsstoffe verloren. Derart künstlich verarbeitete, „veredelte" und „verfeinerte" Nahrung zeichnet sich dadurch aus, dass sie arm an wertvollen Ballaststoffen, Vitaminen, Mineralstoffen oder Spurenelementen, aber reich an Energie ist. Deswegen spricht man auch von Lebensmitteln mit

leeren Kalorien. Dazu gehören Zucker und alle zuckerhaltigen Nahrungsmittel wie Süßwaren, zuckerhaltige Getränke wie Limonaden oder Cola, Ketschup, alle Produkte, die aus stark ausgemahlenen Mehlen hergestellt sind, wie Weißbrot, Toast oder Kuchen, aber auch Alkohol, Alko-Pops und stark fetthaltige Nahrungsmittel.

Geringerer Gehalt an wertvollen Inhaltsstoffen bei chemisch behandelten Lebensmitteln

■ Auf einen Blick:
Nahrungsmittel mit überwiegend leeren Kalorien

- Süßigkeiten: Bonbons, Schokolade, Eis ...
- Getränke: Limonaden, Cola, Eistee ...
- Ausgemahlenes Mehl: Mehl vom Type 405 und Weißmehlprodukte wie Weißbrot, Toast, weiße Brötchen oder Kuchen
- Fett: fetthaltige Nahrungsmittel wie Butter, Fleisch oder Wurst
- Genussmittel: Alkohol, Alko-Pops
- Zucker: übermäßig gezuckerte Nahrungsmittel
- Verarbeitete Produkte: polierter Reis ...

Anstatt den kleinen Hunger zwischendurch mit einem Stück Schokolade zu überbrücken, ist der Griff zu einer Banane oder einem Apfel empfehlenswert. An diesem einfachen Beispiel werden die Unterschiede zwischen einem vollwertigen und einem leeren Kalorienträger deutlich. So ist der Energiegehalt der Schokolade mehr als achtmal so hoch wie der einer Banane (s. Tabelle 9). Diese Differenz beruht vor allem auf dem höheren Fett- und Kohlenhydratanteil der Schokolade und dem höheren Wasseranteil der Banane. Doch nicht die Energie allein ist ausschlaggebend, sondern der Gehalt an Inhaltsstoffen. Eine Banane ist zum Beispiel reich an Ballaststoffen und den Vitaminen A und C. Diese sind in der Schokolade entweder gar nicht oder nur in Spuren vertreten.

Den Hunger zwischendurch sinnvoll überbrücken

Tabelle 9: **Energiegehalt und Inhaltsstoffe von Bananen und Vollmilchschokolade**

	Banane (bezogen auf 100 g)	**Vollmilchschokolade** (bezogen auf 100 g)
Energiegehalt	64,0 kcal	520 kcal
Eiweiß	0,8 g	6,0 g
Fette	0,0 g	30,0 g
Kohlenhydrate	14,0 g	58,0 g
Wasser	74,8 g	1,0 g
Ballaststoffe	3,0 g	–
Cholesterin	0 mg	2 mg
Natrium	1 mg	95 mg
Kalium	382 mg	400 mg
Vitamin A	38 µg	in Spuren
Vitamin C	11 mg	in Spuren

Auch folgendes Beispiel macht deutlich, dass unsere Nahrungsmittel bei der Verarbeitung in vielen Fällen „kastriert", also ihrer wertvollen Inhaltsstoffe beraubt werden. Getreidekörner werden geschält, um dann zu hellem Mehl weiterverarbeitet zu werden. Gerade in den Randschichten von Getreidekörnern wie Weizen, Roggen oder Reis sind jedoch wertvolle Mineralien und Ballaststoffe enthalten, die durch das Schälen – angeblich eine Aufwertung der Nahrungsmittel – verloren gehen. Man bezeichnet die so genannten hellen Mehltypen (beispielsweise Type 405) im Gegensatz zu den dunklen Mehlen (beispielsweise Type 1700) als tot gemahlenes oder ausgemahlenes Mehl. Alle Produkte, die aus hellen Mehlen hergestellt werden, weisen einen geringeren Gehalt an wertvollen Ballast- und Mineralstoffen auf. Das Kuriose, was sich aus der Ernährung mit ballaststoffarmem Weißmehl ergibt, ist, dass viele Menschen Verdauungsprobleme haben und sich die Ballaststoffe zum Beispiel in Form von Weizenkleie für teures Geld in der Apotheke oder dem Reformhaus kaufen, anstatt sie in natürlicher Form zu den Mahlzeiten zu essen.

„Kastrierte" Nahrung

Mit einer gezielten Auswahl unserer Getränke können wir ebenfalls vermeiden, Kalorien ohne Inhalt aufzunehmen. Mit dem Genuss eines Liters Cola beispielsweise muten wir uns 100 Gramm Zucker – das entspricht 32

Stücken Würfelzucker – mit einem Energiegehalt von 410 Kilokalorien zu. Ein Leichtarbeiter mit einem Energieverbrauch von 2300 Kilokalorien deckt damit nur über das Trinken fast 20 % seines täglichen Energiebedarfs. Wer einen Monat lang jeden Tag einen Liter Cola trinkt, kommt in den zweifelhaften Genuss von stolzen 12 300 Kilokalorien. Außer Kilokalorien enthält Cola jedoch nur minimale Mengen an Phosphor, Natrium und Kalzium, trägt also nur unbedeutend zu einer Versorgung mit wertvollen Nahrungsbestandteilen bei.

Auf die Zubereitung kommt es an

Die Art und Weise, wie wir unsere Nahrung zubereiten oder wie sie für uns zubereitet wird, hat einen entscheidenden Einfluss auf den Kaloriengehalt. Panierte, frittierte und fettreich verarbeitete Speisen sind ebenso wie die klassische Mehlschwitze in vielen Kantinen heute leider immer noch Standard. Doch diese Zubereitungsarten sind nicht mehr zeitgemäß, denn sie erhöhen den Energiegehalt der Speisen unnötig. Rohe, frisch geerntete Kartoffeln beispielsweise enthalten eine durchschnittliche Energiemenge von 71 Kilokalorien pro 100 Gramm. Als Salz- oder Pellkartoffel zubereitet verändert sich ihr Energiegehalt nicht nennenswert. In 100 Gramm Pommes frites dagegen finden sich 273 Kilokalorien,

und dieselbe Menge an Kartoffelchips liefert uns 536 Kilokalorien. Das gleiche Grundnahrungsmittel kann also je nach der Art der Zubereitung extrem unterschiedliche Energiegehalte aufweisen.

Bei unsachgemäßer Lagerung und Verarbeitung läuft auch das hochwertigste Nahrungsmittel Gefahr, deutlich an Substanz zu verlieren. Vor allem Luft, Licht und Wärme, aber auch das Garen in zu viel Wasser erweisen sich als wahre Vitaminräuber (s. Tabelle 10, S. 98).

Tabelle 10: **Vitamin-C-Verluste durch falsche Lagerung**

Vitamin-C-Verlust nach dreistündiger Lagerung		
Lebensmittel	**im Schatten**	**im Sonnenlicht**
Kopfsalat	11 %	39 %
Feldsalat	26 %	63 %

Vitamin-C-Verlust durch normale Lagerung				
Lebensmittel	**1. Tag**	**2. Tag**	**3. Tag**	**4. Tag**
Spinat	12 %	45 %	50 %	56 %
Grünkohl	11 %	13 %	25 %	45 %

Resümee: Der Bedarf an Mineralstoffen, Vitaminen und Ballaststoffen des Leichtarbeiters unterscheidet sich nur geringfügig von dem eines körperlich schwer arbeitenden Menschen. Vor allem im Alter kommt es zu Engpässen, denn Ältere essen sehr wenig. Trotzdem müssen sie mit der Nahrung alle notwendigen Inhaltsstoffe aufnehmen. Deswegen kommt es bei der Auswahl der Nahrungsmittel auf die Qualität und nicht mehr so sehr wie früher auf die Quantität an. Gefordert sind Nahrungsmittel mit einer hohen Nährstoffdichte.

Leichtarbeiter und Ältere brauchen eine höhere Nährstoffdichte

Haben Sie einen niedrigen Energiebedarf und essen Sie daher wenig, sollten Sie darauf achten, dass die in geringer Menge in den Lebensmitteln enthaltenen Vitamine nicht noch durch Ihr eigenes Zutun infolge falscher Zubereitung oder Lagerung der Nahrung zerstört werden. Versuchen Sie außerdem, auf den Verzehr von leeren Kalorienträgern so weit wie möglich zu verzichten. Greifen Sie dagegen bei frischen, natürlichen und vollwertigen Lebensmitteln mit hoher Nährstoffdichte zu.

Nährstoffdichte – Qualität statt Quantität

Gesund und ausgewogen zu essen heißt: Nicht mehr allein energetische, sondern vor allem qualitative Kriterien sollten für die Lebensmittelauswahl entscheidend sein. Dabei wird die Qualität danach beurteilt, welche Inhaltsstoffe in Form von Vitaminen und Mineralstoffen in der Nahrung enthalten sind. Das Verhältnis von Lebensmittelqualität zu Lebensmittelquantität wird als Nährstoffdichte bezeichnet.

Die Nährstoffdichte gibt exakt an, welche Menge eines Nähr- oder Vitalstoffs das jeweilige Lebensmittel bezogen auf eine Energieeinheit (in Kilokalorien) enthält. Nahrungsmittel mit einer hohen Nährstoffdichte weisen im Verhältnis zu ihrem Energiegehalt demnach viele Nährstoffe auf. Die Nährstoffdichte gibt somit Hinweise, welche Lebensmittel sich besonders gut dazu eignen, den Bedarf an „kritischen" Mineralstoffen und Vitaminen zu decken. Kritisch bedeutet in diesem Zusammenhang, dass die Bedarfsdeckung entweder erschwert ist oder dass diese Inhaltsstoffe vermehrt benötigt werden.

Die Nährstoffdichte eines Lebensmittels wird folgendermaßen berechnet:

$$\textbf{Nährstoffdichte} = \frac{\textbf{Nährstoffgehalt (in g, mg oder µg) in 100 g Lebensmittel}}{\textbf{Energiegehalt (in kcal, kJ oder MJ) in 100 g Lebensmittel}}$$

Beispiel:100 Gramm Weizenmehl (Type 405) enthalten 60 Mirkogramm (µg) Vitamin B1 bei einer Energiemenge von 333 Kilokalorien. Ballaststoffe sind nur in Spuren enthalten. Die Nährstoffdichte für das Vitamin B1 liegt bei 0,18 Mikrogramm pro Kilokalorie.

In 100 Gramm Weizenvollkornmehl (Type 1700) sind 300 Mikrogramm (µg) Vitamin B_1 bei einem Energiegehalt von 305 Kilokalorien enthalten. Der Ballaststoffgehalt liegt bei zirka 9 Gramm. Die berechnete Nährstoffdichte für das Vitamin B_1 beträgt 0,98 Mikrogramm pro Kilokalorie.

	Energiegehalt	Nährstoffdichte
Typ 405	333 kcal	0,18
Typ 1700	305 kcal	0,98

Bei einem Vergleich verschiedener Mehlsorten wird deutlich, dass Weizenvollkornmehl die fünffache Vitamin-B_1-Menge und wesentlich mehr Ballaststoffe als helles Weizenmehl enthält, zugleich aber auch fast zehn Prozent weniger Energie liefert.

Ein gesunder und ausgewogener Speiseplan, der Lebensmittel mit einer insgesamt hohen Nährstoffdichte aufweist, beinhaltet Vollkornprodukte, Gemüse, Kartoffeln, Obst und fettarme Milchprodukte. Wem es gelingt, den Anteil an tierischen Lebensmitteln zugunsten von Nahrung pflanzlicher

Herkunft zu reduzieren und vermehrt frische, schonend verarbeitete und nicht zerkochte, chemisch haltbar gemachte Nahrungsmittel zu verzehren, der ist sowohl aus gesundheitlicher als auch aus kulinarischer Sicht auf dem richtigen Weg. Zur besseren Orientierung finden Sie in Tabelle 11 Lebensmittel nach ihrer Nährstoffdichte sortiert.

Wir haben es selbst in der Hand

Mit dieser Liste können Sie bereits beim Einkauf entscheiden, wie vitalstoffreich das sein soll, was später auf Ihren Tellern liegt. Seien es nun die Lebensmittel für die Hauptmahlzeiten oder für den Hunger zwischendurch, die Getränke oder süße Kleinigkeiten zur Befriedigung der Gelüste, die wir ab und zu befriedigen wollen. Wir sind dem, was uns jeden Tag „vorgesetzt" wird oder was wir selbst auf den Tisch zaubern nicht machtlos ausgeliefert, sondern haben es selbst in der Hand, eine unserem Energie- und Vitalstoffbedarf angepasste Lebensmittelauswahl zu treffen.

Tabelle 11: **Lebensmittel mit unterschiedlicher Nährstoffdichte**

Lebensmittelgruppe	Nährstoffdichte		
	hoch	**mittel**	**niedrig**
Getränke	Mineral- ,Tafel-, Quellwasser, Früchte- und Kräutertee, frisch gepresste Frucht- und Gemüsesäfte	Fruchtnektar, Malzkaffee, Bier und Wein mit niedrigem Alkoholgehalt	schwarzer Tee, stark gesüßte Limonaden, hochprozentiger Alkohol
Getreide	gekeimtes Getreide, Vollkornprodukte aus frisch geschrotetem Getreide, dunkles Mehl (z. B. Type 1050 o. 1700), Vollreis, ungesüßtes Müsli	erhitzte Getreide- und Vollkornspeisen, polierter Reis, Mischbrot, Teigwaren aus hellem Mehl, gesüßtes Müsli	Weißbrot, Produkte aus hellem Mehl, Konservenbrot
Gemüse	Rohkost, frische Salate, frisches, leicht gedünstetes und gegartes Gemüse, frische Kräuter, Sprossen, Pilze, Kartoffeln	tiefgefrorenes und erhitztes Gemüse, Kartoffelpüree, Gemüseauflauf	aufgewärmte und stark zerkochte Gemüsespeisen, gezuckerte Gemüsekonserven, welkes Gemüse und Salate, Pommes frites, Kartoffelchips

Obst	frisches ungezuckertes Rohobst, frisch gepresste Säfte	Kompott, Trockenobst, Obstkonserven mit geringem Zuckergehalt	Konserven mit hohem Zuckergehalt, Obstsirup, chemisch konservierte Fruchtsaftgetränke
Milchprodukte	Voll-, Frisch- und fettarme Milch, fettarmer Jogurt, Quark und Käse, Kefir, Buttermilch	Fruchtjogurt, Molkeprodukte, Milchpulver, Quark und Käse mit einem Fettgehalt um 40 % in der Trockenmasse	Kondensmilch, Sahne, Schmelzkäse, Käse mit hohem Fettgehalt (> 40 % in der Trockenmasse)
Fleisch	magere Fleischsorten wie Huhn, Pute, Wildbret, gegarter Fisch	fettarme Fleisch- und Wurstsorten, Fisch in Konserven und in Öl eingelegt	fettreiche Fleisch- und Wurstsorten, Innereien, frittierter Fisch, Speck
Fette und Öle	Pflanzenöle mit hohem Gehalt an mehrfach ungesättigten Fettsäuren wie Raps- und Wallnussöl, Weizenkeim-, Leinsamen- oder Sojabohnenöl, Oliven- und Sonnenblumenöl	Butter, Margarine, kalt gepresste Öle	Margarine und Fettprodukte, die raffiniert, gebleicht oder chemisch extrahiert wurden, Schmalz

Die Grundnährstoffe

Eiweiße, Fette und Kohlenhydrate gehören zu den Grundnährstoffen, ohne die unser Körper nicht existieren kann. Sie sind die Energieträger unserer Nahrung, das heißt, wie viel Energie uns ein einzelnes Nahrungsmittel liefert, hängt im Wesentlichen davon ab, wie viel Kohlenhydrate, Eiweiße und Fette darin enthalten sind. Darüber hinaus können sie jedoch noch mehr.

Supertreibstoff Kohlenhydrate

Kohlenhydrate sind der bevorzugte Treibstoff für alle körperlichen und geistigen Leistungen. Unser Gehirn, die Nerven, die roten Blutkörperchen und das Nebennierenmark akzeptieren im Normalfall keine andere Energiequelle als einen ihrer zentralen Bausteine: die Glukose, im deutschen Sprachgebrauch auch als Traubenzucker bekannt. Zuerst waren die Kohlenhydrate jahrelang als die großen Dickmacher verschrien. Neue Erkenntnisse, vor allem aus dem komplexen Themengebiet Sporternährung, führten jedoch dazu, dass dieses negative Image revidiert wurde. Mit der Auswahl der richtigen Kohlenhydrate können Sie nichts falsch machen. Im Gegenteil. Nach wie vor sind die Kohlenhydrate das Superbenzin in unserer Ernährung.

Obwohl die Bedeutung der Kohlenhydrate für unsere Leistungsfähigkeit bekannt ist, nehmen wir derzeit immer noch bis zu 45% unserer Tagesenergie mit Fetten auf. Energetisch betrachtet käme niemand von uns auf den Gedanken, sein neues Auto, das Superbenzin benötigt, mit dem fetten Zweitaktergemisch des Mofas aufzutanken. Doch bildlich gesehen tanken wir fast täglich das falsche Benzin in Form von fetthaltigen Nahrungsmitteln.

Verminderte Konzentrationsfähigkeit durch falsches Essen

Das Gefühl leerer Zuckertanks kennen wir alle. Wir sitzen am Schreibtisch, der Magen knurrt und wir können uns nicht mehr richtig konzentrieren. Die Motivation ist weg und die Leistung sinkt rapide. Dieser Zustand wird als Unterzuckerung oder Hypoglykämie bezeichnet. Ist zu wenig Zucker im Blut, fällt unserem Gehirn das Arbeiten schwerer. Nach einem fetten Mittagessen ereilt uns das andere Extrem. Wir sind satt, der Bauch spannt. Am liebsten würden wir einen Mittagsschlaf halten, anstatt uns mit Kalkulationen, Kollegen oder Kunden herumzuschlagen. Der Grund: Üppige, fettreiche Mahlzeiten belasten den Kreislauf. Der Körper muss das für die Verdauungsarbeit benötigte Blut aus den oberen Körperpartien abziehen, Verdauungsenzyme und Hormone arbeiten auf Hochtouren. Die Folgen sind eine verminderte Durchblutung des Gehirns, Konzentrationsschwäche und damit eine deutliche Verminderung der Leistungskurve. Hier wird klar: Ernährung und individuelle Belastbarkeit stehen in einem direkten Verhältnis zueinander.

Die Art des Zuckers ist entscheidend

Sowohl die Tafel Schokolade als auch die Banane und das Vollkornbrot enthalten Kohlenhydrate. Es scheint also auf den ersten Blick gleichgültig zu sein, welches Nahrungsmittel sie uns liefert. Das allerdings ist nicht so. Die Art und Weise, wie die Bestandteile der Kohlenhydrate miteinander verbunden sind und aus wie vielen „Bauklötzen" sie zusammengesetzt sind, ist für unsere Leistungsfähigkeit entscheidend.

Betrachten wir zunächst ihren Aufbau. Unterteilt werden sie in Einfach-, Zweifach-, Mehrfach- und Vielfachzucker. Als Grundbausteine dienen immer die so genannten Einfachzucker oder Monosaccharide. Die wichtigsten Einfachzucker sind Trauben- (Glukose) und Fruchtzucker (Fruktose). Sind zwei dieser Bausteine miteinander verbunden, sprechen wir von Zweifachzuckern, den Disacchariden. Mono- und Disaccharide werden ganz allgemein auch als Zucker bezeichnet, denn sie schmecken süß und lassen sich gut in Wasser lösen. Sie gehen rasch ins Blut über und bewirken einen schnellen Anstieg des Blutzuckerspiegels. Aber Vorsicht! Einfach- und Zweifachzucker sind die Grundlage von vielen leeren Kalorienträgern.

Die Mehr- und Vielfachzucker werden unter dem Begriff komplexe Kohlenhydrate zusammengefasst. Auch die unverdaulichen Kohlenhydrate, die Ballaststoffe, gehören dazu. Die Anzahl der Bausteine wird nun größer. Sind drei bis zehn „Klötze" miteinander verbunden, sprechen wir von Mehrfachzuckern oder Oligosacchariden. Kommen noch mehr Bausteine dazu (10 bis 100 000), werden sie als Vielfachzucker oder Polysaccharide bezeichnet. Dieser komplexe Aufbau bewirkt zum einen, dass die Kohlenhydrate nicht mehr so gut löslich sind, und zum anderen, dass sie nicht mehr so süß schmecken. Bei der Verdauung müssen die Oligo- und Polysaccharide erst stückweise demontiert werden, und zwar so lange, bis alle Ketten in Einfachzucker zerlegt worden sind. Dies ist notwendig, weil unsere Darmwand ein unüberwindbares Hindernis für größere Bruchstücke ist. Nur die kleinen Einfachzucker können die Darmwand durchdringen und in die Blutbahn aufgenommen werden. Je länger die Kohlenhydratketten sind, desto länger benötigt unser Organismus für das Aufspalten. Die Einfachzucker gelangen so nur langsam in die Blutbahn, der Blutzuckerspiegel steigt dementsprechend nur langsam, dafür stetig an und wir bleiben länger satt.

Zucker als Vitaminräuber

Aus ernährungsphysiologischer Sicht sind die komplexen Kohlenhydrate aus pflanzlichen Nahrungsmitteln besonders empfehlenswert. Sie versorgen unseren Organismus nicht nur mit Glukose, sondern liefern sozusagen als Mitgift noch Vitamine, Mineralstoffe und sogar Eiweiß. Als Ballaststoffe regulieren sie überdies unsere Verdauung. Zucker, Süßigkeiten und Süßgetränke dagegen enthalten nur Kohlenhydrate und damit Kalorien. Deshalb wird dieser einfache Zucker im Volksmund auch als Vitaminräuber bezeichnet. Er verbraucht wie jedes andere Kohlenhydrat Vitamin B_1 für seine Verarbeitung, liefert aber selbst kein Vitamin nach.

Nicht nur als Träger wertvoller Inhaltsstoffe, sondern auch wegen ihrer Auswirkung auf den Blutzuckerspiegel sind die komplexen Kohlenhydrate den Ein- und Zweifachzuckern überlegen.

Tabelle 12: **Einteilung der Kohlenhydrate**

Kohlenhydrat-arten/ Anzahl der Bausteine	**Beispiele**	**Enthalten in diesen Nahrungsmitteln**	**Verwertbarkeit**
Einfachzucker (Monosaccharide) 1 Baustein	Traubenzucker (Glukose) Fruchtzucker (Fruktose) Schleimzucker (Galaktose)	Süßwaren, Honig, Getränke, Früchte, Milch und Milchprodukte	schnell verdaulich und Energie liefernd, führt zu einem raschen Blutzuckeranstieg
Zweifachzucker (Disaccharide) 2 Bausteine	Rohrzucker (Saccharose) Malzzucker (Maltose) Milchzucker (Laktose)	Haushaltszucker, Marmelade, Süßigkeiten, Limonaden, Malzbier, Milch und Milchprodukte	schnell verfügbar, führt zu einem Blutzuckeranstieg Ausnahme: Milchzucker
Mehrfachzucker (Oligosaccharide) bis zu 10 Bausteine	Zuckergemische	Toast, Zwieback, Knäckebrot, Sportenergie-getränke	verdaulich und Energie liefernd
Vielfachzucker (Polysaccharide) 11 bis 100 000 Bausteine	pflanzliche Stärke	Müsli, Nudeln, Getreide, Brot, Kartoffeln, Bananen	nicht so schnell verfügbar, langsamer Blut-zuckeranstieg
	Glykogen	Leber	
	Ballaststoffe (Zellulose, Lignin, Pektin etc.)	Getreide (volles Korn), Gemüse, Obst, Salate	weitgehend unverdaulich

Die Regulation des Blutzuckerspiegels

Sensibles Gleichgewicht: der Blutzuckergehalt

Unsere Zellen im Körper und vor allem die im Gehirn benötigen zur Energieversorgung Glukose, die ständig über das Blut angeliefert wird. Für den gesunden Organismus ist es wichtig, dass die Blutzuckerkonzentration ständig in einem gleich bleibenden Bereich zwischen 70 und 120 Milligramm pro Deziliter gehalten wird.

Um dieses sensible Gleichgewicht aufrechtzuhalten, hat unser Körper ein ausgetüfteltes Regelsystem entwickelt.

Nach einer reichhaltigen Mahlzeit beispielsweise überschwemmen nach dem Aufspalten der Kohlenhydrate in ihre Bestandteile viele Einfachzucker die Blutbahn. Der Blutzuckergehalt geht steil nach oben. Wir sind überzuckert. Dieser schnelle Anstieg wird von so genannten Messfühlern registriert. Zum Ausgleich des hohen Zuckergehalts im Blut schüttet die Bauchspeicheldrüse eine genau definierte Menge Insulin in das Blut aus. Vereinfacht ausgedrückt öffnet dieses körpereigene Hormon eine Klappe, die den Abfluss von Glukose aus dem Blut und je nach Stoffwechsellage in die Muskulatur, die Leber oder das Fettgewebe steuert. Glukose wird so lange aus dem Blut entfernt und in den Zellen deponiert, bis der Blutzuckerspiegel wieder im grünen Bereich ist. Dann wird die Klappe wieder geschlossen.

Unterzucker mindert die Leistungsfähigkeit

Essen wir längere Zeit nichts, sinkt der Blutzuckergehalt, der Magen fängt an zu knurren und die Leistungskurve tendiert deutlich nach unten. Die Messfühler vermelden nun, dass zu wenig Glukose im Blut ist. Jetzt haben wir zwei Möglichkeiten: Entweder wir liefern unserem Körper Glukose nach, indem wir etwas essen. Oder ein weiteres Regelsystem tritt in Kraft, bei dem die Hormone Glukagon und Cortisol für das Freisetzen von gespeicherter Glukose in das Blut sorgen.

Stress und Blutzucker

Haben wir Stress, vergessen wir häufig das Essen, obwohl unter einer solchen Belastung wesentlich mehr Glukose als im entspannten Zustand verbraucht wird. Das Stresshormon Adrenalin bewirkt, dass unser Stoffwechsel aktiviert wird. Energieumsatz, Herzfrequenz und Blutdruck beispielsweise steigen, um unseren Organismus auf die Belastung vorzubereiten. Das Adrenalin bewirkt weiterhin, dass vermehrt

Zusätzlich werden vermehrt Fettsäuren aus dem Bauchfettgewebe in das Blut eingeschleust. Auch der Blutdruck scheint nach neuesten Studien ebenfalls eng mit der Insulinresistenz verknüpft zu sein. Demnach lässt sich bei acht von zehn Typ-II-Diabetikern ein erhöhter Blutdruck nachweisen.

Auswirkungen auf Blutfette und Bluthochdruck

Fazit: Die Kombination aus Insulinresistenz, Übergewicht, Bluthochdruck, erhöhtem Bauchumfang und gestörtem Fettstoffwechsel (metabolisches Syndrom) stellt eine enorme Gefahr für unsere Gesundheit dar.

TIPP

Das metabolische Syndrom

Unter dem metabolischen Syndrom beschreiben die Wissenschaftler einen Zustand, in dem die Menschen zwar noch keine gesundheitlichen Beschwerden aufweisen, aber auf Dauer mit massiven Störungen rechnen müssen, wenn sie nicht rechtzeitig die Notbremse ziehen. Es beschreibt eine Kombination von Fehlsteuerungen in unserem Organismus. Als eine der Hauptursachen gilt fast immer ein deutliches Übergewicht. Das Übergewicht wiederum führt zu verändertem Blutdruck, Zucker- und Fettstoffwechselstörungen. Es gilt als einer der entscheidenden Faktoren für Erkrankungen der Herzkranzgefäße. Das metabolische Syndrom liegt vor, wenn drei der nachfolgenden fünf Kriterien erfüllt sind:

- Taillenumfang größer als 102 Zentimeter bei Männern und 88 Zentimeter bei Frauen
- Blutdruck höher als 130/85 mm Hg
- Triglycerid- Wert höher als 150 mg/dl
- HDL- Cholesterinwert unter 40 mg/dl bei Männern und unter 50 mg/dl bei Frauen
- Nüchternblutzucker über 100 mg/dl

Angaben aus Apothekenumschau 12/05

Je höher das Diabetesrisiko, desto wichtiger wird die Ernährung. Ballaststoffreiche Nahrungsmittel beispielsweise verlangsamen den Verdauungsprozess und damit auch die Insulinantwort. Sie machen länger satt und locken weniger Insulin in unser Blut.

Risikofaktor Übergewicht

Vor allem Übergewichtige sollten auf eine solche „stoffwechselfreundliche" Ernährung achten, denn bei ihnen ist das Risiko, an Diabetes Typ II zu erkranken, besonders groß. Viele, die ein paar Kilogramm zu viel auf die Waage bringen, wissen allerdings nicht, dass sie zur Gruppe der diabetesgefährdeten Menschen gehören.

Wenn Sie Übergewicht haben, ist es empfehlenswert, sich die folgenden Seiten, auf denen die Symptome eines gestörten Zuckerstoffwechsels aufgeführt sind, besonders sorgfältig durchzulesen. Sollten Sie eines der Krankheitsanzeichen an sich bemerken, ist ein Gesundheitscheck bei Ihrem Hausarzt ratsam.

Symptome bei hohen Blutzuckerwerten (Hyperglykämie)

Ein über viele Jahre hinweg unbehandelter hoher Blutzuckerspiegel kann zu ernsthaften Folgeschäden wie Erblindung, Nierenversagen, Nervenschädigungen und Herz-Kreislauf-Erkrankungen einschließlich Schlaganfällen führen. Diese Komplikationen von Diabetes sind vermeidbar, indem wir den Blutzuckerspiegel so weit wie möglich im Normbereich halten.

Folgende Symptome deuten darauf hin, dass die Blutzuckerwerte zu hoch sind:

- Häufiges Wasserlassen
- Verstärkte Hungergefühle
- Verschwommenes Sehen
- Schwächeanfälle
- Sodbrennen
- Unstillbarer Durst
- Müdigkeit
- Magenverstimmungen

Symptome der Unterzuckerung (Hypoglykämie)

Die sich bei einem niedrigen Blutzuckerspiegel einstellenden Symptome können sich von Mensch zu Mensch unterscheiden. Anzeichen für eine sich im Frühstadium befindende Unterzuckerung sind folgende:

- Hungergefühl
- Schwitzen
- Benommenheit
- Herzklopfen
- Zittrige Hände
- Weiche Knie
- Schnelle Herzfrequenz
- Kopfschmerzen
- Konzentrationsstörungen
- Reizbarkeit

Glykämischer Index

Eine Messlatte für die Bewertung der zugeführten Kohlenhydrate ist der so genannte glykämische Index (s. Tabelle 13). Je mehr Glukose ein Nahrungsmittel enthält, desto größer ist sein glykämischer Index. Versuchspersonen wurden im Rahmen eines wissenschaftlichen Experiments 50 Gramm reiner Traubenzucker verabreicht. Zwei Stunden später wurde ihr Blutzuckerspiegel gemessen. Ausgehend von dem Referenzwert der reinen Glukose wurde der glykämische Index aller anderen Nahrungsmittel dann in Anlehnung an diesen Wert ermittelt. Den Versuchspersonen wurden 50 Gramm Kohlenhydrate in Form von Säften, Obst oder Karotten verabreicht und mit den Ergebnissen aus der Kohlenhydratgabe mit der reinen Glukose verglichen.

Der glykämische Index beschreibt also, wie stark 50 Gramm Kohlenhydrate eines Lebensmittels zwei Stunden nach der Nahrungsaufnahme den Blutzuckerspiegel im Vergleich zu reiner Glukose erhöhen. Der glykämische Index erlaubt jedoch keine Aussage darüber, wie viele Kohlenhydrate insgesamt in einem Lebensmittel enthalten sind. Um diesen Sachverhalt zu berücksichtigen, wurde jüngst der Terminus der glykämischen Last (GL) eingeführt. Wir berechnen ihn, indem wir den glykämischen Index durch 100 teilen und das Ergebnis mit der Kohlenhydratmenge eines Lebensmittels in Gramm multiplizieren. Vereinfacht ausgedrückt, entspricht die glykämische Last der Menge an Insulin, die unser Organismus aufbringen muss, um eine Portion Kartoffeln, Brot oder Fruchtsaft zu verarbeiten. Eine geringe glykämische Last bedeutet, dass der Blutzuckerspiegel nach dem Konsum eines Nahrungsmittels langsam steigt, die Bauchspeicheldrüse also weniger Insulin produzieren muss und entlastet wird.

Die glykämische Last

Lebensmittel mit einer hohen glykämischen Last hingegen führen zu einer massiven Ausschüttung von Insulin.

Tabelle 13: **Nahrungsmittel und ihr glykämischer Index**

Nahrungsmittel	Glykämischer Index	Portionsgröße in g	Glykämische Last
Weißbrot	70	100	30
Gebackene Kartoffel	85	150	26
Roggenvollkornbrot	58	100	27
Schokoriegel mit Karamellfüllung	65	60	26

Limonade	68	250	23
Langkornreis	56	150	23
Spaghetti	44	125	14
Bananen	52	120	12
Gekochte Kartoffeln	56-101	150	11-18
Apfelsaft	40	250	11
Orangen	42	120	5
Gekochte Karotten	47	80	3
Vollfettmilch	27	250	3
Wassermelone	72	120	4

Überschüssiger Zucker wird zu Fett

Die „schnellen" Ein- und Zweifachzucker, die wir zwischendurch naschen, werden zum großen Teil in spezielle Energiespeicher abgeschoben. Sind diese Zuckertanks ständig überfüllt, wird aus dem Supertreibstoff Kohlenhydrate irgendwann das fette Zweitaktergemisch, nämlich Fett.

Aus Super wird Diesel

Um das zu verstehen, müssen wir die verschiedenen „Schicksale", die Zuckermoleküle in unserem Körper ereilen können, genauer betrachten. Das erste Ziel, das die im Darm zerlegten und an das Blut abgegebenen Bausteine erreichen, ist die Leber. Sie ist Speicherorgan und Kommandozentrale in einem, die über das weitere Schicksal des Zuckers entscheidet und ihn bei Bedarf in Form von Glukose im ganzen Körper „verschickt".

In der Leber und der Muskulatur werden alle Kohlenhydrate chemisch so verändert, dass aus ihnen Glukose entsteht. Das gilt auch für Einfachzucker wie Fruktose und Galaktose. Ob als Energielieferant, Reserve oder Baumaterial für größere Moleküle – Glukose ist äußerst variabel einsetzbar. Ihre erste und wichtigste Aufgabe besteht jedoch darin, Energie zu produzieren. Dafür wird sie unter Mithilfe des Hormons Insulin in die Muskelzellen eingeschleust, die aus dem Verbrennen von Glukose Bewegungsenergie gewinnen.

Verrichten wir schwere Arbeit, wird viel Glukose verbrannt. Sitzen wir dagegen den ganzen Tag lang am Schreibtisch oder im Auto, kocht die Muskulatur auf Sparflamme und verbraucht kaum Glukose. Der überschüssige Teil wird in solchen Fällen als Energiereserve gespeichert. Erstes

Depot ist die Leber, zweites Zwischenlager die Muskulatur. Um Glukose dort speichern zu können, wird sie „verpackt". Dazu wird eine große Anzahl kleiner Glukosebausteine zu einem Paket aus verzweigten Ketten namens Glykogen „geschnürt" und in dieser Form zwischengelagert.

Leber und Muskulatur können Kohlenhydrate jedoch nur begrenzt deponieren. Sind die Lager voll, wird der überschüssige Zucker in den Fettstoffwechsel eingeschleust, zu Fett umgebaut und schließlich im Fettgewebe gespeichert. In diesem Depot ist die Speicherkapazität leider nicht limitiert. Wie eine Art Mülldeponie nimmt das Fettgewebe alle überzähligen Zucker auf. Das bedeutet für Menschen, die an ihrem Arbeitsplatz einer leichten körperlichen Belastung ausgesetzt sind und nicht zunehmen möchten: Entweder reduzieren sie die Nahrungsaufnahme oder sie bringen in der

Abbildung 2 **Stoffwechsel der Kohlenhydrate**

Zucker in der Nahrung

In der Nahrung kommen Kohlenhydrate in Form von Ein-, Zwei-, Mehr- und Vielfachzucker vor. Um in unserem Organismus verarbeitet werden zu können, müssen die größeren Kohlenhydrate in ihre kleinsten Bestandteile, die Einfachzucker, gespalten werden.

Verarbeitung im Speichel, Magen und Darm

Die Zerkleinerung der langkettigen Kohlenhydrate in Einfachzucker erfolgt durch Verdauungsenzyme.

Transport im Blut

Die „aufgearbeiteten" Einfachzucker gehen vom Darm ins Blut über und führen zu einem Anstieg des Blutzuckerspiegels.

Den Bedürfnissen des Körpers entsprechend und in Abhängigkeit von der vorhandenen Zuckermenge gibt es mehrere Möglichkeiten zur Weiterverarbeitung.

1) Energiegewinnung

Die erste und wichtigste Aufgabe der Glukose ist die Bereitstellung von Energie. Unsere Muskeln gewinnen vor allem aus der Verbrennung von Zucker die für die Bewegung benötigte Energie.

2) Energiespeicherung

Werden mehr Kohlenhydrate aufgenommen als verbraucht, wird Glukose zu Glykogen (Speicherform der Glukose) umgebaut und in der Leber und der Muskulatur deponiert. Sind diese Speicher gefüllt, wird der überschüssige Zucker umgebaut und als Fett eingelagert.

3) Baustofflieferung

Zucker ist Ausgangsstoff für die Bildung vieler Produkte unseres Stoffwechsels. Er wird zum Beispiel für den Aufbau der genetischen Information, für Entgiftungsreaktionen und als Gerüst für verschiedene Aminosäuren benötigt.

Freizeit ihre Muskeln so auf Trab, dass der überschüssige Zucker verbraucht wird und sich nicht auf den Hüften niederschlägt.

Doch eigentlich sind es nicht die Kohlenhydrate, die dick machen. Unser Körper ist so programmiert, dass er immer zuerst Zucker als Treibstoff einsetzt. Die Fette verweilen in einer „Warteschleife". Sie verbrennt der Organismus erst dann, wenn ihm keine Kohlenhydratkalorien mehr zur Verfügung stehen. Wer nun neben Kohlenhydraten zugleich viel Fett verzehrt, der läuft Gefahr, dass überschüssiges Fett gar nicht erst in die Warteschleife eingeschleust wird, sondern direkt in den Fettdepots verschwindet.

Nicht die Kohlenhydrate, sondern die fetthaltigen Beilagen machen dick

Daher sind es auch nicht die kohlenhydrathaltigen Nahrungsmittel wie Brot, Kartoffeln und Nudeln, die sich als Energiebomben in unseren Pölsterchen ablagern, sondern die üppigen Wurst-, Käse- oder Fleischbeilagen, die wir dazu genießen. Tabelle 14 beispielsweise zeigt, dass uns nicht das Brot allein, sondern vor allem der Belag die großen Energiemengen liefert. Besonders das Image der einst als Dickmacher verleumdeten Nudeln hat sich infolge neuer Erkenntnisse in der Sporternährung deutlich verbessert. Sie sind nicht nur fettarm, sondern haben einen relativ hohen Eiweißgehalt und liefern zugleich noch weitere wertvolle Inhaltsstoffe.

Tabelle 14: **Kaloriengehalt von Brot, Brötchen und Belag**

Lebensmittel	Energiegehalt pro 50 g	Lebensmittel	Energiegehalt pro 50 g
Weißbrötchen	125 kcal	**Weizenmischbrot**	110 kcal
Weizenvollkornbrot	106 kcal	**Pumpernickel**	94 kcal
Butter	360 kcal	**Margarine**	350 kcal
Schweineschmalz	450 kcal	**Camembert (70%)**	204 kcal
Emmentaler	192 kcal	**Leberwurst**	164 kcal
Mettwurst	155 kcal	**Salami**	190 kcal
Erdbeerkonfitüre	135 kcal	**Nuss-Nougat-Creme**	260 kcal

Kohlenhydrate liefern Power für den Job

Das Resümee aus diesem Kapitel „Supertreibstoff Kohlenhydrate“ kann nur lauten: Bei den heutzutage geringen körperlichen Anforderungen am Arbeitsplatz oder im Haushalt sind langkettige Kohlenhydrate der optimale Energieträger. Nahrungsmittel mit diesen komplexen Kohlenhydraten liefern nicht nur Supertreibstoff, sondern versorgen unseren Organismus zugleich mit Vitaminen, Mineralstoffen, Spurenelementen und Ballaststoffen. Der Blutzuckerspiegel, die Insulinproduktion, das Hungergefühl und damit auf längere Sicht gesehen auch das Körpergewicht werden durch diese langsam vom Darm ins Blut abgegebenen komplexen Zucker positiv beeinflusst.

TIPP

Empfehlenswerte Kohlenhydratträger

Getreide:	(Vollkorn-)Brot, -Nudeln und -Reis, Mais, Müsli (ungezuckert), Getreideflocken (möglichst aus dem vollen Korn)
Hülsenfrüchte:	Bohnen, Erbsen, Linsen, Sojabohnen
Kartoffeln:	normale und süße Kartoffeln
Obst:	naturbelassenes Obst und Trockenfrüchte
Gemüse:	rohes oder nur kurz erhitztes Gemüse

Dieseltreibstoff Fette

„Fett macht fett!" – „Zählen Sie die Fettaugen" – „Setzen Sie auf fettreduzierte Kost". Egal welche Slogans und Methoden uns dazu bringen sollen, den Fettkonsum einzuschränken, die neuesten Zahlen sind eindeutig: Je mehr wir hungern oder je mehr den Lebensmitteln Fett entzogen wird, desto schneller werden wir dick. Bestes Beispiel Amerika: Die jahrzehntelange Low-Fat- Philosophie hat erwiesenermaßen nicht dazu geführt, dass die US- Amerikaner schlanker geworden wären. Im Gegenteil. Inzwischen hat in den Köpfen vieler Wissenschaftler ein Umdenken begonnen. Fett sei nicht gleich Fett, sagen sie. Wer auf Fett verzichte, werde nicht automatisch dünn. Auf die Qualität des zugeführten Fettes komme es an. Und in der Tat: Viele Fette sind durchaus gesund.

Wahr ist allerdings auch, dass Fett der größte Energiespeicher in unserem Organismus ist. Ein Kilogramm Fettgewebe liefert zirka 7000 Kilokalorien. Das ist weniger, als reines Fett an Energie freisetzen würde, und liegt daran, dass die Zellen des Fettgewebes nur zu durchschnittlich 80 bis 85% aus Fett bestehen. Der Rest enthält im Wesentlichen Wasser.

Das so genannte weiße Fettgewebe eines Erwachsenen besteht aus feinen Bindegewebsfasern, die sich wie ein Netz um die einzelnen Fettzellen flechten und sie so zu lockeren Fettläppchen verbinden. Jede der mit 0,1 mm Durchmesser relativ großen Zellen enthält ein Fetttröpfchen, das Fettmoleküle speichert. Wird jedoch dauerhaft zu viel Energie zugeführt, kann es zu einer riesigen Kugel anschwellen.

Gigantischer Energiespeicher

Die Fähigkeit, Fett in unseren Energiespeichern zu deponieren, ist nahezu unbegrenzt. Unser Organismus kann 30, 40 und mehr Kilogramm Fett in den Depots lagern. Der normale Fettanteil am Gewicht eines Erwachsenen beträgt je nach Alter und Geschlecht zwischen 8 und 37% (siehe Tabelle 2b, Seite 20), bei Fettsüchtigen kann der Anteil auf Bereiche zwischen 50 und im Extremfall bis zu 70% steigen.

Die obere Grenze, bei der wir gerade noch von einem normalen Körperfettanteil sprechen können, beträgt beispielsweise bei einem Mitte dreißigjährigen Mann etwa 20%. Dies bedeutet, dass bei einem Körpergewicht von 70 Kilogramm etwa 14 bis 15 Kilogramm seiner Körpermasse aus Fettgewebe bestehen. Davon können ohne Nachteile für die Gesundheit und die Leistungsfähigkeit rund 85% abgebaut werden. So blieben bei einem Absinken des Körperfettanteils auf zehn Prozent immer noch sieben Kilogramm Fett übrig. Dies entspricht einer gespeicherten Energie von etwa 45 000 Kilokalorien oder dem Energiegehalt von 70 Kilogramm Kartoffeln. Damit könnten wir theoretisch, eine entsprechende Nährstoff- und Flüssigkeitszufuhr vorausgesetzt, 30 bis 40 Tage lang fasten. Diese enorme Energiemenge würde uns aber auch den Treibstoff für einen Lauf von über 70 Stunden liefern. Erst dann wären die Fettdepots erschöpft.

Die Grundlagen zur Fettleibigkeit werden bereits im Kindesalter gelegt

Allerdings gilt das nur für das Fett, nicht für die Fettzellen selbst. Denn: Fettzellen bleiben immer Fettzellen. Ein übermäßig ernährtes Kind entwickelt eine viel zu große Zahl nicht rückbildungsfähiger Fettzellen, wie Studien gezeigt haben. Durch eine ständig kalorienreiche Ernährungsweise kann schon im Kindesalter die Basis für ein späteres Übergewicht gelegt werden. Noch vor einigen Jahren gingen die Wissenschaftler davon aus, dass nach dem Abschluss der Pubertät die Anzahl der Fettzellen im Organismus konstant bleibt. Man dachte, dass sich die Zellen zwar extrem vergrößern können, ihre Zahl sich aber nur geringfügig verändert. Inzwischen wissen wir, dass ihre Menge auch beim Erwachsenen noch zunehmen kann. Dies ist umso problematischer vor dem Hintergrund, dass Fettzellen, sind sie erst einmal angelegt, nicht mehr abgebaut werden können.

Wie bereits angedeutet, ist das allerdings nur die eine Seite der Medaille. Fett führt nicht nur zu Übergewicht, vielmehr benötigen wir es zur Aufrechterhaltung einiger Körperfunktionen. Aus Fett bildet unser Körper Hormone, und unsere inneren Organe liegen in einer Fettschicht, die sie vor Stößen schützt. Außerdem hält der Nährstoff die Zellwände und unsere Haut elastisch, schützt unsere Nerven und bringt fettlösliche Vitamine in unseren Organismus. Eine ganz besondere Rolle spielt das Fett als Aroma- und Geschmacksträger. Viele „Light-Anhänger"

haben sicherlich schon bemerkt, dass ohne Fett viel Genuss auf der Strecke bleibt. Es ist eben ein großer Unterschied, ob wir einen Camembert mit 60 oder mit 30 % Fettanteil essen. Und Pommes frites und Kartoffelchips entfalten erst durch Fett ihren vollmundigen Geschmack.

Auf einen Blick: Aufgaben der Fette in unserem Organismus

- Bestandteil des Unterhautfettgewebes, das der Kälteisolierung dient
- Teil des Organfetts als Polster gegen Stöße
- Energiespeicher im Fettgewebe
- Lieferant von essenziellen Fettsäuren, die als Bausteine für Hormone und Zellmembranen benötigt werden
- Transporthelfer für die fettlöslichen Vitamine A, D, E und K
- Aroma-/Geschmacksträger

Im wissenschaftlichen Sprachgebrauch bezeichnet man die Fette und fettähnlichen Substanzen als Lipide. Vergleichbar mit den Eiweißen enthalten sie viele kleine Bausteine, die Fettsäuren. Rund 95 % unserer Nahrungs- und Körperlipide machen die so genannten Triglyceride aus. Ein Triglycerid-Molekül enthält drei Fettsäuren, die an ein Glyzerinmolekül gebunden sind.

Ein kleiner Teil der Nahrungsfette wird von Enzymen bereits im Mund und im Magen in die Bestandteile Glyzerin und Fettsäuren gespalten. Die Hauptarbeit verrichten jedoch die Gallensäuren und Sekrete der Bauchspeicheldrüse im Dünndarm. Die wasserlöslichen Fettsäuren werden von dort aus direkt in die Blutbahn transportiert. Die nicht wasserlöslichen hingegen werden in der Darmschleimhaut zunächst für den weiteren Transport verpackt. Sie erhalten eine Eiweißhülle (Chylomikronen) und gelangen über die Lymphflüssigkeit in unser Blut und von dort aus in die Leber, die für die Weiterverarbeitung zuständig ist. In der Leber wird ein Teil der Fette umgewandelt und gespeichert. Der Rest wird über den Blutweg wieder auf die Reise geschickt. Im Optimalfall werden diese Fette von den Muskeln und Organen zur Energieverbrennung herangezogen, vielfach werden sie allerdings an den uns wohl bekannten und ungeliebten Stellen deponiert.

Egal ob in frittierten Speisen, Wurstwaren, der Salatmarinade oder dem Sahnequark – das offensichtliche Problem liegt ganz einfach darin, dass es uns oft nicht auffällt, welche Fettmengen wir tatsächlich verzehren, und deswegen konsumieren die meisten von uns zu viel davon. Beim Schinken haben wir es noch leicht. Den Fettrand können wir mit bloßem Auge erkennen und wegschneiden. Bei vielen anderen Nahrungsmitteln ist das jedoch gar nicht so einfach. Sie werden als Nahrungsmittel mit versteckten Fetten bezeichnet. Wer traut beispielsweise der Jogurt-Schokolade einen Fettanteil von mehr als 30 % zu?

Info:
Nahrungsmittel mit einem hohen Anteil an versteckten Fetten

- Fleisch- und Wurstwaren
- Käse
- Gebäck, Kuchen, Torten
- Soßen
- Nüsse
- Mayonnaise
- Eier
- Panierte Speisen
- Frittierte Speisen
- Pommes frites
- Mehlspeisen
- Süßigkeiten

Fett ist nicht gleich Fett

Der Fettgehalt allein sagt noch nichts darüber aus, welchen Wert ein Nahrungsmittel für unseren Organismus hat. Es kommt vor allem auf die Qualität der aufgenommenen Fette an. Beispielsweise werden dem Olivenöl, auch das „grüne Gold des Mittelmeers" genannt, sehr viele positive Wirkungen auf unsere Gesundheit nachgesagt. Es soll dazu beitragen, Krebs vorzubeugen, enthält einen hohen Anteil an wertvollem Vitamin E und an einfach ungesättigten Fettsäuren, denen herzschützende Eigenschaften zugesprochen werden.

Gesättigte und ungesättigte Fette

Die gesättigten Fettsäuren sind aus ernährungsphysiologischer Sicht nicht so wertvoll wie die ungesättigten. Sie können beispielsweise zur Entstehung von Herz- und Gefäßerkrankungen beitragen.

Zu den ungesättigten Fettsäuren gehören zum Beispiel die so genannten essenziellen Fettsäuren, die unser Organismus dringend benötigt, um gesund zu bleiben. Essenzielle Fettsäuren kann er nicht selbst herstellen und muss sie deswegen mit der Nahrung zuführen.

Zum besseren Verständnis des Unterschieds zwischen gesättigten und ungesättigten Fettsäuren unternehmen wir einen kleinen Exkurs in die Chemie (s. auch Abbildung 3). Gesättigte Fettsäuren sind Moleküle aus Kohlenstoffatomen, die weitgehend von Wasserstoffatomen besetzt, also abgesättigt sind. Ein aus solchen Molekülen aufgebautes Fett ist fest, wie zum Beispiel Butter, Talg, Wachs oder Kokosfett. Die ungesättigten Fettsäuren in Maiskeim-, Sojabohnen-, Weizenkeim-, Lein-, Oliven- und Fischöl weisen zwar die gleichen Bausteine auf, sind jedoch mit weniger

Abbildung 3 **Fettsäuren und ihr unterschiedlicher Sättigungsgrad**

Gesättigte Fettsäuren

Ausschnitt aus der Strukturformel:

```
  H   H   H   H   H   H
– C – C – C – C – C – C –
  H   H   H   H   H   H
```

Eine gesättigte Fettsäure hat keine Doppelbindung. Fette mit einem hohen Anteil an diesen Fettsäuren kommen hauptsächlich in tierischen Produkten vor: Butter, Rindertalg, Backwaren, fettes Fleisch, gebratene Speisen, Kokosfett, Palmöl.

Einfach ungesättigte Fettsäuren

Ausschnitt aus der Strukturformel:

```
  H   H   H   H   H   H
– C – C = C – C – C – C –
  H           H   H   H
```

Eine einfach ungesättigte Fettsäure hat eine Doppelbindung. Fette mit einem hohen Anteil an diesen Fettsäuren kommen zum Beispiel im Olivenöl vor.

Mehrfach ungesättigte Fettsäuren

Ausschnitt aus der Strukturformel:

```
  H   H   H   H   H   H
– C – C = C – C – C = C –
  H           H
```

Eine mehrfach ungesättigte Fettsäure hat mindestens zwei Doppelbindungen. Fette mit einem hohen Anteil an zweifach ungesättigten Fettsäuren sind beispielsweise in Maiskeim-, Sojabohnen-, Weizenkeim- und Sonnenblumenöl enthalten. Mehrfach ungesättigte Fettsäuren enthalten Lein- und Fischöl.

C: Kohlenstoff H: Wasserstoff –/=: Einfach-/Doppelbindung

Wasserstoffatomen besetzt. Sie sind deshalb für Stoffwechselreaktionen „offen". Je ungesättigter eine Fettsäure, desto flüssiger ist das Fett.

Die mehrfach ungesättigten Fettsäuren sind allerdings nicht uneingeschränkt empfehlenswert. Sonnenblumen-, Soja- und Maiskeimöl, die reich an diesen Fettsäuren sind, wurden über einen langen Zeitraum hinweg als gesund gepriesen, sind aber in letzter Zeit immer mehr in Verruf geraten. Auch sie sollten daher mit Vorsicht, also maßvoll genossen werden. Das Problem besteht darin, dass mehrfach ungesättigte Fettsäuren schnell oxidieren. Das bedeutet: Sie werden vor allem von freien Sauerstoffradikalen rasch zerstört. Dieser Vorgang kann mit dem Ranzigwerden von Fetten verglichen werden. Oxidiertes Fett hat nach den Ergebnissen neuester Studien zur Folge, dass unser Immunsystem geschwächt wird, das Blut schneller verklumpt und Entzündungsprozesse begünstigt werden. Zur Zeit wird sogar diskutiert, ob oxidierte Fette Erbgutschädigungen und damit Krebserkrankungen fördern können.

Butter oder Margarine?

Eine oft gestellte Frage lautet immer wieder: Was ist besser – Butter oder Margarine? Die eindeutige Antwort heißt: Genießen Sie die Butter, aber bitte in Maßen. Die Gefahr bei der Margarine liegt in deren Herstellung. Sie wird gehärtet. Bei diesem chemischen Prozess entstehen so genannte Trans-Fettsäuren, die im Verdacht stehen, Krebs zu verursachen. Weitere negative Aspekte der Trans-Fettsäuren sind, dass sie unsere Belastung mit Radikalen erhöhen und dazu beitragen, unsere Adern zu verkalken. Vermeiden Sie deswegen vor allem den Kauf von Fertigprodukten mit der Kennzeichnung „gehärtete Fette", die beispielsweise auf vielen Pizza- oder Keksverpackungen auftaucht.

Reduzieren Sie Ihren Fettkonsum

Nicht zuletzt den vielen versteckten Fetten in unseren Nahrungsmitteln haben wir es zu „verdanken", dass Otto und Emma Normalverbraucher heutzutage mehr als 45% ihres Energiebedarfs über Fette decken. Empfehlenswert sind dagegen gerade maximal 30%. Zur Reduzierung des Fettkonsums verzichten Sie am einfachsten auf fettreiche Snacks wie Chips, Erdnüsse, Schokolade und Kuchen. Achten Sie außerdem darauf, dass fettarme Milch- oder Milchprodukte in Ihrem Einkaufswagen landen. Meiden Sie Gebratenes und bevorzugen Sie Garmethoden wie Grillen, Dünsten oder Garen im Backofen. Bevorzugen Sie beim Einkauf

Gezielt einkaufen

helles Fleisch (Fisch, Huhn, Putenbrust) und nehmen Sie vom Genuss des sichtbaren Fettes Abstand. Lassen Sie die üppige Wurstbeilage auf

Ihrem Brot etwas bescheidener ausfallen. Auch Alkohol sollten Sie bei Übergewicht vor allem in Verbindung mit fettreichen Mahlzeiten nur in Maßen genießen. Einige Beispiele für fettreiche und -arme Nahrungsmittel finden Sie in Tabelle 15.

Tabelle 15: **Fettgehalt in Nahrungsmitteln**

Nahrungsmittel	Fettgehalt in g/100 g essbarem Anteil
Schweinespeck	93
Butter	80
Halbfettmargarine	40
Mayonnaise (fettreich)	80
Remoulade	60
Paranuss	65
Walnuss	65
Sesam	50
Kartoffelchips	40
Schweinebauch (fett)	38
Mettwurst	33
Salami	33

essen Tortilla-Brot, in dem nur wenig von der essenziellen Aminosäure Lysin steckt, zusammen mit Bohnen, die viel Lysin enthalten.

Tabelle 16: **Die zehn essenziellen Aminosäuren**

Aminosäure	Funktion im Organismus
Arginin (nur für Säuglinge essenziell)	▪ wird in der Leber für die Harnstoffproduktion und den Ammoniakabbau benötigt ▪ wichtig für das Immunsystem, die Muskeln und bei Heilungsprozessen
Histidin	▪ ist am Zellwachstum und der Zellerneuerung beteiligt ▪ spielt eine bedeutsame Rolle in unseren Zellkraftwerken (Mitochondrien) ▪ wichtig für den Aufbau des roten Blutfarbstoffes Hämoglobin und damit für den Sauerstofftransport ▪ steigert die körperliche und geistige Leistungsfähigkeit
Isoleucin	▪ fördert das Wachstum bei Kindern ▪ ist Bestandteil des Muskeleiweißes und spielt eine Rolle bei der Ausdauerleistung der Muskeln ▪ wichtig für die Herstellung von Gehirnbotenstoffen und die Entwicklung des Gehirns
Leucin	▪ wird für den Aufbau fast aller Eiweiße benötigt ▪ beugt Ermüdungserscheinungen vor ▪ sorgt für mehr Muskelenergie und steigert die Ausdauerleistung der Muskeln ▪ regt die Gehirnfunktion an
Lysin	▪ stimuliert das Wachstumshormon und ist für die Geweberegeneration wichtig ▪ hilft Herpes einzudämmen ▪ unterstützt die Einlagerung von Kollagen (Eiweiß des Bindegewebes) in Hautzellen ▪ nimmt eine wichtige Rolle bei der Fettverbrennung ein
Methionin	▪ Baustein für verschiedene Hormone ▪ verhindert den Fettaufbau in der Leber ▪ ist an der Fettverbrennung beteiligt ▪ wirkt beruhigend auf das Nervensystem
Phenylalanin	▪ wird zur Synthese wichtiger körpereigener Proteine (Insulin, Melanin) sowie zur Bildung von Hormonen wie Thyroxin, Noradrenalin und Endorphin benötigt ▪ wirkt anregend, stimmungsaufhellend und verbessert die Gedächtnisleistung
Threonin	▪ wichtig für die Energiegewinnung ▪ unterstützt die Darmfunktion ▪ erweitert die Blutgefäße und sorgt für eine bessere Durchblutung der Organe

Tryptophan	■ steigert die Ausdauerleistung ■ wirkt durch seine Beteiligung an der Produktion des Schlafhormons Melatonin schlaffördernd ■ ist Ausgangssubstanz zur Bildung des Glückshormons Serotonin und hellt dadurch die Stimmung auf
Valin	■ wird als Baustein für fast alle Eiweiße benötigt ■ spielt eine Rolle beim Aufbau und Erhalt eines aktiven Immunsystems

Die Eiweißverdauung beginnt im Gegensatz zur Verdauung der Kohlenhydrate erst im Magen. Die Magensäure aktiviert spezielle Spaltenzyme, die Pepsine, und macht die Eiweiße instabiler und damit leichter zerlegbar. Es entstehen die ersten Eiweißbruchstücke. Im Dünndarm werden diese mit Hilfe weiterer Enzyme aus der Bauchspeicheldrüse und der Dünndarmschleimhaut in noch kleinere Teile und schließlich in einzelne Aminosäuren gespalten. Die Aminosäuren werden dann über die Schleimhaut des Dünndarms in unser Blut transportiert und gelangen auf diesem Weg in unser aktivstes Stoffwechselorgan, die Leber. Ein Teil der Aminosäuren wird dort direkt zu Körperproteinen zusammengesetzt. Der Rest strömt mit dem Blut zu anderen Organen und wird zum Beispiel in unseren Muskeln gespeichert. Mit der Nahrung zu viel aufgenommenes Eiweiß wird noch in der Leber in die Grundbausteine Stickstoff und Kohlenstoff zerteilt. Da in unserem Stoffwechsel nichts Wertvolles verloren geht, wird der Kohlenstoff in der Leber zu Fett und Zucker recycelt. Der Stickstoff wird nicht mehr benötigt und als Harnstoff über die Nieren ausgeschieden.

Die Verdauung der Eiweiße beginnt im Magen

Der Abbau der Stickstoffgruppen stellt für unsere Nieren eine erhebliche Belastung dar. Als Abbauprodukt wird zunächst giftiger Ammoniak gebildet, welcher dann zu Harnstoff entgiftet werden muss. Wird dauerhaft zu viel Eiweiß gegessen oder ist dieser Entgiftungsmechanismus gestört, kann es zu Gichtanfällen kommen. Ursache dafür ist ein erhöhter Harnsäurespiegel im Blut. Diese überschüssige Harnsäure kann – bevorzugt in unserem Großzehengrundgelenk als einer der tiefsten Stellen in unserem Körper – auskristallisieren und enorme Schmerzen verursachen.

Über komplizierte Stoffwechselwege kann im Körper nicht benötigtes, überflüssiges Eiweiß auch in Fett umgewandelt werden. So glauben immer noch viele, dass das überschüssige Eiweiß, dass viele Sportler nach dem

Training im Fitnessstudio in Form von Eiweißdrinks zu sich nehmen, einfach ausgeschieden wird. In Wahrheit jedoch wird der Eiweißüberschuss, der nicht in die Muskulatur eingebaut werden kann, weil die Belastung im Training zu gering war, oft in unseren Fettdepots deponiert.

Wie viel ist das Eiweiß in unserer Nahrung wert?

Die Beurteilung der Qualität unseres Nahrungseiweißes hängt davon ab, wie gut unser Organismus aus ihm körpereigene Proteine herstellen kann.

Die biologische Wertigkeit

Fachleute sprechen in diesem Zusammenhang von der biologischen Wertigkeit (BW) einer Eiweißquelle. Demnach zeichnet sich Eiweiß mit der höchsten Qualität dadurch aus, dass es in seiner Zusammensetzung dem Eiweiß des menschlichen Körpers am Nächsten kommt. Das wertvollste Eiweiß steckt entsprechend dieser Definition im Hühnerei (BW = 100 %). Nun können wir uns allerdings nicht allein von Hühnereiern ernähren.

Von sehr großer Bedeutung ist daher die Möglichkeit, verschiedene Nahrungsmittel miteinander zu kombinieren und so die biologische Wertigkeit zu steigern. Dies geschieht dadurch, dass sich die Aminosäuren der jeweiligen Lebensmittel ergänzen und in einem Verhältnis zueinander vorliegen, das dem unserer Körpereiweiße sehr ähnlich ist. In Getreide beispielweise stecken geringe Anteile der Aminosäuren Lysin, Threonin und Tryptophan, die in Hülsenfrüchten reichlich enthalten sind. Im Gegenzug hat Getreide viel Methionin, das sich in Hülsenfrüchten wiederum nur in ganz geringen Mengen findet. Eine Kombination beider Nahrungsmittel ist aus diesem Grund empfehlenswert.

Die höchste biologische Wertigkeit (136 %) kann durch das Kombinieren von Kartoffeln mit Eiern erreicht werden. Danach folgen Milch und Weizen (125 %), Ei und Soja (124 %), Ei und Milch (119 %) und Milch und Kartoffeln sowie Ei und Mais mit jeweils 114 %. Mit der Kombination folgender Nahrungsmittel können Sie eine hohe biologische Wertigkeit erzielen:

Eier, Milch
Kartoffeln und Milchprodukte (Quark, Käse, Jogurt)
Fisch, helles Fleisch
Beispiele: Bratkartoffeln mit Rührei, Pellkartoffeln mit Quark, Kartoffelbrei, Aufläufe, Kartoffeln als Beilage zu hellem Fleisch oder Fisch

Fleisch, Eier
Getreideprodukte und Milchprodukte
Hülsenfrüchte (Bohnen, Erbsen, Linsen)
Beispiele: Müsli, Nudeln mit Käse, Pfannkuchen, Käsebrot

Getreideprodukte
Hülsenfrüchte und Milchprodukte
Eier
Beispiele: Erbsengerichte mit Brot oder mit Tortillas

Wie hoch ist unser Eiweißbedarf?

Laut Empfehlungen der Deutschen Gesellschaft für Ernährung liegt der tägliche Eiweißbedarf eines Erwachsenen bei mindestens 0,8 Gramm Eiweiß pro Kilogramm Körpergewicht. Ein 70 Kilogramm schwerer Mensch benötigt demnach 56 Gramm Eiweiß pro Tag. Mit der Tendenz zu schmackhaften Fleischgerichten nehmen wir teilweise jedoch mehr als das Doppelte der empfohlenen Eiweißmenge auf. Allerdings sind nicht nur Fleisch und Wurst reich an Eiweiß, vielmehr enthalten fast alle Lebensmittel diesen Grundnährstoff in mehr oder weniger großen Mengen. Selbst pflanzliche Nahrungsmittel können sehr gute Eiweißlieferanten sein. Eiweiß steckt also nicht nur im Sonntagsbraten, sondern außerdem beispielsweise in mageren Milchprodukten, Hüttenkäse, Geflügel, Pilzen, Getreide und Hülsenfrüchten.

Höherer Bedarf bei Sport, Stress und Infektionen

Unter bestimmten Bedingungen kann es auch zu einer Unterversorgung mit Eiweiß kommen. Insbesondere bei Sportlern und gestressten oder an Infektionen leidenden Menschen kann der Bedarf bis auf das Doppelte steigen. Schwangere und Stillende benötigen ebenfalls etwas mehr Eiweiß. Vor allem bei Reparatur- und Umbauvorgängen im Körper, beispielsweise durch ein strapaziertes Immunsystem, werden bis zu 100 Gramm Eiweiß täglich verbraucht.

Es kommt bei der Ernährung in erster Linie darauf an, den ständigen Auf- und Abbauprozess der Eiweiße in unserem Organismus zu unterstützen, da wir kaum Reservedepots wie bei den Kohlenhydraten besitzen. Außerdem ist es nicht erstrebenswert, dass wertvolles Muskeleiweiß abgebaut wird.

Eiweißabbau bei der Nulldiät

Bleibt beispielsweise eine kontinuierliche Zufuhr aus, baut unser Körper aus Bereichen wie der Muskulatur, die nicht lebensnotwendig sind, Eiweiß ab und steckt es in essenzielle Bereiche wie das Hormon-, das Enzym- oder das Immunsystem. Dieser Effekt tritt vor allem im Hungerstoffwechsel im Zuge drastischer Diäten ein: Wertvolles, stoffwechselaktives Muskelgewebe wird abgebaut, um den Energiestoffwechsel aufrechtzuerhalten. Die Fettzellen dagegen bunkern ihr Fett. Nach Beendigung der Hungerkur ist das alte „Kampfgewicht" schnell wieder erreicht, und an den Stellen, an denen früher noch viel Muskelmasse vorzufinden war, regieren dann Fettpölsterchen. Die aktive Muskulatur wurde ersetzt durch passive Fettmasse. Wollen wir abnehmen, ist es also wichtig, den Körper zu trainieren. Nur so bleibt die Muskulatur erhalten.

Mit einer Vielzahl von Studien wurde mittlerweile belegt, dass Eiweiße daran beteiligt sind, unsere Fettpölsterchen zu schmelzen. Ohne die erforderlichen Aminosäuren bildet unser Organismus keine fettabbauenden Enzyme, keine Hormone und vor allem keine Muskeln. Menschen, die abnehmen wollen, sollten also besonders darauf achten, genügend fettarme Eiweißspender mit der Nahrung aufzunehmen.

„Fatburner" Eiweiß

Eine weitere positive Eigenschaft der Proteine ist, dass sie gut sättigen. Sie beeinflussen die Bildung von ganz speziellen Botenstoffen, die unserem Gehirn melden, dass wir satt sind. Auch bestimmte Sensoren im Magen-Darm-Trakt werden durch die Eiweißbausteine angeregt und sorgen dafür, dass die Rückmeldung des Sättigungsgefühls an das Gehirn sehr schnell erfolgt.

Alle 4 Stunden Eiweiß empfehlenswert

Nach den neuesten Erkenntnissen ist es empfehlenswert, unserem Organismus tagsüber in regelmäßigen Abständen etwa alle vier Stunden eine Eiweißmahlzeit zu gönnen. Auf diese Weise wird der Eiweißspiegel im Blut und in der Leber relativ konstant gehalten. Dadurch ist die Belastung für unsere Nieren zum einen nicht so groß, zum anderen wird durch den kontinuierlichen Nachschub garantiert, dass das Ausführen wichtiger Funktionen im Körper nicht an Eiweißmangel scheitert.

20 bis 40 Gramm Eiweiß ist die Dosis, die pro Mahlzeit nicht überschritten werden sollte. Achten Sie darauf, dass die eiweißhaltige Nahrung fettarm ist, weil Fett die Eiweißaufnahme bremst. Beispiele für solche fettarme Proteinquellen sind Buttermilch, Kefir, ein Quark mit Früchten oder Hüttenkäse mit Kräutern (s. Tabelle 17). Sie eignen sich hervorragend als Zwischenmahlzeit und sollten immer zu Hause im Kühlschrank oder in der Nähe des Schreibtisches im Büro parat stehen. Zum Mittagessen füllt Geflügel oder Fisch Ihre Eiweißspeicher wieder auf.

Denken Sie daran, Ihre Nieren zu unterstützen, indem Sie viel trinken. Die von Ernährungswissenschaftlern empfohlenen drei Liter Flüssigkeit pro Tag helfen unseren Nieren beim Entgiften und Ausscheiden der gerade nicht benötigten Eiweißbausteine.

Tabelle 17: **Fettarme Eiweißnahrung**

Lebensmittel, die 20 g Eiweiß enthalten	**Lebensmittel, die 10 g Eiweiß enthalten**
120 g magere Geflügelwurst	0,3 l Dickmilch (0,3 % Fett)
90 g Hühnerbrust	0,3 l Kefir (0,3 % Fett)
95 g Kalbskotelett	0,33 l Buttermilch
80 g Putenbrust	0,29 l Milch (1,5 % Fett)
95 g Rinderfilet	300 g Jogurt (1,5 % Fett)
75 g Rumpsteak mit Zwiebeln	60 g Kräuterfrischkäse (Magerstufe)
65 g Schinken ohne Fettrand	75 g Hüttenkäse (20 % Fett i. d. Tr.)
165 g Kasseler	45 g Weichkäse (20 % F. i. d. Tr.)
90 g Schweinefilet	35 g Tilsiter (20 % Fett i. d. Tr.)
85 g Schweineschnitzel	60 g Tofu (fest)
105 g Krabben	80 g Haferflocken
90 g Scampi/Garnelen (gegrillt)	70 g Mehrkornknäckebrot
125 g Calamaris	65 g Sojabrot
135 g Lachs (gegart)	110 g Grünkernbrot
100 g Lachs (geräuchert)	160 g Vollkornbrot
150 g Makrele	150 g Weizenschrotbrot
100 g Sardelle	150 g Roggenbrot
85 g Forellenfilet	100 g Laugengebäck

100 g Barschfilet	300 g Naturreis (gekocht)
130 g Kabeljau	500 g Kartoffeln
135 g Seeteufel	115 g Linsen
150 g Magerquark	250 g Rosenkohl
215 g weiße Bohnen	300 g Brokkoli
230 g Linsen	150 g grüne Erbsen

Schutzfaktor Ernährung

Durch eine gezielte Auswahl unserer Lebensmittel können wir Mangelerscheinungen und damit ernsthaften Erkrankungen des Herz-Kreislauf- und des Immunsystems vorbeugen. Beispielsweise lassen sich unsere körpereigenen Abwehrkräfte mit Hilfe von bestimmten Substanzen in unserer Nahrung stärken und trainieren. Unser Immunsystem ist zusammen mit weiteren „Körpersystemen" dafür verantwortlich, den Organismus im alltäglichen Kampf gegen Viren, Bakterien und andere Mikroorganismen zu unterstützen. Außerdem fällt dem Immunsystem die schwere Aufgabe zu, eine Art Sicherheitstruppe gegen Krebszellen zu bilden. Diese ist ständig auf der Suche nach Krebszellen, um sie zu vernichten. Ist unser Abwehrsystem überlastet oder geschwächt, können Viren, Bakterien und Krebszellen so lange ihre schädlichen Wirkungen entfalten, bis daraus eine ernsthafte Erkrankung entsteht.

Das Immunsystem hat damit eine Funktion, die nicht hoch genug eingeschätzt werden kann, denn Krebserkrankungen stehen in Deutschland als Todesursache an zweiter Stelle hinter den Herz-Kreislauf-Krankheiten. Ein Drittel, nach Expertenmeinung sogar bis zur Hälfte aller bösartigen Tumorerkrankungen wäre vermeidbar, wenn die Schutzfaktoren, die uns viele Nahrungsmittel liefern, besser genutzt würden. Allen voran die antioxidativ wirksamen Vitamine. Der Zusammenhang zwischen einer geringen Aufnahme eines oder mehrerer dieser Vitalstoffe und der Entstehung von Tumorerkrankungen gilt aus wissenschaftlicher Sicht inzwischen als gesichert.

Vom Optimum der vollwertigen Ernährung, durch die wir uns mit solchen Schutzstoffen ausreichend versorgen, sind die meisten von uns jedoch weit entfernt. Ursachen dafür sind Fehler im Ernährungsverhalten, die verringerte Nährstoffdichte in Lebensmitteln, Stress und erhöhte Belastungen durch freie Radikale. Ein Grund ist sicherlich auch in einem mangelnden Wissen um den Wert unserer Lebensmittel zu suchen. Wir essen häufig einfach das Falsche, denn nicht im fetten Fleisch und in Süßigkeiten sind Stoffe enthalten, denen eine schützende Wirkung zugesprochen wird, sondern im Obst, im Gemüse und in Getreideprodukten. Sie beliefern uns mit Faserstoffen, Vitaminen, Mineralstoffen, Spurenelementen und mit wertvollem Eiweiß, ohne uns mit überflüssigen Kalorien zu belasten.

Zu den Schutzstoffen in der pflanzlichen Nahrung gehören die Vitamine C und E sowie die Vorstufen vom Vitamin A, die Karotinoide. Die Spurenelement Selen und Zink und so genannte sekundäre Pflanzeninhaltsstoffe wie die Isothiocyanate, Flavonoide und das Sulfurophan aus Brokkoli können ebenfalls die Entstehung von Krebszellen, aber auch das Arterioskleroserisiko und damit die Gefahr von Herz-Kreislauf-Erkrankungen vermindern.

Gesundheitlich wertvoll sind außerdem die Ballaststoffe, früher als wertlose Nahrungsbestandteile verschrien. Bei einer überwiegend sitzenden Tätigkeit tragen sie dazu bei, dass ein durch den Mangel an Bewegung „erschlaffter“ Darm aktiviert wird. Schließlich gibt es noch zahlreiche Radikalfänger in unserer Nahrung. Wieder sind es die Vitamine C und E sowie Selen, die in diesem Zusammenhang zu nennen sind. Sie helfen im Kampf gegen den so genannten oxidativen Stress, bei dem eine Vielzahl von freien Radikalen entstehen, die unseren Organismus unnötig belasten und für vorzeitiges Altern ebenso verantwortlich gemacht werden wie für die Entstehung vieler Erkrankungen.

Mit natürlichen Schutzstoffen das individuelle Belastungsprofil verringern

All diese Schutzstoffe tragen einen wichtigen Teil dazu bei, unser individuelles Belastungsprofil zu verringern. Die natürliche pflanzliche Kombipackung mit Vitaminen, Mineralstoffen, Spurenelementen, sekundären Pflanzenstoffen und Ballaststoffen ist in seiner Zusammensetzung und Wirkung einzigartig.

Doch bitte beachten Sie: Nur eine abwechslungsreiche und ausgewogene Ernährung liefert uns die Nahrungsbestandteile, die für den Erhalt unserer Gesundheit und Leistungsfähigkeit entscheidend sind. Erst durch die gegenseitige Wechselwirkung können die in der Nahrung enthaltenen Stoffe ihre optimale Wirkung entfalten. Nicht der einzelne Wirkstoff ist entscheidend, sondern das breite Spektrum aller Inhaltsstoffe unserer Nahrung. Jeden Tag Unmengen von Brokkoli zu essen ist ebenso einseitig und ungesund wie siebenmal pro Woche ein deftiges Stück Fleisch zum Mittagstisch zu genießen.

Freie Radikale machen krank

Freie Radikale und Antioxidantien: Bösewicht Sauerstoff

In jeder Sekunde laufen in unseren geschätzten 70 Billionen Körperzellen in etwa 10^{30} chemische „Operationen" ab. Wohlgemerkt, die Zahl, die sich daraus ergibt, ist: 1.000.000.000.000.000.000.000.000.000.000. Bei dieser unvorstellbar großen Menge an Reaktionen kann es in der Biofabrik Mensch verständlicherweise gelegentlich zu kleinen Fehlreaktionen kommen. Die Verursacher dieser Störungen sind in vielen Fällen aggressive Substanzen, die so genannten freien Radikale. Diese entstehen zum Beispiel durch UV-Strahlung, Rauchen, Alkoholkonsum, Stress, Krankheiten und Umweltverschmutzungen. Während diese Belastungen und damit die Anzahl der freien Radikalen in unserem Organismus ständig zunimmt, sinkt das Angebot an Radikalfängern wie Vitaminen oder Spurenelementen in der Nahrung. Die Radikalfänger, auch Antioxidantien genannt, sind in der Lage, den Wirkungskreis der Radikalen einzudämmen, indem sie diese schädlichen Stoffwechselprodukte entschärfen. Mit den Worten eines Biochemikers gesprochen heißt das: Die Radikalfänger tragen dazu bei, dass der Angriff von freien Radikalen auf chemische Verbindungen oder Strukturen in den Zellen verhindert wird.

Freie Radikale aus wild gewordenem Sauerstoff

In Verruf gekommen ist in diesem Zusammenhang ein Element, das die wenigsten als Verursacher vermuten würden: der Sauerstoff. Auf den ersten Blick scheint es seltsam. Warum soll ein lebenswichtiges Element wie der Sauerstoff auf einmal giftig oder zerstörerisch wirken? In diesem Zusammenhang handelt es sich jedoch nicht um den normalen, unschädlichen Sauerstoff, den wir ständig einatmen, sondern um eine wild gewordenen Variante.

Sauerstoff – in chemischen Formeln als O bezeichnet – liegt in seiner natürlichen Form zumeist in einer Atombindung vor, bei der zwei Sauerstoffatome fest aneinander gekettet sind (O•=•O). Diese Bindung entsteht dadurch, dass beide Sauerstoffatome jeweils ein einsames Elektron (•) gemeinsam nutzen und so ein Elektronenpaar bilden, um dadurch eine stabile Verbindung herzustellen. Es kann jedoch vorkommen, dass diese zerstört beziehungsweise geknackt wird und die beiden Sauerstoffatome dabei auseinandergerissen werden. Dadurch entstehen zwei freie Radikale, also zwei Sauerstoffatome mit zwei „einsamen" Elektronen (2 x O•).

Vereinfachte Darstellung der Bildung von freien Radikalen:
O•=•O => O• + •O

Nach dieser Trennung fühlen sich unsere Radikale mit ihrem Alleinsein nicht besonders wohl. Sie können nun ihre Elektronen nicht mehr gemeinsam nutzen und versuchen sofort, einen anderen Partner zu finden, der ihnen ein Elektron abgibt. Weil sie zu große Sehnsucht nach einer neuen Verbindung haben, sind sie nicht besonders wählerisch. Im Gegenteil: Sie reagieren mit dem erstbesten Molekül, das ihnen über den Weg läuft. Alles, was ihnen begegnet, greifen sie an. Es spielt für sie keine Rolle, ob es sich dabei um eine Zellwand oder um Eiweiß- und Fettverbindungen handelt. Zurück bleibt ein chemisch verändertes Molekül, das seine ursprünglichen Aufgaben in unserem Organismus dadurch eventuell nicht mehr oder nur eingeschränkt erfüllen kann. Gefährlich wird es, wenn ein solches Radikal Einfluss auf das Zellinnerste, die Erbinformationen, nimmt. Teilt sich eine solche Zelle und gibt eine falsche Information weiter, können Krankheiten und im schlimmsten Fall die Entstehung von Krebs begünstigt werden.

Vorsicht! Freie Radikale laufen Amok

Leider ist ein Angriff von freien Radikalen auf Moleküle in unserm Körper erst der Beginn einer Handlungskette. Das geschädigte Molekül geht – nach dem Angriff durch das Radikal eines Elektrons beraubt – seinerseits auf Elektronenfang. Wie eine Art Kettenreaktion läuft dieser Prozess nun weiter.

Unser Körper ist jedoch darauf vorbereitet, diesen ständigen Kleinkrieg unter Kontrolle zu halten und die Radikalen zu entschärfen. Unter anderem geschieht dies über ein sehr aktives Enzymsystem. Diese Enzyme haben die Aufgabe, innerhalb der Zelle chemische Reaktionen so zu steuern, dass kein Schaden entstehen kann. Enzyme wie die Glutathionperoxidase oder die Peroxidase fangen die Radikale ein oder unterbinden ihre Entstehung.

Außerhalb des Wirkungsbereichs der Enzyme sind die Vitamine als Schutzpolizei im Einsatz. Im englischen Sprachgebrauch werden Vitamine treffend als „scavenger" (= Straßenkehrer oder Aasfresser) beschrieben. Sie fangen die veränderten Sauerstoffatome ab und machen sie unschädlich. Durch die Abgabe eines Elektrons an das hungrige Radikal wird dieses „Raubtier" gesättigt und benimmt sich von nun an wieder normal. Die Kettenreaktion wird gestoppt und die Beschädigungen der Zellen im Keim erstickt. Das Vitamin selbst wird zum Opfer, weil es seine Funktion nach der Reaktion verliert. Daher müssen wir über die Nahrung ständig für vitaminreichen Nachschub sorgen.

Abbildung 4 **Wirkungsweise von Antioxidantien**

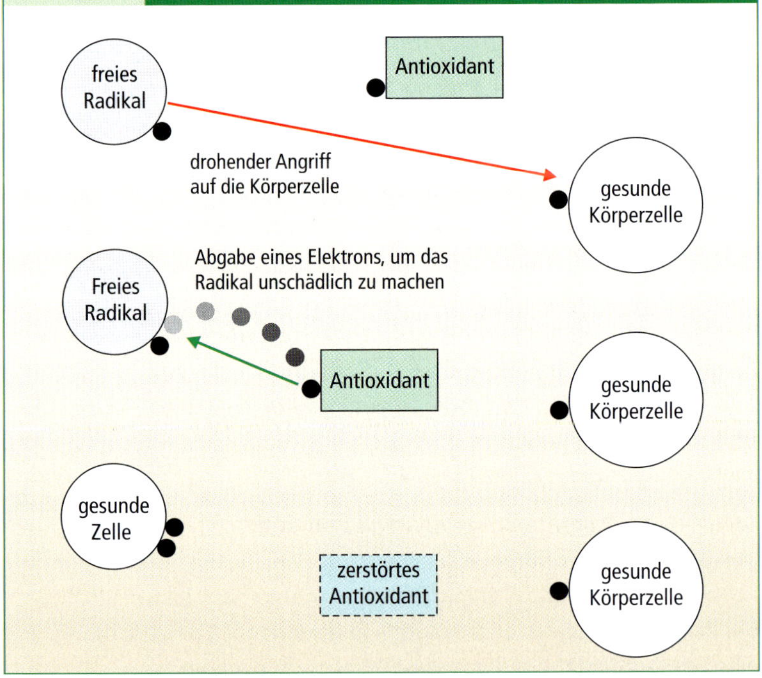

Solche Stoffe, die in der Lage sind, die gefährlichen Wirkungen des Sauerstoffs zu unterbinden, werden unter dem Oberbegriff Antioxidantien zusammengefasst. Unser Organismus sollte mit diesen Substanzen – Vitaminen, Enzymen, Selen und anderen Inhaltsstoffen in unserer Nahrung – daher immer gut versorgt sein. Ein Mangel an Antioxidantien kann zur Folge haben, dass freie Radikale mit ihren schädlichen Kettenreaktionen zu lange ihr Unwesen treiben. Je früher diese Schutzstoffe zur Entfaltung kommen, umso geringer sind die Schäden für unseren Körper. Eine gesunde und ausgewogene Ernährung muss deswegen gewährleisten, dass Antioxidantien in ausreichendem Maß zugeführt werden. Ist dies nicht der Fall und können die Radikale ihr gefährliches Spiel weiter treiben, spricht man von oxidativem Stress. Ist dieser zu groß, wird unser Organismus krank.

Alltägliche Belastungen und oxidativer Stress

Vereinfacht ausgedrückt bedeutet oxidativer Stress, dass mehr Schaden durch freie Radikale angerichtet wird, als durch antioxidativ wirksame Substanzen wie Enzyme, Vitamine oder Selen neutralisiert werden kann.

Nicht nur die Ernährung, sondern auch die Umwelt (Smog, Ozon, UV-Strahlung etc.), der Gebrauch von „Genussgiften" wie Nikotin und Alkohol, Medikamente und Stress tragen ihren Teil dazu bei. Je mehr dieser Faktoren aufeinander treffen, desto größer wird die Belastung für unseren Organismus. Dem zerstörerischen Potenzial der freien Radikale wird beispielsweise sowohl bei der Entstehung der Arteriosklerose als auch bei Diabetes und Krebserkrankungen eine Schlüsselrolle zugeordnet. Es ist bewiesen, dass mit einer vollwertigen Ernährung der Bedarf an allen notwendigen Nähr- und Vitalstoffen gedeckt werden kann, um diese Belastung auf den Organismus zu vermeiden.

Freie Radikale entstehen durch Rauchen, Alkohol, im Zuge von Diäten und bei Stress

Trotzdem haben wir Probleme, diese Nähr- und Vitalstoffe in ausreichendem Maße zuzuführen, weil uns der Alltag trotz aller guten Vorsätze immer wieder einholt: die Kinder quengeln, die Waschmaschine streikt, nebenbei wird noch irgendwie Geld verdient und das Essen organisiert. Pommes, Pizza, Nudeln und Pfannkuchen sind bei den Kindern der Hit, wer will und kann sich solchen Wünschen schon dauerhaft widersetzen? Oder: den ganzen Tag im Büro sitzen, dazu Stress mit den Kunden und dem Chef. Die Luft kommt aus der Klimaanlage und der Aschenbecher quillt über. Das Mittagessen hastig zwischen zwei Terminen am Schnellimbiss eingenommen oder die Fertignahrung schnell aufgewärmt.

Außerdem ist längst erwiesen, dass unter bestimmten Umständen ein erheblicher Mehrverbrauch an Nähr- und Vitalstoffen entsteht. Immer mehr Studien belegen, dass beispielsweise Menschen, die eine radikale Diät machen, Raucher, Gestresste oder auch Freunde eines guten Tropfens eine Extraportion Nährstoffe benötigen.

Betrachten wir zum Beispiel die Raucher. Bis heute sind etwa 300 Schadstoffe und 4000 chemische Verbindungen im Tabakrauch nachgewiesen worden. Bereits mit dem Zug an einer Zigarette bringen wir unseren Organismus in den zweifelhaften Genuss von 100 Billionen freien Radikalen. Wissenschaftler haben festgestellt, dass eine einzige Zigarette etwa 25 Milligramm Vitamin C verbraucht. Um das Vitamin-C-Defizit, das mit dem Rauchen einer Schachtel Zigaretten verbunden ist, auszugleichen, müsste ein Raucher täglich ein Kilogramm frische Apfelsinen essen.

In den meisten Kulturen gehört der Konsum von alkoholischen Getränken zum täglichen Leben. Wie bereits beschrieben ist Alkohol allerdings ein leerer Kalorienträger, der vornehmlich Energie, aber wenig wertvolle Nähr- und Vitalstoffe liefert. Wird nun ein großer Teil des täglichen Energiebedarfs durch alkoholische Getränke gedeckt, die Nahrungszufuhr aber nicht verringert, führt dies unweigerlich zu einem Anstieg des Körpergewichts und der Blutfette. Alternativ weniger zu essen bedeutet jedoch, dass sich gleichzeitig die Aufnahme von gesunden Substanzen in unserer Nahrung verringert.

Auch Hungern – etwa in Form der neuesten Modediät – ist für den Organismus eine enorme Belastung. Denn: Die Fettdepots werden vom Körper als Mülldeponie oder Zwischenlager für Schadstoffe genutzt. Bei jeder Kalorienreduzierung und dem Abbau der Fettpolster werden diese Schadstoffe freigesetzt. Hinzu kommt: Die bei den meisten Diäten sehr einseitige Ernährung bedingt einen Mangel an Antioxidantien, die jetzt eigentlich dringend benötigt würden, um die Wirkung der Schadstoffe zu reduzieren.

Stress stellt neben anderen Einflussgrößen einen entscheidenden Risikofaktor für die Entstehung von Herz-Kreislauf-Erkrankungen dar. Eine psychische und mentale Dauerbelastung hat nicht nur Auswirkungen auf unseren Hormonstoffwechsel, auch die Bildung der aggressiven Radikale wird beschleunigt. Um den unter Belastung stehenden Organismus auf Trab zu halten, werden in der Nebennierenrinde vermehrt Stresshormone (Katecholamine) produziert. Sie bewirken, dass die Anspannung der Muskeln, der Stoffwechsel und der Sauerstoffumsatz erhöht werden. Darüber hinaus können Stresshormone im Stoffwechsel selbst zu Radikalen werden. Zu ihrem eigenen Schutz enthält die Nebennierenrinde deshalb die höchste Vitamin-C-Konzentration im Körper.

Weitere Einflussgrößen wie beispielsweise chronische Infektionen, Umwelteinflüsse, Schadstoffe, Medikamentenmissbrauch oder eine verringerte Nährstoffaufnahme im Verdauungstrakt erhöhen den Bedarf an Radikalfängern zusätzlich und sind hier noch nicht mit berücksichtigt. Leider ist es nicht möglich, alle Belastungen zu umgehen oder sogar zu vermeiden. Jedoch ist es von entscheidender Bedeutung, die Balance zu finden: Wir sollten unserem Körper nicht zu viel zumuten, ihn aber auch über das normale Maß hinaus fordern. Eine gewisse tolerierbare Schadstoff- und Reizbelastung nützt dem Organismus eher, als dass sie ihm schadet. Die Abwehrtruppen unseres Immunsystems werden dadurch aktiviert, der Körper wird widerstandsfähiger und lernt, mit diesen Belastungen besser umzugehen. Nehmen sie jedoch überhand, wird das Abwehrsystem einfach „überrollt" und kann seine schützende Wirkung nicht mehr oder nur noch in einer eingeschränkten Form aufrechterhalten. Es kommt also darauf an, übermäßige Schadstoffbelastungen zu vermeiden und das Abwehrsystem, zum Beispiel mit gesunden Substanzen aus der Nahrung, für seine Aufgaben optimal zu wappnen.

Überfordertes Abwehrsystem

Können Nahrungsergänzungen eine ausgewogene Ernährung ersetzen?

Um uns vor freien Radikalen zu schützen, gilt es zuerst die Quellen zu nutzen, die uns die Natur mit ihren Lebensmitteln gratis zur Verfügung stellt. In ihrer ursprünglichen Form enthalten sie alle notwendigen Inhaltsstoffe in einer ausgefeilten Zusammensetzung. Mit dem Gang in die Apotheke und dem Kauf von Nahrungsergänzungspräparaten mit einzelnen Vitalstoffen ist es leider nicht getan. Sie können eine ausgewogene Ernährung niemals ersetzen, denn erst in der Kombination und Wechselwirkung mit anderen Inhaltsstoffen unserer Nahrung kommen auch deren Schutzfaktoren optimal zur Entfaltung.

Da beruflicher Alltag und Essverhalten eng miteinander verknüpft sind, wird es heutzutage allerdings immer schwieriger, den Bedarf an allen

und Enzymgruppen für die Steuerung und den geordneten Ablauf vieler Stoffwechselfunktionen verantwortlich.

Die dauerhafte Unterversorgung mit Vitaminen (Hypovitaminose) verursacht eine herabgesetzte Leistungsfähigkeit sowie eine verringerte Widerstandsfähigkeit gegen Infektions- und andere Krankheiten. Fehlt ein Vitamin in der Nahrung ganz oder ist es fast gar nicht vorhanden, so treten schwere Mangelkrankheiten (Avitaminosen) auf, die im schlimmsten Fall zum Tode führen können. Das wohl bekannteste Beispiel dafür ist der Skorbut. Es wurde überliefert, dass bereits 1550 viele Seefahrer nach jahrelangen Fahrten zahnlos, mit schlecht heilenden Wunden und entkräftet ihren Heimathafen anliefen oder ihn gar nicht mehr lebend erreichten. Erst später haben Forscher entdeckt, dass ein Vitamin-C-Mangel der Grund dafür war. Der Vitalstoff fehlte in der einseitigen Schiffskost.

Vitaminmangel verringert die Leistungsfähigkeit

Vitamine werden in zwei Gruppen eingeteilt: die fettlösliche und die wasserlösliche Fraktion (s. Tabelle 19). Die wasserlöslichen Vitamine können im Körper nicht gespeichert werden. Überschüsse werden einfach ausgeschieden, sodass Überdosierungen im Normalfall keinen Schaden anrichten. Da wir von ihnen allerdings keine Vorräte anlegen können, müssen wir darauf achten, dass sie jeden Tag in ausreichender Menge zugeführt werden.

Die fettlöslichen Vitamine wird der Organismus nicht so leicht wieder los. Bei einem Überangebot werden sie hauptsächlich in der Leber und im Fettgewebe gespeichert und können von dort bei Bedarf abgerufen werden. Weil wir diese Substanzen bunkern können, ist die Gefahr eines Mangels nicht so groß wie bei den wasserlöslichen Vitaminen. Andererseits besteht das Risiko einer Überdosierung.

Tabelle 19: **Einteilung der Vitamine**

Fettlösliche Vitamine	Wasserlösliche Vitamine
Vitamin A	Vitamin C
Vitamin D	B-Vitamine
Vitamin E	Vitamin H (Biotin)
Vitamin K	

• *Vitamin A und Beta-Karotin*

Vitamin A wird vor allem für das Wachstum der so genannten Epithelien, das sind unsere Oberflächenzellen, benötigt. Sie bilden einen Schutzwall gegen äußere und innere Einflüsse. Wir finden sie an der Hautoberfläche, auf den Schleimhäuten der Atmungsorgane und im Verdauungstrakt sowie als „Auskleidung" von Organen. Sie schützen die Schleimhäute vor Verhornung und Austrocknung. Die bekannteste Wirkung von Vitamin A ist seine Beteiligung am Sehvorgang. Ein Mangel führt zur Nachtblindheit. Außerdem ist Vitamin A für die Infektabwehr und das Herz-Kreislauf-System von Bedeutung. Die Kosmetikbranche schließlich preist die Substanz als Antifaltenwirkstoff, der die Zellen der Haut anregt, sich zu vermehren, durchblutungsfördernd wirkt und für Gewebespannung sorgt.

Gefahr der Überdosierung bei Vitamin A

Vitamin A gehört zu den fettlöslichen Vitaminen, wird also im Körper gespeichert, und sollte daher nicht in zu großen Mengen aufgenommen werden. In hohen Dosen kann Vitamin A starke Nebenwirkungen wie Kopfschmerzen, Hautveränderungen, Übelkeit oder Lebervergrößerungen hervorrufen. Bereits extreme Einzeldosen können heftige Beschwerden auslösen. Vorsicht ist vor allem im ersten Drittel einer Schwangerschaft geboten.

Allerdings ist das Eintreten solcher Nebenwirkungen entscheidend davon abhängig, in welcher Form wir den Vitalstoff aufnehmen. Reines Vitamin A nehmen wir nur durch den Verzehr von tierischen Lebensmitteln auf. In Pflanzen liegt es nicht als Vitamin A, sondern als dessen harmlose Vorstufe vor. Diese wird Provitamin A genannt. Aus chemischer Sicht handelt es sich um Karotionoide wie das am häufigsten in unserer Nahrung anzutreffende Beta-Karotin.

Beta-Karotin: harmlose Vitamin-A-Vorstufe aus Pflanzen

Die Umwandlung des Provitamins in das eigentliche Vitamin A erfolgt über die Darmschleimhaut. Dieser Prozess wird von unserem Organismus genau gesteuert. Es wird nur so viel Vitamin A aus dem Beta-Karotin gebildet, wie der Körper benötigt. Dabei ergeben etwa sechs Milligramm Beta-Karotin ein Milligramm Vitamin A. Überschüssiges Karotin, das vom Körper nicht in Vitamin A umgebaut wird, bleibt in den Fettdepots gespeichert und entfaltet dort ein breites Wirkungsspektrum.

Während reines Vitamin A also überdosiert werden kann, ist dies bei seinen Vorstufen, den Karotinoiden, eher unwahrscheinlich. Selbst in großen Mengen verabreicht bleibt es für unseren Körper ungefährlich und führt höchstens zu einer harmlosen Gelbfärbung der Haut. Karotinoide, von denen etwa 200 verschiedene Arten bekannt sind, sind nur im Pflanzenreich reichlich anzutreffen. Karotinreich sind die meisten Früchte mit kräftig gelbem Fleisch (Aprikosen, Honigmelone, Mango), grüne Blattgemüse (Fenchel, Grünkohl, Spinat) und Karotten.

Singulett-Sauerstoff und Hautkrebs

Karotin ist eine der wenigen Substanzen, von der man bislang mit Sicherheit weiß, dass sie einen wirksamen Schutz vor Gewebeschädigungen durch den so genannten Singulett-Sauerstoff aufbaut. Das ist vor allem für regelmäßige Sonnenanbeter von Bedeutung. Die UV-Strahlen der Sonne bilden nämlich in der Haut sehr aggressive Sauerstoffatome, die als Verursacher des Hautkrebses gelten und von Karotinoiden zumindest begrenzt in Schach gehalten werden können.

Auf einen Blick:
Wirkungskreis der Karotinoide

- Radikalfänger/Antioxidantien
- Schutz vor UV-Strahlen, die aggressiven Singulett-Sauerstoff bilden
- Schützt Cholesterin vor der Oxidation
- Hemmt Zellen, sich bösartig zu verändern
- Beteiligung am Sehvorgang
- Schutz von Haut- und Schleimhäuten

Auf die richtige Dosierung kommt es an!

Dem Immunsystem auf die Sprünge helfen

Der „Pro-Kopf-Konsum" für Beta-Karotin liegt derzeit bei durchschnittlich 3,0 Milligramm pro Tag. Diese Menge genügt nicht, wenn man die Empfehlungen der Deutschen Gesellschaft für Ernährung zu Grunde legt. Ihren Angaben zufolge reicht eine tägliche Zufuhr von 0,8 Milligramm bei Frauen und 1,0 Milligramm Vitamin A bei Männern oder entsprechend 4,8 und 6,0 Milligramm Beta-Karotin aus. Für Menschen, die regelmäßig Alkohol trinken, für allzu eifrige Sonnenanbeter und für Menschen, die viel Stress unterliegen, sollten die Dosierungen allerdings durchaus bei 15 bis 30 Milligramm Beta-Karotin und mindestens 1,5 Milligramm Vitamin A liegen, um den Körper ausreichend mit diesen Stoffen zu versorgen und die Zellen zu schützen. Vorsicht jedoch ist bei Rauchern angesagt. Eine groß angelegte Studie aus Finnland mit über 30000 Rauchern belegte eindeutig, dass hohe Dosierungen an Betakarotin bei ihnen vermehrt zu Lungenkrebs führten. Deshalb müssen laut dem Bundesinstitut für Arzneimittel und Medizinprodukte seit 2003 alle Medikamente, die mehr als 20 Milligramm Betakarotin enthalten, einen Warnvermerk für Raucher tragen.

Auf eine gute Versorgung durch Lebensmittel können Sie sich allerdings nicht unbedingt verlassen, denn der Karotinoidgehalt unserer Nahrung variiert beträchtlich. Zum einen schwankt die Konzentration in den Pflanzen in Abhängigkeit von Art und Wachstumsbedingungen, zum anderen hängt die Karotinoidmenge von der Zubereitung der Nahrung ab. So wird Karotin aus rohen Karotten praktisch nicht verwertet, wenn wir dem fettlöslichen Provitamin nicht zugleich etwas Fett anbieten. Das verwertbare Karotin in rohen Karotten liegt bei unter zehn Prozent. In Verbindung mit ein paar Tropfen hochwertiger Speiseöle erhöht sich die Karotinaufnahme erheblich.

Fett erhöht die Karotinoidaufnahme

Um die empfohlene Karotinoidmenge mit Lebensmitteln aufzunehmen, müssen wir täglich großzügig bemessene Portionen an karotinreichem Gemüse verzehren. 4 - 6 Milligramm Karotinoide stecken zum Beispiel in 55-100 Gramm Karotten, in 220 bis 320 Gramm Aprikosen oder in 85 bis 130 Gramm Fenchel, Spinat oder Grünkohl (s. Tabelle 20a).

Tabelle 20a: **Vitamin-A- und Beta-Karotin-Gehalt einiger Lebensmitte**

Lebensmittel	**Vitamin-A-Gehalt in mg/100 g essbarem Anteil**
Fischleberöl	24,0
Schweineleber	21,0
Aal	0,8
Butter	0,6
Mozzarella	0,3
Eier	0,12

Tabelle 20b: **Vitamin-A- und Beta-Karotin-Gehalt einiger Lebensmitte**

Lebensmittel	**Beta-Karotin-Gehalt in mg/100 g essbarem Anteil**
Löwenzahn	8
Sauerampfer	5
Karotten	7
Fenchel	5
Spinat	4
Grünkohl	4
Feldsalat	4
Gemüsepaprika (rot)	2
Aprikosen	2

Vitamin E

Vitamin E ist ein weiterer wichtiger Radikalfänger, der in unseren Lebensmitteln vorkommt. Vergleichbar mit dem Vitamin A handelt es sich beim Vitamin E um eine ganze Familie von fettlöslichen Substanzen, die chemisch miteinander verwandt sind. Unterschieden werden vier Tocopherole und vier Tocotrienole, wobei das so genannte Alpha-Tocopherol die bekannteste und wirksamste Form ist. In Zusammenarbeit mit Beta-Karotin verhindert Alpha-Tocopherol die zerstörerische Wirkung von Radikalen auf unsere Körperfette. Vereinfacht ausgedrückt sorgt es dafür, dass unsere für Angriffe durch Sauerstoffradikale anfälligen Fette nicht ranzig werden. Aus diesem Grund wird Vitamin E schon lange in der Margarine- und Fettherstellung verwendet.

Während Vitamin C als Antioxidationsmittel in „wässriger" Umgebung aktiv ist, übernimmt Vitamin E diese Aufgabe ausschließlich in fetthaltigen Medien wie beispielsweise in den Zellmembranen. Durch diese Schutzhüllen der Zellen hindurch erfolgt ein intensiver Sauerstoffaustausch. Dabei können die Fette, die die Zellmembranen elastisch halten und für einen geregelten Substanzaustausch zwischen den Zellen sorgen, durch Sauerstoffradikale verändert und in ihrer Funktion beeinträchtigt werden. In einem solchen Fall kann es beispielsweise passieren, dass nicht mehr so viel Sauerstoff in die Zellen kommt, sodass diese schneller altern und weniger leistungsfähig sind. Auch das zentrale

Schutz für die Zellmembranen

Nervensystem schützt seine empfindlichen Strukturen mit einer Art „Fettpanzer". Die Aufgabe von Vitamin E ist es nun, zu verhindern, dass diese Sauerstoffradikale ihr Unwesen treiben, und die fetthaltigen Strukturen in unserem Körper dadurch gesund zu erhalten.

Balsam für Herz und Kreislauf

Außerdem vermag ein hoher Vitamin-E-Spiegel im Blut das Arterioskleroserisiko zu senken. Solange ausreichend Vitamin E im Blutplasma zirkuliert, bleibt das für unsere Gesundheit „schlechte" LDL-Cholesterin unverändert und kann sich nicht an den Gefäßwänden ablagern. Menschen, die eine niedrige Vitamin-E-Konzentration im Blut haben, weisen laut einer Studie der Weltgesundheitsorganisation (WHO) ein viermal so hohes Risiko auf, eine Herz-Kreislauf-Erkrankung zu bekommen als jene mit einem hohen Vitamin-E-Gehalt. Dies geschieht nicht nur, weil Vitamin E die Gefäßwände vor Ablagerungen schützt, sondern auch, weil es die Fließeigenschaften des Blutes verbessert, indem es die Blutplättchen daran hindert, zusammenzukleben, Gerinnsel zu bilden und die Arterien zu verstopfen.

Auch unter vielen Rheumapatienten genießt Vitamin E einen guten Ruf, weil sich mit ihm Symptome von Erkrankungen des rheumatischen Formenkreises lindern lassen. Angenommen wird, dass an der Entstehung rheumatischer Beschwerden freie Radikale beteiligt sind, was die Wirksamkeit von Vitamin E erklären würde. Für eine Rheumatherapie mit Vitamin E werden jedoch sehr hohe Dosen benötigt. Eine solche Behandlung darf nie auf eigene Faust unternommen werden, sondern erfordert die fachkundige Begleitung durch einen Therapeuten.

Derzeit werden weitere Einsatzmöglichkeit von Vitamin E in der Medizin geprüft. Neueste Ergebnisse deuten darauf hin, dass es bei der Vorbeugung von Krebserkrankungen positive Eigenschaften entwickelt. Festgestellt wurde, dass viele Diabetiker oft Vitamin-C- und Vitamin-E-Mangelzustände aufweisen und parallel dazu einen erhöhten Bedarf an B-Vitaminen haben. Die Vitamine C und E steigern neuesten Studien zufolge die Effektivität des Insulins und helfen, Organschäden bei Zuckerkranken zu vermeiden. Auch bei Menschen, die viel unter Stress stehen, unterstützen diese beiden Vitamine den körpereigenen Gefäßschutz und sollen somit auch Herzinfarkten vorbeugen. Auch bei Rauchern wird eine Tagesdosis von 30 mg pro Tag empfohlen.

Auf einen Blick:
Das bewirkt Vitamin E

- Antioxidationsmittel/Radikalfänger
- Schützt Zellmembranen vor der Oxidation
- Wichtig für Funktion von Nerven- und Muskelzellen
- Verbessert die Fließeigenschaften des Blutes
- Schützt Cholesterin vor Oxidation (verringertes Risiko für Herz-Kreislauf-Erkrankungen)
- Krebsprophylaxe
- In hohen Dosen empfohlen bei entzündlicher Arthritis

Vitamin E: Versorgung und Dosierung

So vielfältig das Einsatzspektrum von Vitamin E ist, so schwierig ist es, sich optimal mit dem Vitalstoff zu versorgen. Positiv zu vermerken ist jedoch, dass in unserer Leber große Speicher an Vitamin E angelegt werden können. Ein chronischer Mangel tritt deshalb neuesten Studien zufolge nur bei einer länger andauernden Unterversorgung auf.

Lebensmittel, die viel von diesem Vitamin enthalten, bringen gleichzeitig eine gehörige Portion Fett auf den Tisch. Denn: Vitamin E ist hauptsächlich in ölhaltigen Samen vorzufinden, die sich damit vor dem eigenen Zerfall, dem Ranzigwerden, schützen.

Die Mitglieder der Vitamin-E-Familie sind hitzestabil und kommen abgesehen von pflanzlichen Ölen und Samen auch in einigen Gemüse- und Obstsorten, Fisch, Eiern, Margarine und Milch vor (s. Tabelle 21). Die mit Abstand ergiebigste Vitamin-E-Quelle sind Getreidekeime und daraus hergestellte Öle. Dem typischen Weißbrotesser bleibt diese Quelle allerdings versagt, da die Keime beim Mahlen des Getreides abgetrennt werden. Zum Verzehr in Maßen besonders zu empfehlen sind neben den

Getreideölen alle hochwertigen Pflanzenöle, vor allem, wenn sie kalt gepresst sind.

Negative gesundheitliche Wirkungen durch Überdosierungen von Vitamin E sind nicht bekannt. Die Deutsche Gesellschaft für Ernährung hält eine tägliche Vitamin-E-Zufuhr von elf bis zwölf Milligramm bei Frauen und zwölf bis 15 Milligramm Vitamin E bei Männern pro Tag für angemessen. Eine höhere Dosis ist jedoch sinnvoll für Personen, die regelmäßig alkoholische Getränke zu sich nehmen, Rauchern, Leistungssportlern und Freizeitsportlern, die sich sehr großen Belastungen aussetzen. Hier werden Dosierungen von 100 Milligramm und mehr Vitamin E pro Tag empfohlen.

Erhöhter Bedarf bei Rauchern, Sportlern und Menschen, die regelmäßig Alkohol trinken

Tabelle 21: **Vitamin-E-Gehalt einiger Lebensmittel**

Lebensmittel	Vitamin-E-Gehalt in mg/100 g essbarem Anteil
Weizenkeimöl	175
Diestelöl	45
Sonnenblumenöl	63
Leinsamen	57
Maiskeimöl	34
Sonnenblumenkerne	38
Haselnüsse	26
Sojabohnen	15
Margarine	14
Fenchel	7
Grünkohl	4
Rot- und Weißkohl (gegart)	2
Butter	2
Pfirsich	1
Milch	0,1

Vitamin C

Der wohl potenteste Radikalfänger unter den Vitaminen ist Vitamin C, auch Ascorbinsäure genannt. Fast alle Lebewesen sind in der Lage, ihr

Vitamin C aus dem Kohlenhydrat Glukose selbst herzustellen. Ausnahmen bestätigen aber wie immer die Regel: Der Mensch, Menschenaffen, das Meerschweinchen und eine indische Fledermausart können das nicht. Die Fähigkeit, Vitamin C selbst zu produzieren, haben wir vor langer Zeit infolge einer Genmutation verloren. Seitdem fehlt uns ein wichtiges Enzym, das die Bildung von Vitamin C aus Glukose steuert.

Vitamin C – ein starker Radikalfänger

Die Bedeutung von Vitamin C für unseren Stoffwechsel wird bei der einfachen Aufzählung seiner Aufgaben klar, an denen es direkt oder indirekt beteiligt ist. Der Vitalstoff ist der Regisseur vieler Stoffwechselvorgänge. Er unterstützt die Vitamine A, E, B_1 und B_2 in ihrem Wirkungsspektrum, denn erst durch die Anwesenheit von Vitamin C können diese Substanzen ihre Aufgaben bestmöglich erfüllen. Vitamin C fördert Wachstum und Wundheilung, wird bei Stress vermehrt verbraucht und stimuliert die Produktion der weißen Blutkörperchen, die wiederum für unsere Immunabwehr wichtig sind. Außerdem ist das Vitamin C eine wirksame Waffe im Kampf gegen Schadstoffe, fördert die Eisenaufnahme, ist am Aufbau von Zähnen, Knorpel und Knochen beteiligt und spielt eine wichtige Rolle bei der Eiweißsynthese.

Steuerung vieler Stoffwechselvorgänge

Der Vitalstoff steigert die körperliche Widerstandskraft und übt einen positiven Einfluss auf verschiedene immunologische Vorgänge in unserem Organismus aus. Immer wieder in der Diskussion steht die Frage nach der Wirksamkeit von Vitamin C gegen Erkältungskrankheiten. Auch wer ausreichend Vitamin C zu sich nimmt, kann hin und wieder eine Erkältung bekommen, sodass ein Schutz nicht gewährleistet ist. Vitamin C ist jedoch hilfreich, wenn man bereits erkältet ist, denn unser Körper braucht für die erfolgreiche Abwehr von Viren und Bakterien große Mengen an diesem Vitalstoff. Vitamin C ist zum Beispiel in den Leukozyten, den weißen Blutkörperchen, enthalten, denen die Aufgabe zufällt, Krankheitserreger abzuwehren. Bei Infektionen, Verletzungen und anderen Krankheiten, die Stress für den Körper bedeuten, sinkt der Vitamin-C-Gehalt und damit auch die Abwehrleistung. Deswegen ist es vor allem in solchen Krisensituationen wichtig, die Speicher aufzufüllen oder voll zu halten.

Wichtig für unser Immunsystem

Dies gilt auch für psychischen Stress. Stehen wir im Beruf oder im Privatleben stark unter Druck, schnellt die Produktion von aggressiven Radikalen in unserem Körper in die Höhe und jede Menge Vitamin C wird benötigt, um ihrem Treiben Einhalt zu gebieten. Die Stresshormone, die Auslöser für die Bildung der Radikale sind, werden in der Nebennierenrinde gebildet. Deshalb enthält diese Drüse sozusagen als Selbstschutz die höchste Vitamin-C-Konzentration in unserem Organismus.

Stress frisst Vitamin C

Vitamin C spielt eine bedeutende Rolle bei vielen Entgiftungsvorgängen in unserem Körper. Zum einen hält es giftige Schwermetalle „in Lösung". Nur dadurch können sie mit dem Urin ausgeschieden werden und lagern sich nicht in unserem Gewebe ab. Zum anderen unterbindet der Vitalstoff im Magen-Darm-Kanal die bakterielle Umwandlung von Nitriten zu Krebs erregenden Nitrosaminen. So kann mit Hilfe der Ascorbinsäure zum Beispiel das Magenkrebsrisiko verringert werden. Glauben Sie jedoch nicht den Wundermeldungen, nach denen das Vitamin C bösartige Tumore im Wachstum gestoppt oder sogar geheilt haben soll. Diese Berichte sind nicht zutreffend.

Vitamin C steuert Entgiftungsvorgänge

Dagegen ist wahr, dass Vitamin C als Radikalfänger einen gewissen Schutz vor giftigen Stoffen bietet, die wir durch das Einatmen von Zigarettenrauch oder das Trinken von Alkohol aufnehmen. Beispielsweise werden Substanzen wie Azetaldehyde, Cadmium und polyzyklische Kohlenwasserstoffe in ihrer gesundheitsschädlichen Wirkung entschärft. Dadurch wird das Vitamin C aber selbst zerstört. Nicht umsonst leiden Raucher, wie in vielen Studien belegt wurde, unter einem ständigen Vitamin-C-Mangel. In diesem Zusammenhang ist der Einsatz von hoch dosierten Vitamin-Präparaten als „Pille danach" angesichts der großen gesundheitlichen Risiken, die vom Rauchen ausgehen, jedoch höchst zweifelhaft. Er nutzt der Gesundheit wenig und dient wohl nur der Beruhigung des schlechten Gewissens.

Die Eisenaufnahme verbessern

Für unsere Eisenversorgung ist Vitamin C ebenfalls von Bedeutung. Anämie (Blutarmut) in Form von Eisenmangel ist die am meisten verbreitete Ernährungsstörung der Welt. Zwar ist in Fleisch- und Wurstprodukten, in Brot und Gemüse genügend Eisen enthalten, doch gelangen nur drei bis zehn Prozent davon tatsächlich in unseren Körper. Diese geringe Biover-

gestresst sind, viel Alkohol trinken, regelmäßig Medikamente einnehmen, an einer Infektion oder an einer Anämie leiden, sind auf jeden Fall höhere Mengen als die empfohlenen 100 Milligramm angezeigt. Rauchern und Menschen mit einem hohen Alkoholkonsum beispielsweise raten einige Ernährungsfachleute, 2000 Milligramm Vitamin C pro Tag aufzunehmen. Ob jedoch die Megadosen eines Linus Pauling von bis zu 20 Gramm pro Tag sinnvoll sind, bleibt stark anzuzweifeln.

Eine ausgewogene Ernährung liefert ausreichend Vitamin C

Wollen Sie Ihrem Körper Vitamin C trotzdem in höheren Dosierungen (ab fünf bis zehn Gramm) zuführen, sollten Sie den Vitalstoff über den Tag verteilt aufnehmen – und zwar nicht nur als Nahrungsergänzung, sondern auch in Form von Obst und Gemüse. So wird verhindert, dass das Vitamin C abführend wirkt und sich dadurch quasi selbst entsorgt. Eine gleichmäßig über den Tag verteilte Zufuhr gewährleistet eine konstant erhöhte Vitamin-C-Konzentration im Körper.

Vorsicht vor hohen Dosierungen

Im Krankheitsfall kann die Dosis dagegen erheblich erhöht werden, ohne dass Durchfall die Folge ist. Dies ist ein Zeichen dafür, dass unser Organismus die großen Mengen in dieser Krisensituation tatsächlich benötigt und auch verwertet. Ist die Krankheit überwunden, sollte die Vitamin-C-Zufuhr jedoch wieder gedrosselt werden. Vorsichtig im Umgang mit hohen Vitamin-C-Gaben sollten vor allem Menschen sein, die zu Nieren- oder Harnsteinen neigen, und Magenempfindliche, die auf den reinen Vitalstoff mit Reizungen und Durchfall reagieren.

Vitamin C ist als Pulver, als Brausetablette, als Lutschbonbon und als Tablette zum Schlucken im Handel erhältlich. Wer Nahrungsergänzungen mit Vitamin C einnimmt, sollte Präparate mit Natrium- oder Kalziumascorbat bevorzugen. Hier wurde die Ascorbinsäure durch Zusatz von Natrium oder Kalzium neutralisiert und ist somit besser verträglich.

Das Spurenelement Selen

Ein weiterer wichtiger Radikalfänger ist das Spurenelement Selen. Spurenelemente sind Mineralstoffe, die in unserem Organismus nur in minimalen Gewichtsanteilen vorhanden sind. Trotzdem sind viele von ihnen lebensnotwendig. Der tägliche Bedarf an essenziellen Spurenelementen bewegt sich im Bereich von wenigen Milligramm oder sogar Mikrogramm (µg). Ein Zuviel kann für unsere Gesundheit genauso schädlich sein wie ein Zuwenig, denn einige Spurenelemente sind regelrecht giftig. Das gilt für Selen ebenso wie für Jod, Fluor und Chrom.

In geringen Mengen ist Selen für unsere Gesundheit allerdings unentbehrlich. Vor allem durch seine Wirkung gegen Schadstoffe ist es in den Mittelpunkt des Interesses gerückt. Selen bildet mit Schwermetallen wie Blei, Cadmium und Quecksilber so genannte Metallkomplexe. Die Schwermetalle werden gebunden, sodass sie von unserem Körper nicht mehr verwertet werden und ihm dadurch nicht mehr schaden können. Selen ist damit ein bedeutsamer „Neutralisator" schwermetallhaltiger Schadstoffe. Außerdem ist das Spurenelement ein wichtiger Bestandteil des Enzyms Glutathionperoxidase, das die roten Blutkörperchen beim Sauerstofftransport schützt.

Selen bindet Schadstoffe und unterstützt das Immunsystem

Bereits geringe Selenmengen können die Abwehrleistung unseres Körpers steigern. Beispielsweise begünstigt das Spurenelement die Bildung von Antikörpern sowie Lymphozyten und unterstützt die Funktion unserer Fresszellen (Makrophagen). Daher ist es nicht verwunderlich, dass Menschen mit einem Immunsystem, das ständig Abwehrschlachten überstehen muss, einen erniedrigten Selenspiegel im Blut aufweisen.

Die niedrigen Selenspiegel vieler Rheumakranker deuten darauf hin, dass eine unzureichende Selenzufuhr bei dieser Krankheit eine Rolle spielt. Ob hoch dosiertes Selen das Wachstum von Tumoren hemmen kann, ist noch nicht eindeutig geklärt. Seine Wirkung als Radikalfänger ist jedoch gesichert.

Auf einen Blick: So wirkt Selen

- Antioxidationsmittel/Radikalfänger
- Bindet gesundheitsschädliche Schwermetalle
- Schützt die roten Blutkörperchen beim Sauerstofftransport
- Steigert die Abwehrkräfte

Trotzdem sind sich die Experten über den tatsächlichen Selenbedarf und seine Bedeutung für den menschlichen Organismus noch unschlüssig. Vor einer zu hohen Dosierung mit reinen Selenpräparaten ohne vorherige Absprache mit einem Therapeuten ist auf jeden Fall abzuraten. Die Deutsche Gesellschaft für Ernährung hält die tägliche Zufuhr von 30 bis 70 Mikrogramm Selen bei Erwachsenen für angemessen. Die Zahlen beruhen auf Schätzwerten. Aktuelle RDA-Werte (Recommanded Dietary Allowances) legen Frauen eine tägliche Aufnahme von 55 und Männern von 70 Mikrogramm Selen nahe.

Der Selenbedarf ist nicht exakt definierbar

Ein erhöhter Selenbedarf besteht bei Rauchern, Menschen, die regelmäßig Alkohol trinken, chronisch Kranken, bei Leistungssportlern und Freizeitsportlern, die ihr Hobby besonders intensiv ausüben. Für diesen Personenkreis sind Nahrungsergänzungen, die neben Vitaminen geringe Mengen an Selen enthalten, empfehlenswert. Diese Kombination mit anderen Vitaminen ist wichtig, weil die verschiedenen Vitalstoffe in Wechselwirkung miteinander treten und sich als Radikalfänger gegenseitig unterstützen. Bei der „Beseitigung" der Nitrosamine beispielsweise arbeiten Vitamin C, Vitamin E und das Selen Hand in Hand.

In unserer Nahrung ist das Spurenelement in Rind- und Schweinefleisch, in Innereien, Seefisch, Hülsenfrüchten, Getreide und in geringen Mengen auch in Milchprodukten enthalten (s. Tabelle 23, S. 157). Der Selengehalt unserer Lebensmittel unterliegt großen Schwankungen, da er von der stark wechselnden Selenkonzentration in den Böden abhängt. Deutschland gilt als Mangelgebiet. Die Selenarmut unserer Böden wird durch übermäßiges Düngen, sauren Regen und eine erhöhte Schadstoffbelastung durch Schwermetalle noch verstärkt.

Tabelle 23: **Selen-Gehalt einiger Lebensmittel**

Lebensmittel	**Selengehalt in µg/100 g essbarem Anteil**
Sardinen	140
Thunfisch	130
Heringe	85
Sojaprodukte (Sojabohnen)	60
Weizenvollkornbrot	55
Leber	40-60
Rindfleisch	35
Schweinefleisch	31
Milchprodukte	4-10

Der große Arzneischatz der sekundären Pflanzeninhaltsstoffe

Neben den Antioxidantien sind die so genannten sekundären Pflanzeninhaltsstoffe oder Phytochemikalien Gegenstand einer Vielzahl von wissenschaftlichen Untersuchungen. Die Ergebnisse deuten darauf hin, dass sich in Pflanzen ein großes Potenzial an gesunden Substanzen verbirgt. Weil man sich die Wirkungsweise dieser Stoffe lange Zeit nicht erklären konnte und weil ihr Nachweis sehr aufwändig ist, wurden sie von medizinischer Seite bislang eher stiefmütterlich behandelt. Sekundäre Pflanzeninhaltsstoffe, früher auch als Vitamin P bezeichnet, kommen praktisch in allen Pflanzen vor. Dort erfüllen sie mannigfaltige Aufgaben. Sie dienen beispielsweise der Abwehr von Schädlingen und Krankheiten, regulieren das Wachstum oder locken als Farb- und Geruchsstoffe in den Blüten bestäubende Insekten an.

Über eine gemischte Kost nehmen wir täglich schätzungsweise 5000 bis 10000 verschiedene sekundäre Pflanzenstoffe mit einem Gesamtgewicht von zirka 1,5 Gramm auf. In Brokkoli, Zwiebeln, Knoblauch, Zitrus- und Beerenfrüchten ist eine Vielzahl solcher Substanzen enthalten. In unserem Organismus entfalten sie ein breites Wirkungsspektrum. Von dem im Knoblauch enthaltenen Allicin ist zum Beispiel bekannt, dass es noch in einer Verdünnung von 1:125000 das Wachstum von Bakterien und Pilzen hemmt. Die Inhaltsstoffe von Kohl und Brokkoli sollen das Wachstum von Krebszellen hemmen und der regelmäßige Genuss von Zwiebeln erhöht den Anteil des „guten" HDL-Cholesterins im Blut. Von einigen sekundären Pflanzeninhaltsstoffen wird vermutet, dass sie als Radikalfänger ebenso wirksam sind wie Selen und Vitamin C. Flavonoide, Polyphenole, Isothiocyanate und viele weitere bekannte oder teilweise noch gar nicht erforschte Wirkstoffe gehören zu dieser Gruppe der Phytochemikalien. Die gesundheitlichen Effekte der meisten dieser Substanzen sind bislang noch nicht genau geklärt.

Auf einen Blick: Wirkungsspektrum der sekundären Pflanzenstoffe

- Antioxidativ
- Krebswachstumshemmend
- Verdauungsfördernd
- Blutdruck- und cholesterinsenkend
- Blutzuckersenkend
- Immunstärkend
- Antimikrobiell

Man geht heute davon aus, dass die sekundären Pflanzenstoffe synergistisch wirken. Das bedeutet, dass mehrere Stoffe sich gegenseitig in ihren Effekten auf den menschlichen Organismus unterstützen. Besonders auf dem Gebiet der Krebsvorbeugung und der Krebsbehandlung hat die Erforschung der Pflanzeninhaltsstoffe eine große Bedeutung erlangt. Dabei ist von besonderem Interesse, in welchem Tumorstadium die Substanzen eingreifen können und wie sie das Wachstum der Tumorzellen beeinflussen.

Bedeutung für die Krebsvorbeugung

Einige dieser Pflanzenstoffe beispielsweise „entschärfen" andere chemische Verbindungen, die als krebserregend eingestuft werden. Die Nitrosamine, die immer dann gebildet werden, wenn Lebensmittel schnell und stark erhitzt werden (beispielsweise in der schwarzen Kruste beim Grillen), können Krebs auslösen. Sie schädigen die Erbsubstanz einer Körperzelle und verursachen damit die Entstehung von entarteten Zellen. Spezielle sekundäre Pflanzeninhaltsstoffe fangen die Nitrosamine bereits vorher ab und machen sie unschädlich. Potente Krebsverhüter sind Kohl und Brokkoli. Diese Gemüsepflanzen gehören wie Radieschen, Blumen- und

Rosenkohl zu den Kreuzblütlern. Sie enthalten mehrere Krebs bekämpfende Stoffe wie die Glucosinolate und deren Abbauprodukte, die Indole und Isothiocyanate. Diese Substanzen aktivieren das Entgiftungssystem in unserem Körper. Das Wachstum von Krebszellen wird dadurch verlangsamt oder sogar ganz unterbunden. Durch die verminderte Wachstumsgeschwindigkeit der Krebszellen wird die Zeitspanne vergrößert, in der unser Immunsystem die entartete Zelle erkennen und aus dem Körper eliminieren kann. Ganz allgemein gelten grüne Blattgemüse wie Brokkoli, Kohl, Spinat, Grünkohl und Rosenkohl, aber auch andere ballaststoffreiche Gemüse, Früchte, Körner und Hülsenfrüchte als starke Nahrungsmittel im Kampf gegen den Krebs.

Doch nicht nur gegen Tumore, sondern auch gegen freie Radikale liefern uns viele sekundäre Pflanzeninhaltsstoffe einen effektiven Schutz. Zu ihnen zählen unter anderem die so genannten Bioflavonoide, die als Pflanzenpigmente in der Schale vieler Früchte sitzen. Flavonoide sind zwar in allen Pflanzen enthalten, allerdings kommen sie dort in recht unterschiedlichen Mengen vor. Vor allem Beeren und viele Südfrüchte sind wahre Bioflavonoidbomben (s. Tabelle 24).

Radikalfänger Bioflavonoide

Tabelle 24: **Flavonoidgehalt pflanzlicher Nahrungsmittel**

Obst-/Gemüseart	Flavonoidgehalt in mg/100 g Lebensmittel
Hagebutten	2000-3000
Schwarze Johannisbeeren	1000-2000
Pflaumen, Orangen	1000
Heidelbeeren	540
Birnen	500
Grapefruits	200
Mohrrüben	100
Äpfel, Tomaten	70
Kirschen	60

Als sehr gesund gelten auch die Sulfide (schwefelhaltige Verbindungen), die im Knoblauch, in Zwiebeln, Schalotten und im Schnittlauch reichlich enthalten sind. Beispielsweise helfen die sekundären Pflanzenstoffe Allicin und Ajoen aus Knoblauch und Zwiebeln gegen Entzündungen der Magenschleimhaut und der Atemwege. Die Wirkstoffe steigern außerdem die Neigung des Blutes, gefährliche Gerinnsel aufzulösen, die in Herzarterien oder anderen Blutgefäßen den Sauerstoffnachschub zum Herzen abschnüren und dadurch den Herzmuskel schädigen können. Zudem verringern sie die Bereitschaft der Blutzellen, sich zusammenzuballen, und verhindern so, dass sich Gerinnsel überhaupt bilden. Auch die Konzentration an „gutem" HDL-Cholesterin im Blut kann mit Hilfe der schwefelhaltigen Substanzen in Zwiebelgewächsen erhöht werden.

Gesunde Sulfide in Zwiebelgewächsen

Als besonders gesundheitsfördernd werden die Wirkstoffe des Knoblauchs angesehen. Der wichtigste Inhaltsstoff dieses Zwiebelgewächses ist das schwefelhaltige Alliin. In der noch unversehrten Knoblauchknolle werden das Enzym Allinase und der Inhaltsstoff Alliin getrennt voneinander aufbewahrt. Durch das Zerquetschen einer Zehe wird die Allinase freigesetzt und kommt mit dem Alliin in Berührung. Unter der Einwirkung des Enzyms wandelt sich Alliin dann in Allicin um, das für den typischen Knoblauchgeruch verantwortlich ist. Werden zerhackte Knoblauchzehen erwärmt oder gekocht, entstehen aus dem Allicin mehrere Schwefelverbindungen, unter anderem das Ajoen.

Knoblauch – die urgesunde Knolle

Ajoen kann nicht nur die Thrombosebildung der Blutplättchen hemmen, sondern womöglich auch das Wachstum von Tumoren bremsen. Zumindest im Reagenzglas verlangsamt es die Teilung von Krebszellen stärker als die gesunder Zellen. Doch geruchlose Knoblauchpillen nutzen wenig. Forscher fanden in mehr als 30 untersuchten Präparaten weder Allicin noch Ajoen. Zudem war der Knoblauch in diesen Produkten so stark unterdosiert, dass sie zumeist keinen therapeutischen Wert aufwiesen. Hervorzuheben ist übrigens auch das antioxidative Potenzial, das im Knoblauch steckt: Allicin, Selen und Vitamin C sind als Radikalfänger im Einsatz und wehren dadurch Schaden vom Körper ab.

Ob es sich nun um die Sulfide in Zwiebelgewächsen, die Flavonoide in Früchten, die Phytoöstrogene (pflanzliche Hormone) in Sojabohnen, die etwa 200 verschiedenen Phenole in Kaffeebohnen, grünem Tee, Kohl und Äpfeln, die Glucosinolate im Kohl, die Saponine in Kichererbsen, Spinat und Sojabohnen oder andere, teilweise noch gar nicht entdeckte sekundäre Pflanzenstoffe handelt – sie alle sind Teil eines riesigen Arzneischatzes, der in unseren pflanzlichen Nahrungsmitteln schlummert. Wirkstoffe gegen Krebs, Radikalfänger und Stoffe, die unser Immunsystem unterstützen oder gegen Arteriosklerose helfen, gehören zu ihrem Repertoire. Obwohl ihre genaue Wirkungsweise zum Teil noch im Dunkeln liegt, ist es empfehlenswert, ihren positiven Einfluss auf unsere Gesundheit und Leistungsfähigkeit zu nutzen.

Sekundäre Pflanzenstoffe entfalten ein breites Wirkungsspektrum

Tabelle 25: **Apotheke der Natur: sekundäre Pflanzeninhaltsstoffe**

Sekundäre Pflanzeninhaltsstoffe	Vorkommen	Senken das Krebsrisiko	Stärken das Immunsystem	Fangen freie Radikale	Senken Cholesterinwerte	Wirken gegen Arteriosklerose
Sulfide	Knoblauch, Zwiebeln, Schnittlauch, Schalotten	X	X	X	X	X
Polyphenole	Gemüse, Obst, grüner Tee, Kaffee, rote Trauben	X	X	X	X	
Glucosinolate	Kohl, Rettich, Senf, Radieschen, Kresse	X				
Phytoöstrogene	Rotklee, Hülsenfrüchte wie Sojabohnen	X	X	X	X	
Flavonoide	Früchte, Gemüse, schwarzer und grüner Tee	X	X	X		
Saponine	Kichererbsen, Sojabohnen und andere Hülsenfrüchte, Spinat	X	X			X

- ***Unlösliche Ballaststoffe (Füllstoffe):***

  Die unlöslichen Ballaststoffe binden wenig Wasser und werden von den Darmbakterien praktisch nicht abgebaut. Sie entfalten eher eine mechanische Wirkung, da sie zur Vergrößerung des Stuhlvolumens beitragen. Die wichtigsten Füllstoffe sind ***Zellulose*** und ***Lignin***. Mit der Zellulose werden die Zellwände von Obst und Gemüse verstärkt. In Getreidekörnern kommt sie in der äußeren Schale vor. Das Lignin ist ein so genannter Holzbestandteil, der bewirkt, dass manche Pflanzenteile besonders hart sind.

- ***Lösliche Ballaststoffe (Quellstoffe):***

  Die Hauptvertreter der löslichen Ballaststoffe sind die Zellwandbestandteile ***Hemizellulose*** und ***Pektin***. Sie sind in der Lage, Wasser zu binden, sodass der Stuhl durch sie weicher wird. Von den Mikroorganismen im Darm können sie fast vollständig abgebaut werden. Diese Abbauprodukte werden über die Darmschleimhaut aufgenommen und tragen in einem geringen Umfang (als flüchtige Fettsäuren) zur Energieversorgung des Organismus bei.

Mehr Schwung und weniger Schadstoffe im Darm

Die Aktivität unseres Darms, die Darmperistaltik, ist durch ein sich abwechselndes Zusammenziehen und Erschlaffen der Darmmuskulatur gekennzeichnet. Dadurch wird der Inhalt des Verdauungstraktes durchmischt und weitertransportiert. Anstatt diese Aktivität durch körperliche Bewegung oder eine ballaststoffreiche Ernährung zu fördern, sitzen viele von uns den größten Teil des Tages auf einem Bürostuhl, am Esstisch oder im Fernsehsessel und wundern sich, wenn der Darm mit der Zeit streikt. Der Griff zum Abführmittel scheint oft der letzte Ausweg, um der Not in unserem Verdauungsapparat ein Ende zu bereiten.

Die Geschwindigkeit, mit der die Nahrung in unserem Darm transportiert wird, liegt bei zwei bis 25 Zentimetern pro Stunde. Sie hängt unter anderem von der Ernährung ab. Ballaststoffe beispielsweise bewirken, dass der Speisebrei durch Quellen ein Volumen einnimmt, das groß genug ist, um die Muskeltätigkeit des Darms anzuregen. Unser Darm wird nämlich erst ab einem gewissen Druck von innen aktiv. Fehlt dieser Reiz, ruht sich unser Verdauungssystem aus. Die Speise bleibt liegen, verdickt sich und kann vergären, ja sogar verfaulen.

Die Muskeltätigkeit des Darms fördern

Eine solche Situation kann selbst für einen gesunden Darm gefährlich werden, denn bei einer solch trägen oder ruhenden Verdauung entstehen im Extremfall Darminnenwand-Temperaturen von bis zu 60 Grad. Zudem können infolge zu fetthaltiger Nahrung übermäßig produzierte Gallensäuren die Radikalbildung anheizen. Auch durch den Bakterienstoffwechsel werden ständig freie Radikale gebildet, vor allem dann, wenn die Bakterien des Dickdarms Gallensäuren abbauen müssen. Die aggressiven Radikale nehmen nun die Darmwand unter Beschuss und begünstigen so die Entstehung von Krebszellen. Der Vorteil der Ballaststoffe ist, dass sie in den unteren Darmabschnitten in Buttersäure umgewandelt werden. Diese dient den Schleimhautzellen des Darms als Nahrung und verhindert ein unkontrolliertes Zellwachstum.

Ballaststoffe und Vitamine wirken hier als „Einheit“ und bilden einen wirksamen Gegenpol zu den freien Radikalen im Verdauungstrakt. Aber nicht nur das: Dadurch, dass die Ballaststoffe die Darmtätigkeit ankurbeln, können Schadstoffe, die mit der Nahrung aufgenommen werden, nicht mehr so lange mit der Darmwand in Kontakt treten, um dort ihre schädlichen Wirkungen zu entfalten. Bestimmte Ballaststoffe sind außerdem in der Lage, Pestizide und Schwermetalle zu binden. Diese werden dann mit dem Kot ausgeschieden.

Freie Radikale entschärfen

Ballast macht eine gute Figur

Ballaststoffreiche Lebensmittel sind die besten Schlankmacher unter den Nahrungsmitteln, weil sie lange und intensiv gekaut werden müssen. Dadurch schlingen wir die Nahrung nicht so hastig herunter und bemerken rechtzeitig, dass wir satt sind. Durch ihre Fähigkeit, Wasser im Körper zu binden, quellen die Ballaststoffe bereits im Magen auf. Der Übergang der Speisen vom Magen in den Darm erfolgt langsamer, sodass das Sättigungsgefühl länger anhält (s. Abbildung 5, S. 166). Hinzu kommt: Diese schwer verdaulichen Nahrungsfasern liefern unserem Körper so gut wie keine Energie, die sich auf unseren Hüften bemerkbar machen könnte.

Viel Volumen, ein hoher Sättigungsgrad und wenig Kalorien – mit dieser Kombination sind Ballaststoffe nahezu optimal für Bewegungsmuffel und „Leichtarbeiter".

Abbildung 5 **Ballaststoffe sättigen**

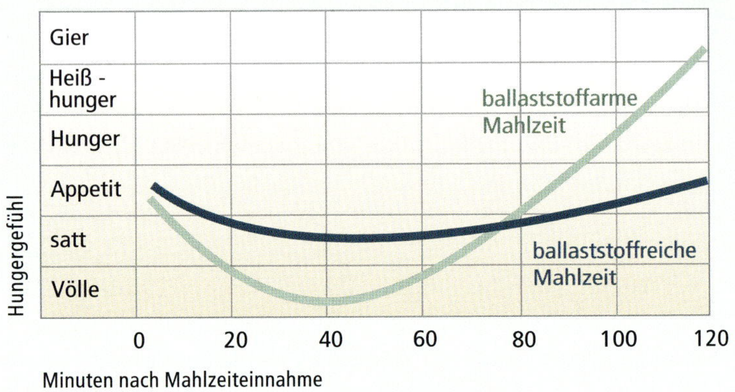

Gesund für unser Blut

Ballaststoffreiche Kost verzögert die Abgabe der Nährstoffe ins Blut. Dadurch steigt der Blutzuckerspiegel nur langsam und Insulin kann eingespart werden. Dieser Effekt rührt unter anderem daher, dass sich der mit der Nahrung aufgenommene Zucker in den netzartig angeordneten Molekülen der Pektine verfängt und deshalb nicht so schnell in das Blut übertreten kann.

Konstante Zuckerwerte

Neben den Zuckerwerten entwickelt sich auch der Cholesteringehalt im Blut durch Ballaststoffe günstig. Je mehr von diesen Pflanzenfasern sich in unserer Nahrung befinden, desto geringer ist unser Cholesterinspiegel. Wieder sind es die Pektine, die hier eine große Rolle spielen. Sie binden Gallensäuren im Verdauungstrakt, sodass diese mit dem Stuhl ausgeschieden werden können. Normalerweise werden die Säuren durch die Darmwand in den Körper zurückgeschleust. Eine „Entsorgung" mit den Pektinen bedeutet: Unserem Körper bleibt nichts anderes übrig, als neue Gallensäuren in der Leber zu bilden. Dafür benötigt das Organ allerdings Cholesterin, das es dem Blut entzieht.

Weniger Cholesterin

Auch bei Hämorrhoiden sind Ballaststoffe hilfreich. Krankhafte Ausstülpungen der Hämorrhoiden entstehen durch einen zu hohen Druck im Darm bei zu hartem, „knolligem" Stuhlgang. Dadurch werden die mit vielen Blutgefäßen durchzogenen Schleimhautfalten am oberen Ende des Analkanals nach „außen gedrückt". Diese so genannten Schwellkissen sollen den Darminhalt zurückhalten. Erst bei ständigem Überdruck halten sie den großen Belastungen nicht mehr stand. Ballaststoffe in der Nahrung sorgen für eine geregelte Verdauung und einen weichen, aber geformten Stuhl, sodass dieser Überdruck gar nicht erst entsteht.

Hämorrhoiden vorbeugen

Auf einen Blick:
Bedeutung der Ballaststoffe für unseren Organismus

- Ballaststoffreiche Nahrung wird länger und besser gekaut, zugleich wird der Speisebrei mit Speichel gut durchmischt.
- Ballaststoffe verhindern Darmträgheit und Verstopfung.
- Sie verlängern die Verweilzeit der Speisen im Magen und erhöhen so den Sättigungswert der Nahrung.
- Sie verzögen die Aufnahme von Glukose ins Blut; der Blutzuckerspiegel steigt nach einer ballaststoffreichen Mahlzeit dadurch nur sanft an.
- Sie begünstigen die Entwicklung von nützlichen Darmbakterien.
- Sie erhöhen das Stuhlgewicht und vermindern dadurch die Konzentration von Krebs erregenden Substanzen im Darminneren.
- Sie verkürzen die Passagezeit der Nahrung im Verdauungstrakt und schränken den Kontakt von möglicherweise Krebs erregenden Substanzen oder Schadstoffen mit der Darmwand ein.
- Sie binden Gallensäuren und senken den Cholesterinspiegel.
- Sie sind Radikalfänger.

Dosierung und Verzehrempfehlungen

Die Deutsche Gesellschaft für Ernährung empfiehlt Erwachsenen, mindestens 30 Gramm Ballaststoffe täglich mit der Nahrung aufnehmen. Im Durchschnitt sind es jedoch nur zwischen 10 und 25 Gramm, die wir uns mit der normalen Kost pro Tag zuführen. Das liegt vor allem an der vermeintlichen „Veredlung" und Verarbeitung vieler Lebensmittel, die einen Schwund an Ballaststoffen nach sich zieht. Kein Wunder also, dass etwa 25 % unserer Bevölkerung im vierten Lebensjahrzehnt und zirka 65 % ab dem sechsten Lebensjahrzehnt über Verstopfung klagen.

Besonders ballaststoffreich sind Getreideprodukte, Samen und Früchte. Auch Hülsenfrüchte, Gemüse wie Brokkoli, viele Kohlarten und Möhren sowie Obst enthalten viele Nahrungsfasern (s. Tabelle 26, S. 169). Bei Wein, Bier, Fetten und Ölen, Fleisch, Fisch, Milch und Milchprodukten dagegen sind Ballaststoffe Fehlanzeige.

Unbedingt ausreichend trinken

Ganz entscheidend für die Wirkung von Ballaststoffen ist eine ausreichende Flüssigkeitszufuhr. Je höher diese ist, desto besser quellen die Nahrungsfasern auf. Nur so steigt das Volumen des Speisebreis und er wird weich und geschmeidig, sodass die Verdauung erleichtert wird. Je größer der Ballaststoffgehalt der Nahrungsmittel ist – wie etwa in Weizenkleie, Früchtewürfeln, Ballaststoffsnacks oder Trockenobst –, desto wichtiger wird es, ausreichend zu trinken. Fehlt unserem Körper Flüssigkeit, kann sich die positive Wirkung der Ballaststoffe in das Gegenteil verkehren. Sie werden hart, verkrusten und bereiten unserem Darm und der Verdauung ernsthafte Probleme. Vor allem bei der Aufnahme von isolierten Quellstoffen besteht die Gefahr eines Darmverschlusses.

Doch wer in den Tag mit Müsli, Obst oder Vollkornbrot startet, zwischendurch den Jogurt mit etwas Kleie garniert verzehrt, zum Mittagessen den Salat und am Abend eine reichliche Gemüsebeilage zum Steak genießt und dazu ausreichend trinkt, dem kann das nicht passieren. Er hat nicht nur eine tolle Ballaststoffbilanz, sondern auch eine ausgezeichnete Verdauung.

Streicheleinheiten für den Darm

Tabelle 26: **Ballaststoffe in verschiedenen Nahrungsmitteln**

Ballaststoffgehalt in g/100 g Lebensmittel	**Vorkommen**
> 35	Weizenkleie, Leinsamen
15-35	Hagebutten, Sojabohnen, Mohnsamen, Mandeln
10-15	Knäckebrot, Trockenobst, Erdnüsse, Sesamsamen
5-10	Vollkornbrot, Haferflocken, Erbsen, Mais, Popcorn, Müsli, Haselnüsse, Vollkornnudeln
2-5	Beerenfrüchte, Äpfel, Birnen, Oliven, Fenchel, Brokkoli, Grünkohl, Möhren, Kartoffeln, Rosenkohl, Weißkohl, Naturreis, Linsen

Herz-Kreislauf-Erkrankungen: Risikofaktoren Ernährung und Übergewicht

Unser Wohlstand und unsere dadurch veränderte Lebensweise haben in den vergangenen Jahrzehnten dazu geführt, dass Krebserkrankungen, Fett- sowie Zuckerstoffwechselstörungen und Gicht auf dem Vormarsch sind. Eine Vielzahl von Faktoren wie Stress, Fehlernährung, Bewegungsmangel und ein verstärkter Konsum von „Genussgiften" wie Alkohol und Nikotin haben außerdem zu einem außerordentlich hohen Anstieg von Herz-Kreislauf-Erkrankungen beigetragen. Ihnen wollen wir in diesem Kapitel daher besondere Beachtung schenken.

Ein Beispiel: Noch 1932 lag die durch koronare Herzkrankheiten (Erkrankung der Herzkranzgefäße) bedingte Anzahl der Todesfälle in Deutschland unter 10000 pro Jahr. Mit dem Beginn des wirtschaftlichen Aufschwungs jedoch stieg die Zahl der Betroffenen drastisch. Bereits 1966 litten 50000 Menschen an einer koronaren Herzerkrankung, also fünfmal mehr als gut 30 Jahre zuvor.

1990 waren etwa 50 % aller Todesfälle in Deutschland auf Erkrankungen des Herz-Kreislauf-Systems zurückzuführen. Das gleiche Bild zeigte sich mehr als zehn Jahre später: 2002 starben hier zu Lande fast 161000 Männer und 233000 Frauen – das entspricht jedem zweiten Todesfall – infolge einer Erkrankung des Herz-Kreislauf-Systems (Quelle: Statistisches Bundesamt in Wiesbaden).

Unberücksichtigt ist hierbei die Zahl derer, die ebenfalls am Herz-Kreislauf-System erkrankt sind, dem Tod aber gerade noch von der Schippe springen konnten. Diese Zahl beläuft sich auf weitere viele zehntausend Menschen. Sie klagen über Stiche oder Klopfen in der Brust und Atemnot, kalter Schweiß steht ihnen auf der Stirn und das Herz steckt plötzlich wie in einem Schraubstock. Die Diagnose lautet Herzinfarkt. Und das Alter der Betroffenen sinkt von Jahr zu Jahr. Heutzutage ist es keine Seltenheit mehr, dass Dreißigjährige ihren ersten Infarkt erleiden.

Der Lebenswandel ist entscheidend

Zu einem geringen Teil ist die Wahrscheinlichkeit, im Laufe des Lebens an Herz und Kreislauf zu erkranken, in unserem Erbgut festgelegt. Diese so genannten genetischen Faktoren zeigen sich zum Beispiel darin, dass die Mitglieder einer Familie schon seit mehreren Generationen einen hohen Blutdruck oder einen hohen Cholesterinspiegel aufweisen und damit für Herz-Kreislauf-Erkrankungen besonders anfällig sind.

Es ist nie zu spät

Im Wesentlichen sind die Risikofaktoren jedoch das Resultat eines krank machenden Verhaltens. Insbesondere weil wir zu viel essen und dadurch übergewichtig werden, steigt die Wahrscheinlichkeit für eine Vielzahl von Erkrankungen enorm. Für jeden von uns besteht also die Möglichkeit, mit einer vernünftigen Lebensweise Einfluss auf das persönliche Risikoprofil zu nehmen. Es ist übrigens auch nie zu spät, etwas an dem eigenen Verhalten zu verändern, wie zahlreiche Erfahrungen bei der Therapie von Herzinfarktpatienten zeigen. Zugegeben, auch wenn wir noch so gesund leben, bietet das keine Garantie dafür, dass wir von Krankheiten verschont bleiben. Und ein stark übergewichtiger Kettenraucher mag im Einzelfall trotz extremer Blutdruckwerte ein biblisches Alter erreichen. Allerdings ist das die absolute Ausnahme.

Die Entstehung eines Herzinfarkts und anderer Herz-Kreislauf-Erkrankungen beruht auf so genannten multifaktoriellen Ursachen. Dies bedeutet, dass in den meisten Fällen nicht ein, sondern mehrere Faktoren das Krankheitsrisiko erhöhen. So sind bei stark übergewichtigen Menschen oft der Blutdruck und der Blutfettspiegel erhöht. Je mehr solcher Risikofaktoren gleichzeitig vorhanden sind, umso höher wird die Gefahr einen Herzinfarkt zu erleiden. Statistische Ermittlungen belegen Folgendes: Von 100 Männern, die keine Risikofaktoren aufzuweisen haben, sterben etwa elf vor dem 65. Lebensjahr an einer koronaren Herzkrankheit. Verantwortlich dafür sind wahrscheinlich überwiegend genetische Faktoren. Liegen jedoch zusätzlich Fettstoffwechselstörungen mit einem erhöhten Cholesteringehalt vor, sterben bereits 30 von 100 Personen unter 65 Jahren an einer koronaren Herzkrankheit. Kommen noch ein erhöhter Blutdruck und das Rauchen als weitere Risikofaktoren dazu, sind es bereits 50 von 100 Personen.

Multifaktorielles Geschehen

Vorbeugen ist besser ...

Risikofaktoren für Herz-Kreislauf-Erkrankungen und insbesondere für den Herzinfarkt lassen sich in verschiedene Kategorien einteilen:

- Vermeidbar: Übergewicht, Fehlernährung, Rauchen, Bewegungsmangel, Alkohol
- Beeinflussbar: Bluthochdruck, zu hoher Blutzucker-, Blutfett- und Harnsäurespiegel, psychischer Stress
- Unvermeidbar: Alter, Geschlecht, erbliche Belastung

Den vermeidbaren und beeinflussbaren Risikofaktoren stehen wir nicht wehrlos gegenüber. Bereits durch die Verringerung des Übergewichts, verbunden mit einer bewussten Ernährung, kann die Wahrscheinlichkeit einen Herzinfarkt zu erleiden stark gesenkt werden. Auch ein leichtes, dosiertes Bewegungsprogramm unterstützt diese Entwicklung im positiven Sinne. Dabei sollten vor allem Menschen, die sich über einen längeren Zeitraum kaum bewegt haben, keine sportlichen Höchstleistungen anstreben. Diese belasten den untrainierten Organismus über Gebühr. Der gemütliche

Das Herz eines gesunden Menschen schlägt im Durchschnitt 70-mal in der Minute. Das sind hochgerechnet auf ein 70 Jahre währendes Menschenleben stolze zwei Milliarden und 500 Millionen Herzschläge. Die Blutmenge, die in dieser Zeitspanne durch unseren Körper gepumpt wird, erreicht die enorme Summe von zirka 250 Millionen Litern Blut. Innerhalb von nur 60 Sekunden durchfließt das gesamte Blut, etwa fünf bis sechs Liter, einmal unseren Organismus. Im Verlauf eines normalen 24-Stunden-Tages erfolgt dieser Kreislauf damit 1440-mal – ein enormer Kraftakt, den unser Herz täglich zu vollbringen hat. Durch eine ungesunde Lebensweise wird es auf längere Sicht gesehen unnötig belastet und unterliegt einem erhöhten Verschleiß. Hierzu ein Rechenbeispiel: Das gesunde Herz schlägt in der Minute wie bereits erwähnt im Durchschnitt zirka 70-mal. Vermeidbare Belastungen wie beispielsweise ein erhöhter Blutdruck, Rauchen, Gefäßverkalkung oder andere Faktoren können zu einer Erhöhung der Herzfrequenz auf etwa 80 bis 90 Schläge pro Minute führen. Über einen Zeitraum von 30 Jahren hat die Steigerung um „nur" zehn Schläge pro Minute bereits eine Mehrbelastung von insgesamt 157 Millionen Herzschlägen zur Folge, bei 20 Schlägen bereits über 300 Millionen Herzschläge.

Vermeidbare Belastungen erhöhen den Herzschlag

Dem gegenüber kann man durch ein vermehrtes Herz-Kreislauftraining den Herzschlag pro Minute auf Dauer auch absenken. Der Körper ist nämlich in der Lage, die Arbeit des Herzens zu ökonomisieren, sodass weniger Schläge benötigt werden, um die gleiche Menge Blut durch den Kreislauf zu transportieren. Wer es also schafft, durch Training seinen Herzschlag um beispielsweise zehn Herzschläge pro Minute zu reduzieren, der verhindert nicht nur eine Mehrbelastung, der könnte seinen Organismus sogar entlasten, nämlich genau um die oben bereits erwähnten 157 Millionen Herzschläge in 30 Jahren. Bei Spitzensportlern kann das Herz so trainiert werden, dass auch Werte zwischen 40 bis 50 Schlägen in Ruhe keine Seltenheit sind. Die Ersparnis für den Organismus läge damit fast bei der Hälfte der Herzschläge.

Herz-Kreislauf-Training kann den Herzschlag senken

Unser Herz pumpt das Blut in ein weit verzweigtes Gefäßnetz, bestehend aus Arterien und Venen, die zusammen eine Länge von 100000 Kilometern aufweisen. Dieses riesige Transportsystem dient zur Beförderung von Sauerstoff und Kohlendioxid, von Nähr- und Abfallstoffen, von Hormonen und zur Wärmeweiterleitung.

Das Herz eines Erwachsenen hat ungefähr die Größe einer locker geballten Männerfaust. Das Herzgewicht ist abhängig vom Alter, vom Geschlecht vom Gesundheits- und vor allem vom Trainingszustand. Es wiegt beim Neugeborenen zirka 20 Gramm, bei einem untrainierten Erwachsenen ca. 300-400 Gramm. Das Herzgewicht bei Sportlern kann bis zu 500 Gramm betragen.

Unser Herz besteht aus einer linken und einer rechten Hälfte, die durch die Herzscheidewand getrennt sind. Der linke Teil ist kräftiger, weil von dort aus Blut in den so genannten „großen" Körperkreislauf gepumpt wird. Jede der beiden Herzhälften besitzt einen kleinen Vorhof und eine größere Herzkammer. Zwischen Vorhof und Herzkammer sitzt zur Steuerung des Blutdurchflusses je eine Herzklappe, die wie ein Ventil wirkt, sodass das Blut nur in eine Richtung fließen kann. Auch am Ausgang der großen Herzkammern sitzen jeweils Herzklappen, die ebenfalls der Lenkung des Blutstroms in eine bestimmte Richtung dienen.

Systole und Diastole

Während einer drittel Sekunde zieht sich das Herz zusammen und presst aus dem linken Teil mit hohem Druck hellrotes, arterielles, mit Sauerstoff und Nährstoffen wie Zucker, Fetten, Mineralstoffen und Hormonen angereichertes Blut in die im Durchmesser 15 bis 20 Millimeter starke Hauptschlagader, die Aorta. Diese so genannte Auswurfphase des Herzens wird auch Systole genannt. Etwa 70-mal pro Minute (bei einem Durchschnittsherzen) werden auf diese Weise jeweils ungefähr 55 Gramm Blut – das entspricht etwa der Menge, die in eine Kaffeetasse passt – in die Aorta gepumpt. Nach der Systole verbleibt dem Herzen dann zwei Drittel einer Sekunde Zeit, um sich zu erholen. Diese Ruhephase, in der sich die entleerten Herzkammern wieder mit Blut füllen, wird als Diastole bezeichnet.

Effizientes Ver- und Entsorgungssystem

Von der Aorta (Hauptschlagader) zweigen die Gefäße ab, die für die Versorgung der einzelnen Organe zuständig sind. Diese Arterien verzweigen sich immer mehr, werden dabei immer kleiner (Arteriolen) und enden schließlich in feinsten Haargefäßen, den so genannten Kapillaren. Das Kapillargebiet ist der Ort des Stoffaustauschs zwischen Blut und Gewebe. Hier werden Sauerstoff und Nährstoffe angeliefert und verbrauchte Substanzen wie Kohlendioxid und Schlackestoffe zum Abtransport geladen. Das nun sauerstoffarme Blut ist dunkelrot bis bläulich. Die Blutgefäße, die das „verbrauchte" Blut zur erneuten Beladung mit Sauerstoff zum Herzen zurückbefördern, werden als Venen bezeichnet. Zuerst gelangt das Blut in kleinere Gefäße (Venolen), die sich zu immer größeren Gefäßen (Venen) vereinigen und schließlich in der so genannten Hohlvene enden, über die das sauerstoffarme Blut dem rechten Vorhof des Herzens zugeführt wird. Von dort aus gelangt es in die rechte Herzkammer. Durch das Zusammenziehen des rechten Herzens wird das Blut nun in den „kleinen Lungenkreislauf" gepumpt.

Abbildung 6 **Der Blutkreislauf**

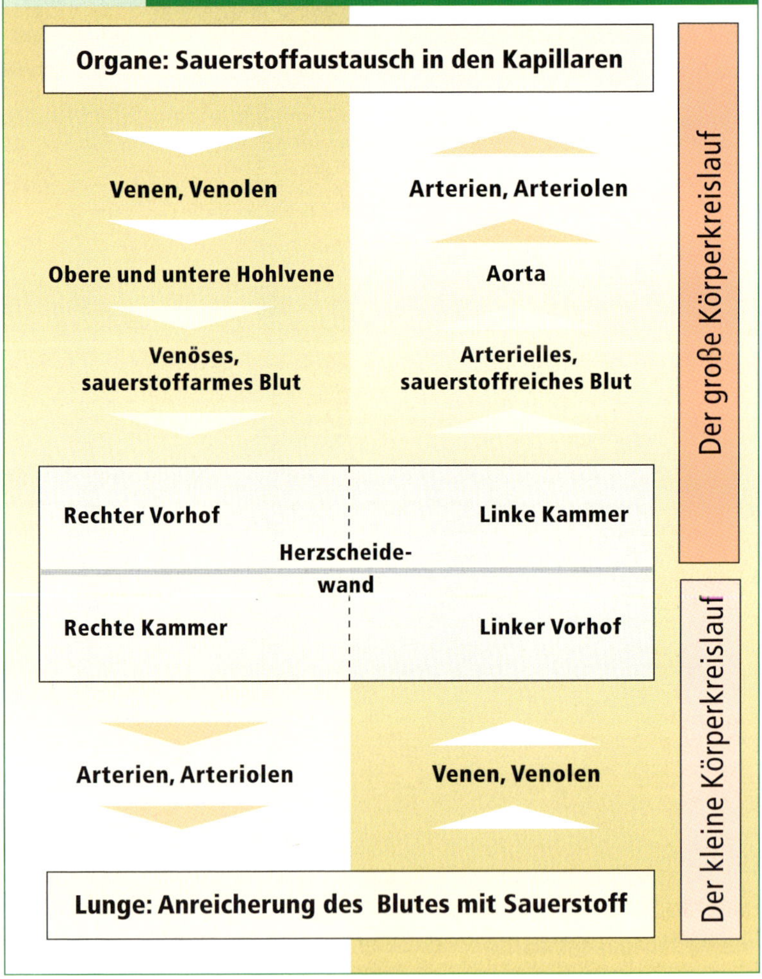

Die Lunge ist eine der wichtigsten Stationen. Hier erfolgt der Gasaustausch, die Abgabe von Kohlensäure (im Blut lösliche Form des Kohlendioxids) in die Atemluft und die Wiederaufladung der roten Blutkörperchen mit

Gasaustausch in der Lunge

Sauerstoff. Auch hier werden die Blutgefäße immer kleiner und zahlreicher, um in den Bronchien eine möglichst große Oberfläche für den Gasaustausch mit den Lungenbläschen (Alveolen) zur Verfügung zu haben. Würde man diese Fläche wie einen Teppich auf dem Boden ausbreiten, wäre sie zirka 200 Quadratmeter groß. Der Gasaustausch erfolgt durch die Wände der Kapillaren und Alveolen, die jeweils nur einen 25-millionsten Millimeter dick sind. Die Zeitspanne, in der Sauerstoff und Kohlensäure ausgetauscht werden können, ist begrenzt. Bei 70 Herzschlägen in der Minute bleibt weniger als eine Sekunde, um die roten Blutkörperchen mit Sauerstoff zu beliefern. Das nun wieder hellrote Blut sammelt sich in immer größer werdenden Gefäßen und gelangt über die Lungenvenen in den linken Vorhof des Herzens und von dort aus in die linke Herzkammer, von wo der Kreislauf von neuem gestartet wird.

Die Herzkranzgefäße

Unser Herz selbst benötigt zur Bewältigung seiner Aufgaben ebenfalls große Mengen an Sauerstoff und Energie. Diese werden über die Herzkranzgefäße, auch Koronar-Arterien genannt, dem Herzmuskel zugeführt. Das Herz bedient sich also nicht direkt aus dem in ihm vorhandenen Blut, sondern über einen kleinen Umweg. Das sauerstoffreiche Blut wird

Abbildung 7 **Versorgung des Herzens mit Sauerstoff und Nährstoffen**

Linke Herzkammer
Sie pumpt Nährstoffreiches Blut in die ...

Aorta
„Hauptleitungsbahn", über die unsere Organe mit sauerstoff- und nährstoffreichem Blut versorgt werden; sie beliefert unter anderem die zwei ...

Herzkranzgefäße
Diese auch als Koronar-Arterien bezeichneten Gefäße liefern Sauerstoff und energiereiche Nährstoffe an das ...

Herz

vom linken Teil des Herzens zunächst in die Hauptschlagader gepumpt. Kurz nach dem Austritt der Aorta aus dem Herzen zweigen zwei Herzkranzgefäße, ein linkes und ein rechtes, mit jeweils etwa drei Millimetern Durchmesser ab, die das Herz mit Sauerstoff und Nährstoffen versorgen.

Arteriosklerose – Gefahr für das Herz

Verändern sich die Herzkranzgefäße, kann es zum gefürchteten Herzinfarkt kommen. In der Mehrzahl der Fälle handelt es sich dabei um eine Arteriosklerose, das heißt: Die nur wenige Millimeter dicken Koronar-Arterien sind verengt und verhärtet und können das Herz dadurch nicht mehr ausreichend mit frischem Blut versorgen. Hervorgerufen werden solche Gefäßveränderungen durch vielerlei Einflüsse wie Bluthochdruck, Rauchen, zu hohe Blutfettwerte, einen erhöhten Bauchumfang oder Übergewicht.

Durch verengte Gefäße wird das Herz nur noch unzureichend mit sauerstoffreichem Blut versorgt

Arteriosklerose entsteht aufgrund von Ablagerungen an den Gefäßinnenwänden. Zunächst bilden sich in den Innenschichten unserer Arterien kleinste Risse (z.B. durch ständig hohen Blutdruck). Um diese zu flicken, schickt unser Organismus LDL-Cholesterin beziehungsweise LD-Lipoproteine aus dem Blut zur Arterienwand. Die Lipoproteine werden dann von freien Radikalen oxidiert. Sofort erscheinen große Fresszellen, so genannte Makrophagen, um diesen „Abfall" zu beseitigen. Unsere Müllschlucker, die Makrophagen, entwickeln sich weiter zu Schaumzellen, die an der Gefäßwand festkleben. In diese Verklebungen lagert sich mit der Zeit noch zusätzlich Kalk ein. Dadurch wird die Arterie buchstäblich hart wie Gips und damit unelastisch. Zudem wird ihr Durchmesser verringert. Das Blut und die darin befindlichen Zellen können dadurch nicht mehr so schnell und nicht mehr in so großer Menge wie in einem gesunden Gefäß fließen. Ein Prozess, der übrigens schon im jugendlichen Alter beginnt. An gefallenen Soldaten des Korea-Krieges wurden bei deren Obduktion bereits arteriosklerotisch veränderte Gefäße festgestellt.

Die Gefahr besteht nun darin, dass sich ein Blutgerinnsel bildet, an einem Engpass in der Arterie stecken bleibt und den Blutfluss ganz oder teilweise stoppt. Das hinter der verstopften Stelle liegende Gewebe wird dann nicht mehr genügend mit Blut und Sauerstoff beliefert. Verschließt solch ein Blutpfropf die Arterie völlig, stirbt das Gewebe im Extremfall ab. Geschieht dies in den kleinen Gefäßen unseres Gehirns, bezeichnen wir das als Schlaganfall. Sind die Herzkranzarterien betroffen, sprechen wir von einem Herzinfarkt.

Ist der Durchmesser der Koronar-Arterien verengt und sind diese verhärtet, treten bei körperlicher oder psychischer Belastung, bei der das Herz mehr leisten muss als im Ruhezustand, Versorgungsengpässe auf. Der Herzmuskel wird nicht mehr ausreichend durchblutet und mit Sauerstoff und energieliefernden Nährstoffen versorgt. Die koronare Herzkrankheit ist also ein Zustand des Mangels oder anders formuliert ein Bilanzproblem, denn mit dem fortschreitenden „Verkalken" der Herzkranzgefäße kann der Sauerstoff- und Nährstoffbedarf unseres Herzens immer weniger gedeckt werden. Auf diesen Versorgungsnotstand reagiert das Herz mit Schmerzen. Je nachdem, wie ausgeprägt die Arteriosklerose ist, kommt es zunächst im Zuge körperlicher Anstrengung, später bereits bei völliger Ruhe oder unter seelisch-emotionalen Belastungen zur so genannten Angina pectoris, der „Brustenge". Sie tritt in der Regel auf, wenn die Arterien um mehr als 70 % in ihrem Durchmesser eingeengt sind. Betroffene fühlen sich so, als würde ihr Brustkorb von eisernen Ringen umklammert. Sie leiden unter Atembeklemmung, Unruhe und einer extremen Lebensangst. Die Schmerzen können in die Schultern, die Arme, den Rücken bis hin zum Kiefer ausstrahlen.

Gefahr des Sauerstoffmangels am Herzen

Ändern sich Art und Dauer dieser Schmerzen nicht oder bringen Medikamente (Nitroglyzerin-Präparate), die Angina-pectoris-Patienten für den Ernstfall bei sich haben, innerhalb von 30 Minuten keine Linderung, besteht der Verdacht auf Herzinfarkt. In diesem Falle sollte ärztliche Hilfe herbeigerufen werden. Von entscheidender Bedeutung ist es, dass dies so schnell wie möglich erfolgt, denn zirka 30 % aller Menschen, die einen Herzinfarkt erleiden, versterben außerhalb des Krankenhauses an Herzrhythmusstörungen. Besonders gefährlich ist das so genannte Herzkammerflimmern, bei dem das Herz nicht mehr in der Lage ist, genügend Blut in den Kreislauf zu pumpen.

Drei Stunden nach einem vollständigen Verschluss der Herzkranzgefäße sind 60 % des betroffenen Muskelgewebes rettungslos verloren. Zurück bleibt eine Narbe am Herzmuskel, die eine dauerhafte Herzschwäche zur Folge haben kann. Von großer Bedeutung ist es in solchen Momenten, das Menschen zur Stelle sind, die eine Erste-Hilfe-Ausbildung haben. Die Herzmassage und die Mund-zu-Mund-Beatmung helfen, die Sauerstoffversorgung des Gehirns so lange aufrechtzuerhalten, bis ein Arzt eintrifft.

Nachfolgend werden einige Faktoren genauer beschrieben, die die Entstehung der koronaren Herzkrankheit massiv fördern. Dabei wird wieder einmal deutlich, dass wir es meist selbst in der Hand haben, unser Erkrankungsrisiko zu verringern.

Bösewicht Cholesterin?

So manches Für und Wider ist seit geraumer Zeit in Rundfunk und Fernsehen, in Boulevard-Zeitschriften und in der Fachpresse zum Thema Cholesterin zu vernehmen. Ist dieser Stoff wirklich der große Bösewicht, als der er bei vielen Menschen gehandelt wird? Kann er für die Entstehung von Herz-Kreislauf-Erkrankungen verantwortlich gemacht werden oder wird die Bedeutung dieser Substanz überbewertet?

Etwa 80% aller über 60-jährigen Deutschen weisen nach Aussagen der Ärzte einen erhöhten Gesamtcholesterinspiegel von mehr als 200 Milligramm pro Deziliter Blut auf. Bei mehr als 17 Millionen Deutschen erreicht er bereits in jungen Jahren Werte zwischen 250 und 300 Milligramm pro Deziliter.

Cholesterin ist ein gelblicher Stoff, der zu den fettähnlichen Verbindungen (Lipiden) gezählt wird. Es handelt sich beim Cholesterin um eine natürliche Substanz, die in unserem Körper lebenswichtige und mannigfaltige Aufgaben erfüllt. Sie kann von unserem Organismus hergestellt, darüber hinaus aber auch mit Nahrungsmitteln aufgenommen werden. Nur Säuglingen in den ersten sechs Lebensmonaten muss Cholesterin von außen zugeführt werden. Danach sind wir in der Lage, es in der Menge, in der wir es benötigen, selbst zu produzieren. Unsere Leber beispielsweise vermag zwischen 800 Milligramm und bei starkem Bedarf sogar bis zu 1,5 Gramm Cholesterin pro Tag zu bilden.

Auf einen Blick: Aufgaben des Cholesterins in unserem Organismus

- **Baustein des Körpergewebes**
  Cholesterin befindet sich in allen unseren Zellen; es ist ein wesentlicher Bestandteil aller Membranen von tierischen Zellen; einen von Natur aus hohen Cholesteringehalt weisen vor allem das Gehirn und die Leber auf.

- **Hauptbestandteil der Gallensäuren**
  Die Gallensäuren, die für die Fettverdauung von entscheidender Bedeutung sind, bestehen aus einem Cholesterin-Grundgerüst.
- **Bedeutung bei der Bildung von Hormonen und Vitaminen**
  Sowohl die Hormone der Nebennierenrinde als auch die Geschlechtshormone und das Vitamin D benötigen Cholesterin als Bausubstanz.

Wie viel Cholesterin im Körper hergestellt werden muss, wird über einen Rückkopplungsmechanismus geregelt. Werden mit der Nahrung große Mengen dieses Lipids zugeführt, fährt unser Organismus die Produktion herunter. Besteht dennoch die Gefahr, dass der Cholesterinspiegel zu stark steigt, kann auch die Aufnahme des Nahrungscholesterins über den Darm in die Blutbahn gedrosselt werden. Wird jedoch zu wenig Cholesterin aufgenommen, steigt die Eigenproduktion in unserem Organismus.

Massive Cholesterinzufuhr führt zu einer Störung der Selbstregulation

Dieser Regulierungsmechanismus sorgt dafür, dass der Cholesterinspiegel auf einem relativ gleich bleibenden Niveau gehalten wird. Er funktioniert allerdings nur, solange die mit der Nahrung aufgenommene Cholesterinmenge einen bestimmten Grenzwert nicht überschreitet. Durch eine ständige massive Zufuhr dieses Lipids mit dem Essen wird der Mechanismus der Selbstregulation zunächst empfindlich gestört und kann schließlich ganz entgleisen. Lagert sich das überschüssige Cholesterin an den Blutgefäßwänden ab, kommt es zur Arteriosklerose, die im schlimmsten Fall einen Herzinfarkt oder Schlaganfall zur Folge hat.

Wie viel Cholesterin ist gesund?

In groß angelegten Untersuchungsreihen konnte nachgewiesen werden, dass Menschen, deren Gesamtcholesterinspiegel im Blut unter 200 Milligramm pro Deziliter lag, seltener Herz-Kreislauf-Erkrankungen aufwiesen als Probanden mit höheren Werten. Auch eine Senkung des Cholesteringehalts bei bereits erkrankten Menschen erbrachte eine günstigere Prognose. Ab welchen Werten wird es nun kritisch? Ein Cholesterinwert unter 200 Milligramm

Mehr als 300 Milligramm pro Deziliter sind kritisch

erhöht. Aber nicht nur Herz und Gehirn, auch alle anderen Organe können von solchen arteriosklerotischen Veränderungen in den Blutgefäßen betroffen sein.

Gutes Cholesterin

Für die HD-Lipoproteine ist eine hohe Dichte charakteristisch (HD = high density). Sie bestehen im Gegensatz zu den LD-Lipoproteinen vermehrt aus Eiweißstoffen, die im Organismus nicht benötigtes Cholesterin „einpacken" und zurück zur Leber transportieren. Dort wird das Cholesterin abgebaut und ausgeschieden oder bei Bedarf wieder verwertet. Dadurch werden die Blutgefäße von überschüssigem Cholesterin gereinigt, weshalb das in den HD-Lipoproteinen steckende Cholesterin auch als „gut" bezeichnet wird.

Im Alter dürfen wir etwas zulegen

Nach Empfehlungen der europäischen Arteriosklerosegesellschaft und einer Expertenkommission der Weltgesundheitsorganisation (WHO) sollten Erwachsene, die älter als 30 Jahre sind, einen Gesamtcholesterinspiegel von weniger als 200 Milligramm pro Deziliter Blut aufweisen. Der LDL-Wert sollte dabei unter 135 Milligramm pro Deziliter liegen, während bei Männern eine HDL-Cholesterin-Konzentration von mehr als 40 und bei Frauen von mehr als 50 Milligramm pro Deziliter erstrebenswert ist. Liegen keine Risikofaktoren wie starkes Übergewicht, Bluthochdruck, Zuckerkrankheit, Rauchen, die Einnahme von Mitteln zur Empfängnisverhütung oder eine erhöhte familiäre Belastung vor, darf der Cholesteringehalt mit zunehmendem Alter etwas steigen. Ein Gesamtcholesterinspiegel von 250 Milligramm pro Deziliter und ein LDL-Wert von bis zu 155 Milligramm pro Deziliter ist für über 60-Jährige, die keiner Risikogruppe angehören, daher noch akzeptabel.

Das Verhältnis Gesamtcholesterin zu HDL ist entscheidend

Das Verhältnis der einzelnen Cholesterinanteile zueinander ist von besonderer Bedeutung dafür, ob sich ein Gesundheitsrisiko aus den Werten ableiten lässt. Vor allem der Quotient aus der Gesamtcholesterin- und der HDL-Cholesterin-Konzentration ist ein Indikator für das persönliche Herzinfarktrisiko. Er sollte 4,5 oder weniger betragen. Je niedriger, umso besser lautet die Prämisse – ein Quotient von 2,5 wäre ideal. Bei einem hohen HDL-Spiegel von 75 kann sogar ein leicht erhöhter Gesamtcholesterinwert von etwa 230 Milligramm pro Deziliter toleriert werden. Im Vergleich dazu wird der Arterioskleroseprozess durch einen Gesamtcholesteringehalt von über 200 Milligramm pro Deziliter und einem niedrigen HDL-Spiegel von 30 beschleunigt. Folgende Beispielrechnung macht das deutlich:

$$\frac{\textbf{Gesamtcholesterin-Konzentration}}{\textbf{HDL-Cholesterin-Konzentration}} = < \textbf{4,5 (anzustrebender Wert)}$$

Beispiel: Bei einer Gesamtcholesterin-Konzentration von 200 und einem HDL-Cholesterin-Gehalt von 30 Milligramm pro Deziliter Blut ist das Arterioskleroserisiko erhöht.

Rechnung: 200/30 => 6,7

Aus einer Gesamtcholesterin-Konzentration von 230 und einem HDL-Cholesterin-Gehalt von 75 Milligramm pro Deziliter lässt sich kein erhöhtes Krankheitsrisiko ableiten.

Rechnung: 230/75 => 3,1

Auch das Verhältnis zwischen LDL- und HDL-Cholesterin-Konzentration wird zur Beurteilung herangezogen, ob ein erhöhtes Risiko für eine koronare Erkrankung besteht. Der Quotient aus LDL- und HDL-Wert sollte kleiner als 3 sein.

$$\frac{\textbf{LDL-Cholesterin-Konzentration}}{\textbf{HDL-Cholesterin-Konzentration}} = < \textbf{3 (anzustrebender Wert)}$$

Beispiel: Bei einer LDL-Cholesterin-Konzentration von 170 und einem HDL-Cholesterin-Gehalt von 30 Milligramm pro Deziliter Blut ist das Risiko für eine Koronar-Erkrankung erhöht.

Rechnung: 170/30 => 5,7

Aus einer LDL-Cholesterin-Konzentration von 155 und einem HDL-Cholesterin-Gehalt von 75 Milligramm pro Deziliter lässt sich kein erhöhtes Krankheitsrisiko ableiten.

Rechnung: 155/75 => 2,1

Es ist also von entscheidender Bedeutung, nicht nur erhöhte Gesamtcholesterin- und LDL-Werte zu verringern, sondern zudem eine hohe HDL-Cholesterin-Konzentration anzustreben. Dieses Ziel lässt sich bei Übergewichtigen zum Beispiel durch eine Gewichtsreduzierung verwirklichen. Aber auch durch eine ausgewogene Ernährung, sportliche Aktivitäten und eine gesunde Lebensweise sind HDL- und LDL-Spiegel positiv beeinflussbar.

Abbildung 8 Gutes und schlechtes Cholesterin

HDL-Cholesterin (= gutes Cholesterin) **mindert** das Arterioskleroserisiko	**LDL-Cholesterin** (= schlechtes Cholesterin) **erhöht** das Arterioskleroserisiko
HDL-Spiegel wird erhöht durch:	**LDL-Spiegel wird erhöht durch:**
Ausgewogene Ernährung Bewegung Gesunde Lebensweise	Übergewicht Fehlernährung Bewegungsmangel Erbanlagen Stress Nikotin und Alkohol

Achten Sie auf eine gesunde Ernährungs- und Lebensweise – Ihrem Cholesterinwert zuliebe

Je höher die LDL-Cholesterin-Konzentration im Blut ist, desto größer wird die Wahrscheinlichkeit, dass unsere Arterien „verkalken". Diesem Umbauprozess in unseren Blutgefäßen stehen wir jedoch nicht machtlos gegenüber. Unsere Ernährungsgewohnheiten spielen bei dieser Entwicklung eine entscheidende Rolle. Mit einer ausgewogenen Ernährung lässt sich ein erhöhter Cholesterinspiegel senken. Mehrere wissenschaftliche Untersuchungen haben gezeigt, dass vor allem eine hohe Zufuhr an gesättigten Fettsäuren, leeren Kalorienträgern und Suchtmitteln die Cholesterinwerte in die Höhe schnellen lässt.

Mit dem Frühstücksei schon genug?

Der Cholesterinwert eines Durchschnittsbürgers liegt in Deutschland bei etwa 250 Milligramm pro Deziliter Blut. Konzentrationen zwischen 350 und 450 Milligramm pro Deziliter sind allerdings keine Seltenheit. Das liegt unter anderem daran, dass wir durchschnittlich 500 Milligramm Cholesterin pro Tag verzehren. Empfehlenswert ist dagegen maximal 300 Milligramm Cholesterin täglich mit der Nahrung zuzuführen. Demnach kann das Maß bereits nach dem Genuss eines Frühstückseis voll sein, denn die empfohlene Cholesterinzufuhr ist damit eventuell bereits überschritten (s. Tabelle 29, S.187). Aber auch andere Lebensmittel enthalten große Mengen an diesem Lipid.

Merken Sie sich folgende Faustregeln: Mit pflanzlichen Nahrungsmitteln können Sie bei einem erhöhten Cholesterinspiegel nichts falsch machen, denn nur Lebensmittel tierischer Herkunft enthalten dieses Lipid. Versuchen Sie den Fettanteil in Ihrer Nahrung so weit wie möglich zu verringern. Schränken Sie also den Verzehr von tierischen Produkten wie fette Fleisch- und Wurstwaren, Innereien, Butter, Mayonnaise, Eier und fetthaltige Milchprodukten wie Sahne ein.

Mit pflanzlichen Nahrungsmitteln liegen Sie richtig!

Tabelle 29: **Nahrungsmittel und ihr Anteil an Cholesterin**

Lebensmittel	Cholesterin-gehalt in mg/100 g	Lebensmittel	Cholesterin-gehalt in mg/100 g
Schweine-/ Kalbs-/ Rinderhirn	2000-3150	Eierteigwaren (Nudeln)	95
Hühnereigelb	1200-1400	Emmentaler/ Edamer/ Gouda (45% Fett i. d. Tr.)	90-95
Vollei	280-582	Schweineschinken	80-85
Hühnerleber	555	Hühnerfleisch	60-80
Fischöl	500	Seewasserfische	50-80
Schweine-/ Rinderniere	350-375	Süßwasserfische	35-80
Schweineleber	340-350	Frischkäse (50% Fett i. d. Tr.)	75
Rinderleber	265	Wild-/Rind-/Kalb-/ Schweinefleisch	60-70
Butter	240	Fleischwurst	55
Leberwurst	225	Quark (20% Fett i. d. Tr.)	14
Mayonnaise (je nach Fettgehalt)	57-142	Milch (3,5% Fett)	12-18
Aal/Garnelen	140	Jogurt (3,5% Fett)	12
Schlagsahne	100-105	Margarine	0-30
Schweineschmalz	85-100	Gemüse, Obst, Nüsse	0

Achten Sie außerdem auf einen hohen Ballaststoffgehalt in Ihrer Nahrung, denn diese Substanzen sind zum Teil in der Lage, den Cholesterinspiegel zu senken. Einige Ballaststoffe haben die Eigenschaft, Gallensäuren zu binden, sodass diese vermehrt über den Stuhl ausgeschieden werden. Die Leber muss nun als Ersatz für die ausgeschiedenen neue Gallensäuren produzieren. Dafür benötigt sie Cholesterin. Das zur Gallensäure weiterverarbeitete Cholesterin verschwindet also dank der Ballaststoffe mit dem Kot und kann nicht im Blut zirkulieren, um sich eventuell an den Arterienwänden abzulagern.

Ballaststoffe senken den Cholesterinspiegel

Immer wieder wird das „Viertele Rotwein" oder ein „kühles Blondes" als schützend für unsere Blutgefäße gepriesen. In großen Schlagzeilen ist zu lesen, dass Alkohol den Spiegel des guten HDL-Cholesterins hebt und den des schlechten LDL-Cholesterins senkt. Dadurch sei er in der Lage, die Blutgefäße rein zu waschen. Neueste wissenschaftliche Erkenntnisse haben ergeben, dass das nicht der Fall ist. Alkohol erhöht zwar in geringem Maße eine HDL-Untergruppe, die so genannte HDL_3-Fraktion – Auswirkungen auf eine weitere und entscheidende Untergruppe, das vor der Gefäßverkalkung schützende HDL_2, gibt es jedoch nicht.

Alkohol als Gefäßschutz?

Eindeutig ist die Sachlage beim Rauchen und beim übermäßigen Kaffeekonsum. Sie erhöhten den Cholesterinspiegel ohne Wenn und Aber. Genießen Sie Alkohol, Kaffee und Nikotin daher gar nicht oder lediglich in Maßen. Wie sagte bereits der Schweizer Arzt und Philosoph Paracelsus: „Nur die Dosis macht das Gift."

TIPP

Maßnahmen zur Verringerung des Cholesterinspiegels

- Meiden Sie cholesterinhaltige Nahrungsmittel.
- Reduzieren Sie Ihren Fettkonsum.
- Nehmen Sie anstelle von cholesterinhaltigen Lebensmitteln tierischer Herkunft vermehrt pflanzliche, cholesterinfreie Nahrungsmittel in Ihren Speiseplan auf.
- Erhöhen Sie den Ballaststoffgehalt in Ihrer Ernährung. Ballaststoffe sind in der Lage, den Blutcholesterinspiegel zu senken.
- Vermeiden Sie Übergewicht oder – sofern vorhanden – reduzieren Sie es.

- Treiben Sie mehrmals pro Woche Sport. Ein regelmäßiges Ausdauertraining führt zu einer Erhöhung des HDL-Cholesterin-Spiegels.
- Halten Sie Maß mit dem „Genuss" von Alkohol, Nikotin und Kaffee. Sie üben einen negativen Einfluss auf den Cholesterinspiegel aus.

Nun haben manche Menschen erhöhte Cholesterinwerte im Blut, obwohl sie sich cholesterinarm ernähren, viele Ballaststoffe mit der Nahrung aufnehmen, sich viel bewegen und gesund leben. In solchen Fällen sind in der Regel genetische Faktoren für den hohen Cholesterinspiegel verantwortlich. In diesem Fall ist der Einsatz von Medikamenten wie Lipidsenkern erforderlich.

Cholesterinhysterie

Lassen Sie sich jedoch nicht durch die seit Jahren von der Pharmaindustrie und den Medien angefachte Cholesterinhysterie anstecken. Arbeiten Sie zunächst über eine ausgewogene Ernährung, Bewegung und den Abbau weiterer Risikofaktoren an der Verringerung Ihrer Cholesterinwerte. Erst wenn Sie all diese Möglichkeiten ausgeschöpft haben, sollten Sie mit Ihrem Therapeuten über die Einnahme von Cholesterin senkenden Medikamenten sprechen.

Jedes Jahr werden in Deutschland Milliarden für Knoblauchpillen, Fischölkapseln und andere Erzeugnisse zur Senkung erhöhter Blutfettwerte ausgegeben. Im Jahr 1990 gingen allein in Westdeutschland Knoblauchprodukte im Wert von etwa 270 Millionen Mark über den Tisch von Apotheken und Drogerien. In der gleichen Zeitspanne wurden von den Firmen 50 Millionen Mark für die Knoblauchwerbung ausgegeben. Und in der Tat weist Knoblauch gesundheitsfördernde Wirkungen auf. In dem Zwiebelgewächs sind Schwefelverbindungen wie das Ajoen enthalten, welches zum Beispiel die Thrombosebildung der Blutplättchen hemmt.

schnittlich zwei Gramm auf. Aus den vielen bereits fertig verarbeiteten Nahrungsmitteln, die wir konsumieren, stammt das meiste Salz. Und das hat einen Grund: In der Lebensmittelindustrie wird Kochsalz als Konservierungsmittel unter anderem in Kombination mit Rauch und Säuren genutzt. Das Einlegen in starke Salzlösungen (Lake, Sole) war insbesondere früher zur Haltbarmachung von Lebensmitteln weit verbreitet. Durch das Einsalzen wird der Nahrung Wasser entzogen, sodass die Entwicklung von Mikroorganismen gehemmt wird. Heute gehören geräucherte und gepökelte Nahrungsmittel wie Rauchfleisch, gekochter oder roher Schinken, Salami und Salzheringe zu den extremen Salzlieferanten, aber auch einige Käsesorten, Fertigsuppen und Instant-Produkte, Konserven, gesalzene Nüsse, Chips, Salzstangen, Käsegebäck und Oliven enthalten große Mengen Salz (s. Tabelle 31, S. 199). Unbedenklich sind dagegen Milch, Jogurt, Quark, Obst und Gemüse. Sie weisen einen niedrigen Salzgehalt auf.

Verstecktes Salz in der Nahrung

Um sich salzarm zu ernähren, sollten Sie einige Regeln beherzigen. Verbannen Sie zum Beispiel den Salzstreuer vom Tisch. Er verleitet Sie nur dazu, nachzuwürzen. Beim Zubereiten der Speisen können Sie das Kochsalz durch pflanzliche Gewürze ersetzen. Bewährt haben sich frische Kräuter, Zwiebeln, Pfeffer, Paprika, Knoblauch, Meerrettich, Wacholderbeeren und Zitronen. Ihren eigenen geschmacklichen Nuancen sind dabei keine Grenzen gesetzt. Allerdings ist auch hier Vorsicht geboten, denn viele Gewürzmischungen wie beispielsweise Curry enthalten erhebliche Salzmengen.

TIPP

Achten Sie auf die Kennzeichnung des Natrium- und Kochsalzgehalts in Lebensmitteln!

Vielfach wird nicht der Kochsalz-, also der Natriumchloridgehalt, sondern die Natriummenge in Lebensmitteln angegeben. Achten Sie auf die entsprechende Kennzeichnung in der Zutatenliste. In unserer Nahrung liegt Natrium überwiegend als Kochsalz beziehungsweise Natriumchlorid vor, sodass aus dem Natriumgehalt auf den entsprechenden Kochsalzgehalt geschlossen werden kann: Ein Gramm Natrium entspricht demnach einer Menge von 2,54 Gramm Natriumchlorid.

Wenn Sie mit Salz würzen, nehmen Sie dafür Jodsalz. Deutschland ist eines der jodärmsten Gebiete Europas. Dieses wichtige Spurenelement ist in unseren Böden nicht ausreichend enthalten, sodass auch die Nahrung äußerst jodarm ist und große Teile der Bevölkerung hier zu Lande an einem Joddefizit leiden. Ein typisches Symptom für solch einen Mangel ist der Kropf, eine Vergrößerung der Schilddrüse. Nach Angaben von Ärzten haben bis zu 40 %der Deutschen, oft ohne es zu wissen, Anzeichen einer krankhaft vergrößerten Schilddrüse. Die Verwendung von Jodsalz und zweimal pro Woche eine Seefischmahlzeit beugen hier vor.

Auch mit der Auswahl des Mineralwassers lässt sich mehr Salz einsparen, als viele Menschen glauben. Achten Sie darauf, dass nicht mehr als 40 Milligramm Natrium in einem Liter Mineralwasser enthalten sind. Als Getränke eignen sich neben natriumarmem Mineralwasser auch frisch gepresste Frucht- und Gemüsesäfte ohne Salzzusatz.

Tabelle 31: **Kochsalzgehalt in Lebensmitteln**

Lebensmittel	**Durchschnittlicher Kochsalzgehalt in g/100 g Lebensmittel**
Salzhering	15,0
Lachsersatz (geräuchert und in Öl)	9,5
roher Schinken (geräuchert)	6,5
Matjesfilet	6,4
Oliven (eingelegt)	5,3
Kaviarersatz	5,3
Salzstangen, -brezeln	4,5
Speck (durchwachsen)	4,4
Edelpilzkäse (50 % Fett i. d. Tr.)	3,7
Tomatenketchup	3,1
Salami	3,1
Cervelatwurst	3,1
Limburger Käse (20 % Fett i. d. Tr.)	3,2
Schmelzkäse (45 % Fett i. d. Tr.)	3,2
Knackwurst	3,0
Brie (50 % Fett i. d. Tr.)	2,9
Mettwurst	2,8

Fleischwurst	2,3
Gouda (45 % Fett i. d. Tr.)	2,2
Brot/Backwaren	1-1,2
Frischkäse	1,0-1,5
Gemüsekonserven	1,0
Vollmilch	0,1
Bachforelle	0,1
Gemüse, Obst (frisch)	< 0,1

Verzichten Sie so weit wie möglich auf den Konsum von fertig verarbeiteten, insbesondere geräucherten und gepökelten Nahrungsmitteln. Für Menschen, die salzempfindlich sind oder einen erhöhten Blutdruck haben, bieten die Hersteller von diätetischen Lebensmitteln eine große Produktpalette mit geringem Kochsalz- beziehungsweise Natriumgehalt an. Nach der Diätverordnung müssen „diätetische Lebensmittel für Natriumempfindliche" folgende Anforderungen erfüllen:

- **Natriumarme Lebensmittel:** In 100 Gramm Lebensmittel darf der Natriumgehalt einen Wert von 120 Milligramm (= 0,3 Gramm Kochsalz) nicht überschreiten.
- **Streng natriumarme Lebensmittel:** In 100 Gramm Lebensmittel darf die Natriummenge maximal 40 Milligramm (= 0,1 Gramm Kochsalz) betragen.
- **Kochsalzverminderte Lebensmittel:** Der Natriumgehalt liegt über 250 Milligramm pro 100 Gramm Lebensmittel, darf aber 500 Milligramm nicht überschreiten.
- **Getränke:** In 100 Milliliter Getränk, ausgenommen einem natürlichen Mineralwasser, darf die Natriummenge nicht höher als 2 Milligramm (= 0,005 Gramm Kochsalz) sein.

Da es sehr schwer abzuschätzen ist, wer anlagebedingt salzempfindlich reagiert und damit gefährdet ist, mit der Zeit einen erhöhten Blutdruck zu entwickeln, gilt für alle Menschen: Übertreiben Sie es nicht mit dem Salzkonsum und orientieren Sie sich an den Verzehrempfehlungen von Ärzten und der Deutschen Gesellschaft für Ernährung. Mehr als fünf bis maximal sieben Gramm Salz, das entspricht etwa einem Teelöffel, sollten Sie pro

Tag nicht essen. Weniger ist in diesem Fall also mehr. Bluthochdruckkranke profitieren von einer Salzdiät gleich doppelt. Ihre Blutdruckwerte sinken und sie brauchen weniger Medikamente. So werden einerseits Kosten im Gesundheitswesen eingespart, andererseits treten weniger arzneimittelbedingte Nebenwirkungen auf.

Ein Teelöffel pro Tag ist ausreichend

Weitere Möglichkeiten, den Blutdruck zu senken

Viele Studien weisen inzwischen darauf hin, dass nicht das Natriumchlorid allein für einen überhöhten Blutdruck verantwortlich gemacht werden kann. Die Kaliumzufuhr mit der Nahrung, Übergewicht, hohe Blutfettwerte, Alkoholmissbrauch, Rauchen und Stress sind ebenso entscheidend.

Kalium senkt den Blutdruck

Wissenschaftlich gesichert ist die blutdrucksenkende Wirkung von Kalium, das als Gegenspieler des Natriums in unserem Organismus fungiert. So weisen Menschen, die viele kaliumreiche Lebensmittel wie Obst, insbesondere Bananen, Gemüse, Hülsenfrüchte, Kartoffeln und Trockenobst verzehren, zumeist geringere Blutdruckwerte auf als ausgesprochene Fleischesser.

Während viel Kalium den Blutdruck senkt, führt ein überhöhter Alkoholkonsum ebenso zu einer Steigerung des Blutdrucks wie das Rauchen. Nikotin verengt die Blutgefäße und führt dazu, dass unser Herz unnötig stark belastet wird. Auch eine verringerte Gesamtfettzufuhr bei einer zugleich erhöhten Aufnahme von mehrfach ungesättigten Fettsäuren mit der Nahrung hat sich als gute Möglichkeit erwiesen, um den Blutdruck zu senken. Mehrfach ungesättigte Fettsäuren sollten in etwa ein Drittel der mit den Mahlzeiten zugeführten Fette ausmachen. Das Reduzieren von Übergewicht oder Stress und regelmäßiges körperliches Training wirken sich in den meisten Fällen positiv auf den Blutdruck aus.

Meiden Sie Alkohol und Stress!

Auch Medikamente können einen Blutdruckanstieg bewirken. Studieren Sie daher aufmerksam die Beipackzettel, falls Sie Arzneimittel einnehmen. Sollten Sie den Verdacht haben, dass solch ein Mittel Schuld an Ihrem hohen Blutdruck ist, setzen Sie es auf keinen Fall im Alleingang ab, sondern sprechen Sie mit Ihrem Therapeuten darüber.

Ohne Bewegung geht es nicht

Allzu oft wird das Thema Sport nur unter rein energetischen Aspekten betrachtet. Dabei sind die gesundheitsfördernden Effekte mindestens ebenso bedeutsam, denn fast alle Bereiche unseres Organismus profitieren von einem regelmäßigen körperlichen Training.

„Sie schenken Ihrem Körper etwa 30 Minuten Aktivität am Tag, er gibt Ihnen dafür 24 Stunden mehr Gesundheit." Mit diesem Satz beschreibt Dr. Robert Benson von der Harvard Medical School in Boston treffend eines der Probleme unserer Zeit. „Wenn Bewegung in Form einer Pille verabreicht werden könnte, wäre es das meistverschriebene Medikament der Wel.t" Mit dieser Aussage untermauert der US-amerikanische Altertumsforscher Robert Butler die oben genannte Feststellung und verweist damit auf die enorme Bedeutung der körperlichen Aktivität für unsere Gesundheit. Wer beispielsweise nur einmal in der Woche Sport treibt, verringert sein Risiko, an Typ-1-Diabetes und Bluthochdruck zu erkranken um 25 %. Bei regelmäßigem Training sprechen die aktuellen Zahlen sogar von einer Risikominderung von um ein Drittel bis zur Hälfte. Doch leider ist die Bewegungspille noch nicht erfunden.

Vom Bewegungs- zum Sitzapparat „degradiert"

Im Gegenteil, unser Bewegungsapparat degradiert seit geraumer Zeit immer mehr zu einem Sitzapparat, denn wir verbringen durchschnittlich 12 bis 14 Stunden pro Tag im Sitzen. Gleichgültig ob am Arbeitsplatz, beim Essen oder in der Freizeit – ständiges Sitzen und Liegen bestimmen unseren Tagesablauf. Automatisierung, technologischer Fortschritt und unsere moderne Lebensweise führen nämlich dazu, dass wir uns zu wenig körperlich betätigen und zur Bewältigung unserer täglichen Aufgaben in Beruf, Freizeit und Haushalt leider auch zu wenig bewegen müssen oder wollen. Oft werden unsere Kinder selbst auf kurzen Strecken mit dem Auto in die Schule oder den Kindergarten gefahren. Und auch wir Erwachsenen müssen uns über unsere „Bequemlichkeit" oft an die eigene Nase fassen. Wie oft starten wir unser Auto, um einfache Dinge zu erledigen, die wir auch zu Fuß oder mit dem Fahrrad hätten erledigen können? Dieses hohe Maß an körperlicher Inaktivität findet auch in unserem beruflichen Alltag seine Fortsetzung. Die körperliche Belastung am Arbeitsplatz ist seit den Zeiten des Computers deutlich zurückgegangen. So entfallen bei einer Lebensarbeitszeit von zirka 90000 Stunden, ca. 80000 Stunden auf sitzende Tätigkeiten. Nach den Ergebnissen neuester Studien legen wir statistisch gesehen lediglich zwei Kilometer pro Tag zu Fuß zurück. Wenn wir bedenken, dass unsere Vorfahren auf ihren Streifzügen nach etwas Essbarem noch bis zu 40 Kilometer am Tag unterwegs waren, ist das sehr bedenklich. Die Folgen sind fatal: Unser Organismus reagiert auf den ständigen Bewegungsmangel, indem er krank wird. Funktionsstörungen im Bereich des Herz-Kreislauf-Systems, des Bewegungsapparats sowie der inneren Organe und so genannte psychovegetative Störungen führen dazu, dass unsere Gesundheit und damit unser Wohlbefinden immer mehr beeinträchtigt wird.

Die entscheidende Herausforderung besteht also darin, unsere Lebensweise so zu verändern, dass wir unsere Ernährungsgewohnheiten und unsere sportliche Aktivität möglichst optimal aufeinander abstimmen, um unsere Gesundheit und unser Wohlbefinden dadurch lange zu erhalten bzw. wiederherzustellen.

Im Anschluss finden Sie eine Aufstellung der am meisten verbreiteten Erkrankungen, die als Folge von Bewegungsmangel auftreten, und einen Ausblick, in wiefern regelmäßige Bewegung diese Erkrankungen positiv verändern kann.

Auf einen Blick: Folgen des Bewegungsmangels

- **Erkrankungen des Bewegungsapparats:** Die einseitige Belastung einzelner Muskelgruppen bedingt durch immer gleiche, einseitige Arbeitsabläufe oder falsche Bewegungsabläufe verursacht auf Dauer Fehl- und Überbelastungen der Muskulatur und damit auch der Gelenke. Diese machen sich oft durch Funktionseinschränkungen und Schmerzen bemerkbar. Auch ständiges Sitzen fördert das Entstehen von Rücken- und Bandscheibenproblemen. Zirka 50 % aller Frührenten werden wegen Wirbelsäulenerkrankungen gewährt und 90% unserer Bevölkerung leidet im Laufe ihres Lebens irgendwann unter Rückenschmerzen.
  Positiver Einfluss von Bewegung: Durch Bewegung, in diesem Fall durch ein gezieltes Kraftaufbauprogramm, kommt es zu einer Verbesserung der Kraft und Leistungsfähigkeit, die einer einseitig ausgebildeten Muskulatur entgegenwirken und vor Überlastung der Gelenke schützen. Dadurch kann Erkrankungen am Bewegungsapparat vorgebeugt werden.

- **Zunahme von Herz-Kreislauf-Erkrankungen:** Unter Bewegungsmangel steigt das Risiko, einen Herzinfarkt zu erleiden, stark an. Durchblutungsstörungen in den Venen und Arterien werden begünstigt. Auch die Gefahr eines hohen Blutdrucks besteht. Treffen Stress und Bewegungsmangel zusammen, ist die Gefahr, dass sich Herz-Kreislauf-Erkrankungen entwickeln, deutlich erhöht.
  Positiver Einfluss von Bewegung: Vor allem durch ein Herz-Kreislauf-Training kommt es zu einer Senkung des Blutdrucks, einer Senkung des Triglyceridgehaltes im Blut, einer Senkung des Harnsäurespiegels und einer Veränderung der Blutcholesterin-Zusammensetzung zu Gunsten des „guten" HDL-Cholesterin-Anteils. Daraus resultieren eine verbesserte Blutversorgung des Herzens, ein erhöhter Schutz vor arteriellen Verschlusskrankheiten, eine verbesserte Sauerstoffversorgung des gesamten Organismus, eine höhere Elastizität der Blutgefäße und eine geringere Thromboseneigung. Ebenso

findet eine Ökonomisierung der Arbeit des Herz-Kreislauf-Systems statt, was sich wiederum in einem Absenken der Herzfrequenz widerspiegelt.

- **Zuckerkrankheit und Osteoporose:** Bei der Zuckerkrankheit versagen verstärkt hormonelle Regulationsmechanismen in der Bauchspeicheldrüse. Bereits ein paar Pfunde weniger können beispielsweise dazu führen, dass weniger Insulin gespritzt werden muss. Eine falsche Ernährung, hormonelle Umstellungsprozesse und Bewegungsmangel führen außerdem zu einem Verlust an Knochensubstanz (Osteoporose). Nicht nur Frauen sind davon betroffen, auch Männer leiden heutzutage in zunehmendem Maße an Knochenschwund und sind der erhöhten Gefahr von Knochenbrüchen ausgesetzt.
  Positiver Einfluss von Bewegung: Regelmäßige Bewegung verbessert die Mineralstoffeinlagerung in den Knochen und lässt diese belastbarer und elastischer werden. Einem Abbau von Knochenmasse kann dadurch vorgebeugt bzw. er kann wesentlich verlangsamt und sogar gestoppt werden. Der vermehrte Abbau von Körperfett und die Optimierung des Glukosestoffwechsels, die ein regelmäßiges Bewegungsprogramm mit sich bringt, haben einen positiven Einfluss auf den Insulinstoffwechsel.

- **Psychovegetative Störungen/Stressoren:** Stress in der Familie, mit dem Chef oder den Kollegen, das ständige Klingeln des Telefons, der Stapel unerledigter Post oder die Hetze von Termin zu Termin bewirken, dass unser Körper über den Tag verteilt in regelmäßigen Abständen Stresshormone ausschüttet. Anstatt diese wie in früheren Zeiten beispielsweise über den uralten „Fluchtreflex" abzubauen, sitzen wir unseren Stress heutzutage aus. Unser Organismus „merkt sich" jede solcher nicht beantworteten Stressreaktionen, dies kann sowohl zu einer erhöhten Aggressionsbereitschaft als auch zu depressiven Verstimmungen oder Schlafstörungen führen.
  Positiver Einfluss von Bewegung: Mit Hilfe regelmäßiger Bewegung können wir der Ausschüttung von Stresshormonen angemessen begegnen, weil wir diese dadurch einfach „abarbeiten". Wir sind ausgeglichener, zufriedener, dadurch

besser belastbar, konzentrierter und leistungsfähiger. Die bessere Fähigkeit des Stressabbaus wirkt sich auch häufig positiv bei Schlaflosigkeit aus. Sportler reagieren prinzipiell gelassener, da bei ihnen in Stresssituationen weniger Stresshormone ins Blut abgegeben werden. Das allerdings gilt nur für Menschen, die sich körperlich moderat bewegen. Übertrieben ausgeführter Leistungssport dagegen erhöht den Stress.

Weitere positive Reaktionen unseres Organismus auf Bewegung sind unter anderem auch:

- Förderung der Darmtätigkeit
- Geringere Erhöhung der Atemfrequenz bei Belastungen => Ökonomisierung der Atmung
- Stärkung der Abwehrkräfte durch die Aktivierung verschiedener Typen von Immunzellen
- Krebsvorbeugende Effekte
- Förderung des Gesundheitsbewusstseins und damit Erhöhung der Präferenz für einen gesundheitsorientierten Lebensstil

Bewegung in den Alltag integrieren

Lediglich zwei Kilometer legen wir im Durchschnitt pro Tag zu Fuß zurück. Mehr Bewegung tut also Not. Dabei sind nicht unbedingt die großen Ausdauerleistungen gefragt. Getreu dem Spruch „Kleinvieh macht auch Mist" können wir unser Bewegungspensum problemlos ausweiten, indem wir auf kleine Bequemlichkeiten im Alltag verzichten.

Wie bereits erwähnt, ist langes Sitzen nach Erkenntnissen von Rückenspezialisten ein Hauptgrund für degenerative Erkrankungen unserer Wirbelsäule. Diesem Bewegungsmangel kann bereits durch ganz geringe Beanspruchungen der Muskulatur entgegengesteuert werden. So können das regelmäßige Wechseln der Sitzposition, kurze Spaziergänge oder Dehnungsübungen einseitige Belastungen der Wirbelsäule vermeiden helfen.

TIPP

Weitere wenig aufwändige und einfache Möglichkeiten, mit denen wir Bewegung in unseren Alltag und Arbeitsprozess bringen, können folgende Maßnahmen sein:

- Machen Sie morgens nach dem Aufstehen jeweils zehn Minuten Gymnastik.
- Steigen Sie auf der Fahrt zum Büro ein paar Straßenzüge vorher aus dem Auto oder dem öffentlichen Verkehrsmittel aus, und gehen Sie die restlichen Meter zu Fuß.
- Verzichten Sie bei kleineren Besorgungen auf das Auto.
- Benutzen Sie die Treppe anstatt mit dem Lift zu fahren.
- Telefonieren Sie möglichst nie im Sitzen.
- Machen Sie nach jedem stressigen Gespräch oder Telefonat ein paar gymnastische Übungen, um Dampf abzulassen. Anfangs werden Ihre Kollegen oder Ihre Familie vielleicht noch etwas erstaunt darauf reagieren – später werden sie diese Form des Stressabbaus aber wahrscheinlich selbst schätzen lernen.
- Verzichten Sie bei der Arbeit möglichst auf hausinterne Telefonate. Vertreten Sie sich stattdessen die Füße und informieren Sie Ihre Kollegen von Angesicht zu Angesicht. Das tut nicht nur der Wirbelsäule gut, darüber hinaus ist es eine gute Möglichkeit, Spannungen abzubauen. Auch private Telefonate finden häufig über kleine Distanzen statt. Überlegen Sie, ob Sie in solchen Fällen nicht besser persönlich auf einen kleinen Plausch bei Nachbarn, Freunden oder Angehörigen vorbeischauen.
- Planen Sie nach dem Mittagessen einen zehnminütigen Verdauungsspaziergang ein. Das erleichtert nicht nur Ihrem Magen und Darm die Arbeit, sondern fördert zudem die Konzentrationsfähigkeit.
- Gewöhnen Sie sich daran, sich regelmäßig nach Arbeitsende noch etwas zu bewegen. Dazu eignen sich ein Spaziergang, ein Lauftraining, eine Radtour oder Gartenarbeiten. Schließen Sie sich eventuell

einem Sportverein an oder gehen Sie in einen Fitnessclub, denn in der Gruppe ist die Motivation oft größer. Nutzen Sie gegebenenfalls auch betriebliche Sportangebote.

- Holen Sie Ihren Heimtrainer aus dem Keller, entstauben Sie ihn, stellen Sie ihn vor den Fernseher und trainieren Sie, eventuell immer zur gleichen Zeit oder zu einer bestimmten Sendung, Ihre Ausdauer.

Gesund und fit durch regelmäßiges Training

Der amerikanische Arzt Kenneth Cooper war der Initiator einer gewaltigen Fitnesswelle, als er die US-Amerikaner zu Beginn der 70er Jahre dazu animierte, dem Herzinfarkt buchstäblich davonzulaufen. Schweißüberströmt quälten sich die Menschen nach dem Motto „Je mehr und je schneller, desto besser" durch Parks und Fitnessstudios. Erst wachgerüttelt durch den tragischen Tod des Joggingpioniers Jim Fixx, der bei der Ausübung seines intensiven Trainingsprogramms sein Leben lassen musste, begannen Mediziner, Sport- und Trainingswissenschaftler über den Sinn und Zweck solcher intensiven Bewegungsprogramme nachzudenken. Seit Neuestem wird nun unter dem Oberbegriff „Wellness" propagiert, Sport sanft und mit Maß und Ziel zu betreiben. Gewarnt wird vor falschem Ehrgeiz, der oft in zu hohen körperlichen Belastungen resultiert, und damit mehr schadet als nützt.

Alles mit Maß und Ziel

Ziel des neuen Gesundheitssports ist es, dem täglich bedingten Bewegungsmangel nicht mit dem Leistungsgedanken, sondern mit einem an das Alter und das eigene Leistungsniveau angemessenen und individuell geplanten Training zu begegnen.

Wer sich beispielsweise seit längerer Zeit nicht mehr bewegt hat, sollte auf keinen Fall versuchen, sofort an alte Leistungen anzuknüpfen. Gefragt ist ein sanfter Widereinstieg, der unseren Körper langsam auf Touren bringt. Dafür geeignet sind alle sportlichen Aktivitäten, bei denen es nicht darum geht, Spitzenleistungen zu erbringen. Dabei zählt weder das Sammeln von „abgespulten Kilometern" noch gilt es, eine persönliche Rekordzeit anzustreben. Auch für den Energieverbrauch spielt es zunächst nur eine untergeordnete Rolle, ob Sie eine Wegstrecke von fünf Kilometern bewältigen, indem Sie 60 Minuten lang gemütlich spazieren gehen oder 25 Minuten joggen (siehe Kapitel: Welche Sportart verbraucht wie viel Energie auf Seite 221).

Als erste Faustregel gilt: regelmäßig belasten, aber nicht überlasten. Damit wird die Pulsfrequenz zum wichtigen Indikator für die individuelle Belastbarkeit. Gleich einem Drehzahlmesser im Auto zeigt sie die augenblickliche Belastung an. Und wer würde sein geliebtes Auto schon ständig im roten Bereich fahren? Wohl kaum jemand. Mit unserem eigenen Körper sollten wir es also genauso halten. Der Organismus braucht Zeit, um sich an die Belastungen zu gewöhnen. Fahren Sie „Ihre Maschine" daher langsam nach oben und drehen Sie nicht von Anfang an im roten Bereich, indem Sie das Gaspedal bis zum Anschlag durchdrücken. Wird der Körper ständig überlastet, fällt die Leistungskurve anstatt anzusteigen steil ab. Man spricht dann auch von Übertraining. Zu viel zugemutet haben wir uns zum Beispiel, wenn wir uns am „Tag danach" vor lauter Schmerzen kaum mehr bewegen können. Trainieren wir jedoch nicht maximal, sondern schöpfen wir nur etwa 65% bis 85% unserer maximalen Pulsfrequenz aus, besteht diese Gefahr nicht. Mehr dazu erfahren Sie im Kapitel „Die Herzfrequenz gibt den Takt an" ab S. 214.

Individuelle Pulsfrequenz

Halten wir uns nicht an diese Empfehlung, sondern gehen mit übertriebenem Ehrgeiz und übergroßer Motivation ans Werk und belasten uns darüber hinaus eventuell noch falsch, kehren sich die positiven Effekte jedes Trainings ins Negative um. Stark gefährdet sind vor allem Gelegenheits- und Wochenendsportler, die in möglichst kurzer Zeit große Fitnessdefizite ausgleichen wollen. Drei schweißtreibende Stunden am Stück auf dem Tennisplatz zu verbringen ist für einen Organismus, der die Woche über nur den Schreibtisch kennengelernt hat, alles andere als gesund. Solche Belastungen für das Herz-Kreislauf-System sind nicht funktionell und führen durch die mangelnde Koordination in diesen Situationen zu einem deutlich größeren Verletzungsrisiko. Zudem werden der Stoffwechsel und der Sauerstoffumsatz durch den gelegentlichen Power-Sport so stark angehoben, dass im Körper freie Radikale im Übermaß produziert werden, die den Organismus schädigen. Die Praxis zeigt, dass unser Immunsystem bei extremen Belastungsspitzen, wie sie bei übermäßigem Sport auftreten, eher geschwächt als gestärkt wird. Folglich klagen betroffene Personen häufig über wiederkehrende Entzündungen der Nasennebenhöhlen, eine erhöhte Infektanfälligkeit, Magenbeschwerden und Gelenkschmerzen. Bei Spitzen-

Übertriebener Ehrgeiz erhöht das Verletzungsrisiko

Oxidativer Stress wird durch extreme Belastungen erhöht

sportlern werden solche negativen Wirkungen „aufgefangen", indem dort andere Trainingsprinzipien gelten und auch andere Anforderungen an die Ernährung (Nährstoffzusammensetzung, Antioxidantien etc.) und die Regeneration gestellt werden.

Moderater Sport stärkt das Immunsystem

Für den „Otto Normalverbraucher" ist es also besser, sich regelmäßig und dabei mäßig zu bewegen. Zugegeben, nach einem anstrengenden Arbeitstag fällt es nicht immer leicht, sich vom Sofa zu erheben, um „mal kurz eine Runde zu drehen". Doch unsere Gesundheit wird es uns danken, denn sportliche Aktivitäten entfalten ihre positiven Auswirkungen nur bei einem Training, dessen Intensität dem individuellen Leistungsvermögen gemäß allmählich gesteigert wird. Unter diesen Rahmenbedingungen werden Anpassungsreaktionen wirksam, die das Immunsystem stärken und das Leistungsvermögen sowie die Widerstandsfähigkeit des Organismus erhöhen. Auch die Belastung durch freie Radikale hält sich bei regelmäßigem und mäßigem Training so in Grenzen, dass unser Körper damit fertig wird.

Ausdauersportarten sind ideal

Mit Ausdauersport können Menschen nicht nur gut abnehmen, vielmehr ist er auch sehr gesund. Für die Verbesserung der Ausdauer eignen sich alle Sportarten, die etwas mit der Fortbewegung zu tun haben, wie z. B. Laufen, Wandern, Radfahren, Mountainbiking, Rudern, Schwimmen oder Skilanglauf. In einem Fitnessclub sind es Programme wie z. B. Aerobic, Step-Aerobic, Spinning oder Kurse mit Tae-Bo-Bewegungen. Weitere Vorteile der Ausdauersportarten sind: Sie können bei fast jedem Wetter allein oder mit einem Partner ausgeübt werden. Außerdem sind sie leicht zu erlernen und eine kostspielige Ausrüstung ist nicht erforderlich. Sie eignen sich für Menschen in jedem Alter, da sie in ihrer Intensität an die individuelle Fitness und Belastbarkeit angepasst werden können.

Das Laufen oder Joggen wird häufig als die Gesundheitssportart Nummer eins bezeichnet, da sich mit ihm bezogen auf den Zeitaufwand die schnellsten Effekte erzielen lassen. Wer das Laufen jedoch nicht mag oder aus gesundheitlichen Gründen (Gelenkbeschwerden) nicht laufen sollte, kann beruhigt auf andere Ausdauersportarten ausweichen. Dabei muss allerdings beachtet werden, dass sich die Trainingszeiten verlängern, wenn identisch positive Wirkungen auf die Gesundheit erreicht werden sollen wie mit dem energieintensiven Laufen oder Skilanglauf. Um den gleichen Erfolg wie beim Joggen zu erzielen, müssen Sie beim Rudern, Mountainbiking oder Radfahren etwa die 1,5fache und beim Wandern die 3fache Trainingszeit einkalkulieren.

Laufen – Gesundheitssport Nummer eins

Bringen Sie beim Trainingsstart ein paar Kilogramm zu viel auf die Waage, sollten Sie zunächst gelenkschonende Bewegungsformen auswählen. Vor allem die Gelenke, die Wirbelsäule, die Muskulatur sowie der Bänderapparat müssen sich erst an die Belastung gewöhnen. Sind die ersten Pfunde abtrainiert, können Sie problemlos zu anderen Sportarten wechseln.

Die Herzfrequenz gibt den Takt an

Die für ein Bewegungstraining beste Intensität (beispielsweise die ideale Laufgeschwindigkeit) wird am einfachsten über die Pulsfrequenz gesteuert. Sie ist ein wichtiger Indikator für die individuelle Belastbarkeit. Allzu oft muten sich viele Freizeitsportler jedoch zu viel zu und schießen über ihre persönliche Leistungsgrenze hinaus.

■ Auf einen Blick: So messen Sie Ihre Pulsfrequenz!

Messen Sie Ihre Pulsfrequenz, indem Sie den Puls mit dem Zeige- und Mittelfinger der linken Hand an der Innenseite des Handgelenks der rechten Hand oder an der Halsschlagader ertasten. Nehmen Sie eine Uhr mit Sekundenzeiger und zählen Sie 15 Sekunden lang die Schläge. Multiplizieren Sie diese Zahl nun mit vier. So erhalten Sie die Pulsfrequenz pro Minute.

Genauer ist eine so genannte telemetrische Messung mit speziellen Herzfrequenz-Messgeräten, die von mehreren Firmen angeboten werden. Sind diese Geräte „mobil", lässt sich der Herzschlag sogar während des Trainings jederzeit problemlos überwachen. Ein Blick auf die „Pulsuhr" genügt.

Um solche Überbelastungen zu vermeiden, sollte Ihre Pulsfrequenz während des Trainings einen gewissen Wert nicht überschreiten. Allerdings sollten Sie ihn vor allem wenn Sie abnehmen wollen auch nicht wesentlich unterschreiten, da erst durch das Erreichen einer bestimmten Herzfrequenz die Fettverbrennung richtig angekurbelt wird.

Trainieren Sie nicht im roten Bereich!

Die Intensität, mit der wir unserem Alter entsprechend trainieren können, lässt sich am besten bestimmen, wenn wir unsere maximale Pulsfrequenz kennen. Sie können den Maximalpuls nach der folgenden Formel berechnen:

220 – Lebensalter = maximale Pulsfrequenz pro Minute

Beispiel: Die maximale Puslfrequenz für einen 50-Jährigen liegt bei etwa 170 Schlägen pro Minute.

Rechnung: 220 – 50 = 170

Bewegen wir uns während des Trainings innerhalb von 65 bis 75 % dieses Wertes, aktivieren wir unseren Fettstoffwechsel. Ist unsere Pulsfrequenz höher, trainieren wir nicht mehr den aktiven Fettstoffwechsel vordergründig, sondern mehr die Ausdauerleistungsfähigkeit. Dies ist in einem Bereich von 75 bis 85 % des errechneten Wertes der Fall.

Zielbereiche für die Trainingsherzfrequenz

Die „Sicherheitsgrenze" von 85% der maximalen Herzfrequenz sollte aber gerade bei Sportwiedereinsteigern zunächst nicht überschritten werden.

Die unterschiedlichen Zielbereiche auf einen Blick:

Fettstoffwechseltraining:	**65%-75% der maximalen Pulsfrequenz**
Ausdauertraining:	**75%-85% der maximalen Pulsfrequenz**
Wettkampftraining:	**über 85% der maximalen Pulsfrequenz**

Beispiel: Ein 50-Jähriger hat eine maximale Pulsfrequenz von 220 – 50 = 170. Der Zielbereich, den er als Wiedereinsteiger während des Trainings anstreben sollte, liegt zwischen 110 und 128 Herzschlägen pro Minute.

Rechnung: (220 – 50) x 65/100 = 110

(220 – 50) x 75/100 = 128

Bedenken Sie: Solche Berechnungen können nur Annährungen sein und der groben Orientierung dienen, denn die optimale Herzfrequenz unterliegt vielen Einflüssen und lässt sich nicht so einfach in eine allgemeingültige Formel pressen. Sie ändert sich nicht nur mit steigendem Alter, sondern ist unter anderem von der Fitness, der Ernährung und der psychischen Befindlichkeit des Einzelnen abhängig. Genauer ist es daher, die individuelle Trainingspulsfrequenz von einem Sportmediziner im Rahmen einer Belastungsanalyse erfassen zu lassen. Generell empfehlenswert ist dies für Menschen mit Vorerkrankungen, Übergewichtige, für bislang Inaktive oder über 50-Jährige.

Vorsicht: Menschen mit Vorerkrankungen, Übergewichtige, bisher Inaktive und über 50-Jährige sollten ihre Trainingspulsfrequenz mit einem Arzt abstimmen!!!

Krafttraining – das Allroundtalent für körperliches Wohlbefinden

Keine andere Sportart lässt ein derart gezieltes Training des Körpers zu wie das Krafttraining. Die Belastung einzelner Muskeln kann durch die Auswahl von Übung und Gewicht optimal auf das Leistungsniveau des Trainierenden abgestimmt werden. So können Defizite oder muskuläre Dysbalancen, die wie bereist vorne im Text beschrieben aus einem mangelnden oder falschen Bewegungsverhalten resultieren, durch gezieltes Krafttraining ausgeglichen oder von vorneherein vermieden werden. Ein gezieltes Training der Bauch- und Rückenmuskulatur beispielsweise könnte Rückenschmerzen vorbeugen und sogar beheben.

Durch Krafttraining Rückenschmerzen vorbeugen

Aufgabe unserer Muskeln ist es, den Bewegungsapparat, also unser Skelett, zu stützen und zu stabilisieren. Muskeln sorgen so dafür, dass wir uns überhaupt bewegen können. Leider lassen wir unsere Muskulatur immer häufiger verkümmern, denn genau das passiert, wenn wir sie nicht beanspruchen. Das können Sie sich vorstellen, wie bei einem Bein, das vier Wochen lang eingegipst wurde. Auch hier ist im Anschluss das Bein viel dünner und schwächer geworden, weil sich die Muskulatur am Bein zurückgebildet hat. (Man sagt auch, die Muskulatur ist atrophiert.) Ein Mensch, der seit der Schule keinen Sport mehr getrieben und auch sonst einen eher bewegungsarmen Alltag hat, in dem er den ganzen Tag am Schreibtisch, im Auto oder auf dem Sofa verbringt, kann also davon ausgehen, dass bereits viele seiner

Muskeln, die nicht beansprucht werden, schwächen ab

Muskeln stark geschwächt sind. Außerdem nimmt ein Mensch bereits ab dem ca. 35. Lebensjahr aufgrund des Alterungsprozesses an Muskulatur ab. Man spricht auch von Degeneration (Rückbildung). Beide Faktoren zusammen sorgen dafür, dass die Muskeln ihren vielseitigen Aufgaben im Körper nicht mehr oder nur noch unzureichend gerecht werden können. Diesem Verfall unserer körperlichen Leistungsfähigkeit können wir entgegenwirken, indem wir zwei- bis dreimal pro Woche ein Ganzkörper-Krafttraining absolvieren. Die positiven Effekte, die wir damit erzielen können, lesen sich wie folgt:

Schutz der Gelenke

Schutz vor Arthrose

Alle Bewegungen in unserem Körper finden über Gelenke statt, die unter anderem aus dem Gelenkkopf und der Gelenkpfanne bestehen. Durch Sehnen und Bänder werden die Gelenke zusammengehalten. Unsere Gelenke können sich aber nicht von allein bewegen, für die Bewegung brauchen wir unsere Muskeln. Ein Muskel ist durch die Sehnen mit den Knochen verbunden und zieht demnach immer über ein Gelenk. Indem der Muskel sich zusammenzieht, bewegt er das Gelenk in eine Richtung. Um ein Gelenk in verschiedene Richtungen bewegen zu können, bedarf es demnach sogar mehrerer Muskeln. Jedes Gelenk in unserem Körper wird also von Muskeln umschlossen. So kann man sich leicht vorstellen, dass ein kräftiger, starker Muskel das Gelenk, sprich den Gelenkkopf und die Gelenkpfanne fester umschließen und damit besser zusammenhalten kann, als ein abgeschwächter Muskel. Das Gelenk hat bei der Bewegung eine stärkere Führung, es schlackert weniger hin und her und nutzt deshalb weniger stark ab.

Natürliche Ritterrüstung

Schutz für Knochen und Organe

Unsere Muskeln umschließen nicht nur die Gelenke, sondern auch die Knochen und Organe im Körper. Bei einem Sturz bietet eine schwache Muskulatur kaum Schutz für den Knochen, es kann schnell zu einem Bruch kommen, so wie es häufig bei älteren Menschen passiert. Ein starker Muskel hingegen kann die Knochen und Organe bei einem Schlag oder Sturz viel besser schützen. Eine gut ausgebildete Muskulatur ist demnach wie eine Ritterrüstung für unseren Körper. Übrigens machen sich diese schützende Eigenschaft der Muskulatur z. B. auch die Boxer zunutze.

und 2. eine ausführliche Anleitung. Deshalb bietet sich die Mitgliedschaft in einem Sportstudio oder in einem Sportverein mit Fitnessangebot an.

Während Sie die Bewegungsabläufe wie Laufen, Schwimmen oder Radfahren, die Sie für das Ausdauertraining benötigen, bereits beherrschen, müssen Sie für das Krafttraining zunächst neue Bewegungsabläufe kennenlernen und einüben. Diese Bewegungsabläufe sind nichts anderes als simple Alltagsbewegungen (z. B. den Arm anheben), die entweder durch das eigene Körpergewicht oder durch ein zusätzliches Gewicht in Form einer Maschine oder einer Hantel erschwert werden. Wichtig beim Erlernen der Bewegungen für das Krafttraining ist jedoch nicht nur der Bewegungsablauf an sich, sondern auch das Wissen, welcher Muskel bei welcher Bewegung beansprucht und somit trainiert wird. Dieses Wissen ist die Grundlage für ein Krafttrainingsprogramm, allerdings reicht auch das noch lange nicht aus.

Von ebenso großer Bedeutung für das Training und vor allem für das Erreichen der oben genannten positiven Effekte ist das Wissen um die so genannten Trainingsprinzipien (Trainingsregeln). Wie beim Ausdauertraining die Herzfrequenz von entscheidender Bedeutung dafür ist, ob wir verstärkt unsere Ausdauer oder unsere Fettverbrennung trainieren, so ist beim Krafttraining die Höhe des Gewichtes, mit dem wir uns belasten, bedeutend dafür, ob wir unsere Muskeln aufbauen, kräftigen, straffen oder ausdauernder machen wollen. Aber die Frage nach dem richtigen Trainingsgewicht ist nur exemplarisch für die Wichtigkeit der Trainingsprinzipien insgesamt.

Trainieren mit dem Fitness-Führerschein

Seit neuestem gibt es deshalb den „Body Wave-Fitnessführerschein" (FFS), der interessierten Neu- und Wiedereinsteigern das Thema Fitness und Training näher bringen soll. Innerhalb von zehn leicht verständlichen Kursstunden erlernen Sie zunächst die Grundlagen für ein Ausdauertraining sowie Übungen für die Kräftigung der Muskulatur und die Verbesserung der Beweglichkeit. Darauf aufbauend erfahren Sie, wie Sie die Übungen und Bewegungen sinnvoll kombinieren können. Wichtige Fragen „Wie häufig soll ich trainieren?", „Wie intensiv soll ich trainieren?" oder „Wann und wie kann ich erste Erfolge spüren" werden dabei ebenfalls eingehend erklärt. Der FFS wurde nach derzeitigem Stand des Präventionsgesetzes geprüft, zertifiziert und für empfehlenswert befunden. Wo Sie in Ihrer Nähe ein Sportstudio finden, dass den FFS im Angebot hat, erfahren Sie unter: www.body-wave.de.

Hat man sich z. B. mit Hilfe des FFS das Grundwissen über das Training angeeignet, kann man im Prinzip auch zu Hause trainieren, indem man vor allem Übungen mit dem eigenen Körpergewicht auswählt oder mit elastischen Bändern und kleinen Hanteln arbeitet. Gerade als Neu- oder Wiedereinsteiger werden Sie allerdings feststellen, dass Ihnen die elastischen Bänder und kleinen Hanteln schon bald zu „leicht" werden, da man besonders am Anfang sehr schnelle Fortschritte macht. Demgegenüber sind Übungen, bei denen man das eigene Körpergewicht bewältigen muss, für Ungeübte und vor allem für „Übergewichtige" viel zu schwer. So stehen Sie dann vor der Entscheidung, entweder Ihr Heimstudio mit schwereren Hanteln und Gerätschaften etc. aufzustocken oder sich als Mitglied einem Sportstudio anzuschließen. Wir würden Ihnen Letzteres empfehlen, denn heutzutage bietet ein Sportstudio nicht nur viele unterschiedliche Möglichkeiten, Kraftübungen auszuführen, sondern Sie finden häufig auch ein attraktives Rahmenangebot, von einem abwechslungsreichen Kursbereich, über einen angenehmen Wellnessbereich bis hin zur Kinderbetreuung.

Training unter Gleichgesinnten – in einem Sport- und/oder Gesundheitsstudio

Welche Sportart verbraucht wie viel Energie?

Wer wissen will, bei welcher Sportart er wie viel Energie umsetzt, kann sich an den Angaben in Tabelle 32, S. 222 orientieren. Dort wird der Energieverbrauch bezogen auf ein Körpergewicht von 70 Kilogramm angegeben. Das heißt: Bringen Sie ein paar Pfund mehr oder weniger auf die Waage, setzen Sie auch etwas mehr oder weniger Energie um. Als Faustregel gilt: Für jeweils sieben Kilogramm Mehrgewicht werden zehn Prozent des Kalorienumsatzes durch sportliche Betätigungen dazugerechnet.

Beispiel: 60 Minuten Gehen (7,0 km/h) = 6,8 kcal/min

- **60 x 6,8 kcal/min = 408 kcal/Stunde bei 70 kg Körpergewicht**
- **Bei 77 kg Körpergewicht werden nochmals zehn Prozent dazugerechnet = 41 kcal.**
- **Der Energieverbrauch bei 77 kg Körpergewicht beträgt 450 kcal.**

Bitte beachten Sie jedoch, dass alle Kalorienangaben durch sportliche Belastungen nur Näherungswerte darstellen. Eine exakte Messung des Kalorienverbrauchs durch sportliche Aktivitäten ist nur durch aufwändige Messungen möglich.

Generell gilt: Je mehr Muskelgruppen beim Training eingesetzt werden, desto größer ist der Energieverbrauch.

Tabelle 32: **Kilokalorienverbrauch für unterschiedliche Sportarten**

Die Angaben beziehen sich auf einen Menschen mit einem Körpergewicht von 70 Kilogramm.

Sportart	Kilokalorienverbrauch/min	Sportart	Kilokalorienverbrauch/min
Aerobic, Low Impact	5,0	Poolbillard	1,8
Aerobic, High Impact	7,5	Radfahren (10 km/h)	3,0
Ballsport, Spiel	6,0	Radfahren (15 km/h)	6,6
Ballsport, Wettbewerb	10,2	Radfahren (20 km/h)	13,1
Bergsteigen	10,7	Radfahren (30 km/h)	15,0
Bergsteigen, intensiv	13,2	Reiten	4,6
Fechten	10,0	Ringen, sportlich	14,2
Gehen (3,5 km/h)	3,0	Rudern, Trainingsmaschine	14,2
Gehen (7,0 km/h)	8,2	Schlittschuhlaufen	10,0
Golf	5,6	Schwimmen (20 m/min)	5,0
Gymnastik, leicht	3,0	Schwimmen (36 m/min)	10,0
Gymnastik, intensiv	6,5	Segeln	3,2
Hockey	9,3	Skifahren, Abfahrt	7,8
Inline-Skating	8,4	Skilanglauf (9 km/h)	9,7
Krafttraining, leicht	3,7	Skilanglauf (12 km/h)	14,2
Krafttraining, intensiv	6,8	Skilanglauf (15 km/h)	19,6
Kampfsport	13,3	Stepper, leicht	11,5
Kanu	8,4	Stepper, intensiv	20,0
Kegeln	3,5	Stretching	3,0
Laufen (9 km/h)	11,1	Tanzen	5,0
Laufen (11 km/h)	14,5	Walking	6,8
Laufen (15 km/h)	16,5	Wasserski	7,0
Laufen (20 km/h)	20,4		

Essen mit Köpfchen

Essen ist gemeinsames Erleben

Das Essen hat eine große gesellschaftliche Funktion, der sich niemand verweigern kann. Keine Feier ohne ein reichhaltiges Menü oder Büffet. Kein Staatsbesuch ohne opulentes Bankett. Man trifft sich mit Freunden, um kulinarische Erlebnisse miteinander zu teilen, und organisiert Arbeitsessen in der Hoffnung, den Teamgeist zu fördern und kreative Ideen zu entwickeln. So mancher versucht auch mit einem Dinner bei Kerzenlicht Atmosphäre zu schaffen und bleibende Eindrücke im Gegenüber zu hinterlassen. Wir wollen uns näher kommen, indem wir miteinander essen. Liebe geht bekanntlich durch den Magen – was liegt also näher, als seine Lieben mit Leckerbissen zu locken?

Gut zu essen ist für viele Menschen ein wichtiger Lebensinhalt. Vor allem für Familien ist das Einnehmen der Mahlzeiten ein zentrales und verbindendes Element im Tagesablauf. Die Nahrungsaufnahme wird mit Fürsorge gleichgesetzt und der damit verbundene Genuss ausgiebig gelebt: Jeder soll genug bekommen, niemand soll hungrig nach Hause gehen. Viele Gespräche drehen sich um Erlebnisse beim Essen, viel Geld wird für Nahrung ausgegeben. Unter Freunden gibt es regelmäßig Kaffeekränzchen, bei denen ausgiebig geschlemmt und noch mehr über die großen und kleinen Probleme des Alltags geredet wird.

Essgewohnheiten werden in der Kindheit entwickelt

Gewohnheiten bezüglich des Essens haben eine Geschichte: Kinder werden an bestimmte Geschmackserlebnisse gewöhnt und verbinden damit Geborgenheit. Süßes wird als Belohnung oder zum Trost eingesetzt und ist nicht selten ein Ersatz für Zuwendung, Zärtlichkeit, Aufmerksamkeit und Zeit. Mit Essen oder Trinken werden Kinder von ihren Ängsten abgelenkt, anstatt sich diese in Ruhe anzuhören und sie miteinander auszuhalten.

Mit dem Essverhalten in der Familie wird oft der Grundstein zum Vielessen gelegt: Der Teller muss geleert werden – was auf den Tisch kommt, wird gegessen. Wann und wie viel wir essen, wird uns spätestens nach dem Abstillen von außen diktiert. So verlernen wir, unseren natürlichen Hunger- und Sättigungsgefühlen zu folgen.

Gefühle nicht mehr herunterschlucken

Was wir als Kind gelernt haben, nehmen wir mit in unser Erwachsenendasein. Auch später wird das Essen oft als Trostmittel eingesetzt, um von unangenehmen Gefühlen wie Trauer, Eifersucht, Langeweile, Einsamkeit oder Kummer abzulenken. Schmerzhaftes wird einfach heruntergeschluckt. Erst wenn der Bauch voll ist, sind wir zufrieden. Gefühle und Befindlichkeiten wirklich ausleben müssen wir auf diese Weise nicht. Mehr noch: Vielfach sind Menschen nicht einmal mehr in der Lage, ihre wirklichen Bedürfnisse zu befriedigen, weil auf ihre Wünsche in der Kindheit nicht adäquat, sondern immer nur mit Essen geantwortet wurde. Es bedarf eines achtsamen Umgangs mit sich, um wieder an die wahren Bedürfnisse heranzukommen. Und es braucht viel Selbstachtung, um diese ernst zu nehmen, und jede Menge Mut, diese auch zu äußern.

Ablenken von Trauer, Eifersucht und Einsamkeit

Altlasten über Bord werfen

Was sich auf dem Weg zurück zu den wahren Bedürfnissen als Hindernis offenbaren kann, ist sehr unterschiedlich. Beispielsweise können wir herausfinden, dass das Dicksein eine Form von unbewusster Selbstbestrafung ist. Es gibt Entscheidungen, Ereignisse und Handlungen im Leben, die Menschen sich selbst nicht oder nur schwer verzeihen können, wie Trennungen, Unversöhnlichkeiten, Lieblosigkeiten, Untreue, Verursachung eines Unfalls, Schulden, Verschwendungen oder illegale Machenschaften. Solche Selbstbeschuldigungen führen allerdings zu nichts. Nur wer sich selbst verzeiht, befreit sich aus der Verstrickung und ermöglicht es, sich und damit auch das eigene Essverhalten zu verändern.

Sich selbst und anderen verzeihen

Alte und unerledigte Begebenheiten mit anderen Menschen binden viel Energie. Gefühle von Hass, Groll, Kränkung und Verletzung werden im

Genusssucht dahinter? Oder sind vergangene Ereignisse daran schuld? Wollen Sie sich mit dem Essen belohnen, bestrafen oder Ihre Langeweile vertreiben? Befriedigt das Essen Ihre wahren Bedürfnisse? Gibt es Situationen, in denen Sie sich überessen? Wenn ja, welche?

Versuchen Sie nun die Motivation, die hinter Ihrem Essverhalten steckt, mit wenigen Worten zu beschreiben. Wie eine solche Charakterisierung aussehen könnte, zeigen Ihnen folgende Beispiele:

- Ich habe Angst zu kurz zu kommen.
- Ich bin gierig.
- Ich kann nicht loslassen.
- Ich übernehme mich leicht.
- Ich bekomme nicht genug.
- Ich fühle mich schwach.

Überlegen Sie, ob diese Haltungen typisch für Ihr ganzes Leben sind. Vielleicht bekommen Sie tatsächlich nicht genug. Aber geht es dabei um das Essen oder um fehlende Liebe, Zuneigung, Vertrauen etc.? Sind Sie gierig nach Essen oder verbirgt sich eine andere Sehnsucht dahinter?

Übergewicht als Ausdruck der Entbehrung

Die Konfrontation mit all diesen Fragen hilft Ihnen, sich selbst immer näher zu kommen und die eigenen Bedürfnisse besser zu verstehen. Übergewicht als Konsequenz eines falschen Essverhaltens drückt meist all das aus, was wir entbehren, was wir noch nicht gelernt oder gelebt haben. All die Gefühle, die ein Leben lang da waren, aber unterdrückt wurden, werden sich nun entfalten können. Sind Sie sich dessen bewusst, haben Sie die Chance, auf viele Situationen in Ihrem Alltag nicht mehr mit Essen zu reagieren, sondern sie zu bewältigen, indem Sie Ihren Gefühlen Ausdruck verleihen. Einsamkeit und Lebenshunger lassen sich nicht mit einem Stück Sahnetorte stillen.

Auch wenn Ihnen die praktische Umsetzung dieser Erkenntnis am Anfang etwas schwerfallen mag, werden Sie schnell erfahren: Wer wieder fühlen darf, was ihm am Herzen liegt, wird lebendig und für andere erlebbar. Sie müssen nicht mehr mit dem Essen Ihre innere Leere füllen. Sie können nach draußen gehen und Ihre Ansprüche geltend machen. Sie können Kontakt suchen, tanzen oder Ihrer Kreativität freien Lauf lassen. Zugegeben, der Weg dahin ist nicht immer leicht, aber unumgänglich.

Sich selbst erkennen – Blockaden lösen

Die Auseinandersetzung mit den eigenen Gefühlen spielt eine wesentliche Rolle, um die Ernährung auf längere Sicht umzustellen und erfolgreich abzunehmen. Nur wenn wir in der Lage sind, unsere Gefühle und ihre Auslöser zu erkennen, sie auszuhalten und sie nicht herunterzuschlucken, gelangen wir ans Ziel. Der große Gewinn dabei ist, dass wir alles, was wir ausdrücken, auch wieder loslassen können. Alles ist im Fluss. Wir können weinen, schimpfen und lachen – nichts bleibt blockiert.

Das zunehmende Verständnis für die eigene Person führt außerdem unweigerlich dazu, dass wir uns selbst besser annehmen, und daraus resultierend lernen wir, auch andere zu verstehen und sie zu akzeptieren. Wesentlich ist, dass wir nicht in Selbstmitleid versinken und nicht in Schuldzuweisungen verharren. Wenn wir negative Gefühle aus der Vergangenheit nicht überwinden, treten wir auf der Stelle. Wir müssen Verantwortung für uns und unser Leben übernehmen. Das ist immer der erste und notwendige Schritt, um eine Veränderung selbstbestimmt einzuleiten und um sie letztlich auch verwirklichen zu können. Wer dies verinnerlicht hat, wird anschließend kein Problem damit haben, seinen Pfunden zu Leibe zu rücken. Die Schritte, die dafür notwendig sind, finden Sie in diesem Buch. Die Autoren wünschen Ihnen ein gutes Gelingen und viel Freude auf Ihrem Weg dorthin!

Ausgewogene Ernährung, was bedeutet das?

10 Regeln der DGE (Deutsche Gesellschaft für Ernährung)

Vollwertig essen hält gesund, fördert die Leistung und das Wohlbefinden. Die Deutsche Gesellschaft für Ernährung (DGE) hat auf der Basis aktueller wissenschaftlicher Erkenntnisse zehn Regeln formuliert, die Ihnen helfen, genussvoll und gesunderhaltend zu essen.

1. **Vielseitig essen**

   Geniessen Sie die Lebensmittelvielfalt. Merkmale einer ausgewogenen Ernährung sind abwechslungsreiche Auswahl, geeignete Kombination und angemessene Menge nährstoffreicher und ernergiearmer Lebensmittel.

2. **Reichlich Getreideprodukte – und Kartoffeln**

   Brot, Nudeln, Reis, Getreideflocken, am besten aus Vollkorn, sowie Kartoffeln enthalten kaum Fett, aber reichlich Vitamine, Mineralstoffe, Spurenelemente sowie Ballaststoffe und sekundäre Pflanzenstoffe. Verzehren Sie diese Lebensmittel mit möglichst fettarmen Zutaten.

3. **Gemüse und Obst – Nimm „5 am Tag" . . .**

   Genießen Sie fünf Portionen Gemüse und Obst am Tag, möglichst frisch, nur kurz gegart, oder auch eine Portion als Saft – idealerweise zu jeder Hauptmahlzeit und auch als Zwischenmahlzeit: Damit werden Sie reichlich mit Vitaminen, Mineralstoffen sowie Ballaststoffen und sekundären Pflanzenstoffen (z. B. Carotinoiden, Flavonoiden) versorgt. Das Beste, was Sie für Ihre Gesundheit tun können.

4. **Täglich Milch und Milchprodukte: ein- bis zweimal in der Woche Fisch; Fleisch, Wurstwaren sowie Eier in Maßen**

   Diese Lebensmittel enthalten wertvolle Nährstoffe, wie z. B. Calcium in Milch, Jod, Selen und Omega-3-Fettsäuren in Seefisch. Fleisch ist wegen des hohen Beitrags an verfügbarem Eisen und an den Vitaminen B1, B6 und B12 vorteilhaft. Mengen von 300-600 Gramm Fleisch und Wurst pro Woche reichen hierfür aus. Bevorzugen Sie fettarme Produkte, vor allem bei Fleischerzeugnissen und Milchprodukten.

5. **Wenig Fett und fettreiche Lebensmittel**

   Fett liefert lebensnotwendige (essenzielle) Fettsäuren und fetthaltige Lebensmittel enthalten auch fettlösliche Vitamine. Fett ist besonders energiereich, daher kann zu viel Nahrungsfett Übergewicht fördern, möglicherweise auch Krebs. Zu viele gesättigte Fettsäuren fördern langfristig die Entstehung von Herz-Kreislauf-Erkrankungen. Bevorzugen Sie pflanzliche Öle und Fette (z.B. Raps- und Sojaöl und daraus hergestellte Streichfette). Achten Sie auf unsichtbares Fett, das in Fleischerzeugnissen, Milchprodukten, Gebäck und Süßwaren sowie Fast-Food- und Fertigprodukten meist enthalten ist. Insgesamt 60-80 Gramm Fett pro Tag reichen aus.

6. **Zucker und Salz in Maßen**

   Verzehren Sie Zucker und Lebensmittel, die mit verschiedenen Zuckerarten (z.B. Glucosesirup) hergestellt wurden, nur gelegentlich. Würzen Sie kreativ mit Kräutern und Gewürzen und wenig Salz. Bevorzugen Sie jodiertes Speisesalz.

7. **Reichlich Flüssigkeit**

   Wasser ist absolut lebensnotwendig. Trinken Sie rund 1,5 Liter Flüssigkeit jeden Tag. Bevorzugen Sie Wasser – ohne oder mit Kohlensäure – und andere kalorienarme Getränke. Alkoholische Getränke sollten nur gelegentlich in kleinen Mengen konsumiert werden.

8. **Schmackhaft und schonend zubereiten**

   Garen Sie die jeweiligen Speisen bei möglichst niedrigen Temperaturen, soweit es geht kurz, mit wenig Wasser und wenig Fett – das erhält den natürlichen Geschmack, schont die Nährstoffe und verhindert die Bildung schädlicher Verbindungen.

9. **Nehmen Sie sich Zeit, genießen Sie Ihr Essen**

   Bewusstes Essen hilft, richtig zu essen. Auch das Auge isst mit. Lassen Sie sich Zeit beim Essen. Das macht Spaß, regt an, vielseitig zuzugreifen, und fördert das Sättigungsempfinden.

10. **Achten Sie auf Ihr Gewicht und bleiben Sie in Bewegung**

    Ausgewogene Ernährung, viel körperliche Bewegung und Sport (30 bis 60 Minuten pro Tag) gehören zusammen. Mit dem richtigen Körpergewicht fühlen Sie sich wohl und fördern Ihre Gesundheit.

Die aid-Ernährungspyramide

Um den Empfehlungen der DGE für eine ausgewogene und gesunde Ernährung im Alltag gerecht zu werden, ist es ratsam, sein Essen zu überprüfen. Der aid Infodienst Verbraucherschutz, Ernährung, Landwirtschaft e.V. hat deshalb ein anschauliches Portionenmodell entwickelt, mit dessen Hilfe Sie Ihr Essverhalten ganz einfach überprüfen und schrittweise verbessern können.

Eine ausführliche Anleitung zum Umgang mit dem Portionenmodell finden Sie auf den folgenden 26 Seiten, die wir freundlicherweise komplett aus dem Handbuch des aid: „die aid-Ernährungspyramide – ein interaktives und alltagstaugliches Portionenmodell" übernehmen durften.

Inhaltsverzeichnis:

Liebe Leserin, lieber Leser,

gesund, mit Spaß und Genuss essen und trinken – das möchten die meisten. Bei den teils komplizierten, teils widersprüchlichen Ernährungsempfehlungen fällt es jedoch nicht leicht, das Wesentliche zu begreifen und umzusetzen.

Mit seiner Ernährungspyramide bietet der aid Kindern, Jugendlichen, Erwachsenen, Erzieherinnen und Erziehern, Lehrerinnen und Lehrern und allen in der Ernährungsberatung tätigen Multiplikatoren ein einfaches, praxiserprobtes Modell, mit dessen Hilfe jeder – ohne umständliches Kalorienzählen – sein Essverhalten überprüfen und verbessern kann.

Eine kurze Einführung genügt und schon kann jeder seine Ernährung optimieren.

Nachfolgende Ausführungen richten sich an alle in der Gesundheitsprävention tätigen Pädagoginnen und Pädagogen, die das Pyramidenmodell und seine Didaktik verstehen möchten, um es bei ihren Zielgruppen einsetzen zu können. Ergänzend zum Pyramidenmodell bieten wir Spiele, Poster und etwa 200 Lebensmittel-Fotokarten (siehe S. 32) an. Damit möchten wir Ihnen anschauliche Materialien für Kindergarten, Schule und Beratung an die Hand geben.

Wir wünschen Ihnen viel Spaß und Erfolg auf dem Weg zu einer gesunden Ernährung.

Ihr aid infodienst

1. Die aid-Ernährungspyramide Ein interaktives und alltagstaugliches Portionenmodell

Das aid-Pyramidenmodell zeichnet sich durch folgende Vorteile aus:

Es ist **wissenschaftlich fundiert**:

- Es baut auf den Empfehlungen des Forschungsinstituts für Kinderernährung in Dortmund (FKE) und den Referenzwerten der Deutschen Gesellschaft für Ernährung (DGE) auf.

Es ist für jeden **leicht verständlich**:

- Lebensmittel werden zu Gruppen zusammengefasst (siehe S. 7 ff.).
- Lebensmittel werden nach Ampelfarben bewertet (siehe S. 6).

Es orientiert sich an der **Esspraxis**:

- Für jeden Tag gibt es Portionsempfehlungen nach der 6-5-4-3-2-1-Regel (siehe S. 15) und dem Handmaß (siehe S. 16 f.).

- Es berücksichtigt alle Lebensmittel, auch die „Extras“ (in der Pyramidenspitze), auf die viele nicht verzichten möchten.
- Es baut auf gemeinsamen Mahlzeiten auf.

Es ist **interaktiv**:

- Durch Abstreichen der Portionsbausteine kann jeder sein Essverhalten selbstständig erfassen, bewerten und optimieren (siehe S. 13, 26 f.).

Es motiviert zu mehr **Bewegung**:

- Neben einem gesunden Essverhalten steht der deutliche Appell an alle zu mehr Bewegung in alltäglichen Dingen, in der Freizeit und im Sportverein (siehe S. 24, 25 f.).

Es ist **flexibel**:

- Es ist langjährig erfolgreich in der Ernährungserziehung bei Kindern und Jugendlichen, in Schule und Beratung erprobt, aber auch ideal für die Arbeit mit Erwachsenen.

- Die Portionsgrößen können zielgruppengerecht definiert werden.

- Je nach Alter, Geschlecht, körperlicher Aktivität und physiologischen Besonderheiten kann die Pyramide in Kindergärten, im Schulunterricht oder in der Ernährungsberatung zielgruppengerecht verändert werden (siehe S. 29 f.).

Die aid-Ernährungspyramide in zwei Variationen

Idee: S. Mannhardt

Getreide plus – für Kinder

Kinder brauchen zu jeder Mahlzeit sättigendes Brot oder Beilagen, also insgesamt fünf Portionen. Hinzu kommen fünf Portionen Gemüse und Obst (dritte Ebene), eine davon in Form eines Glases Obstsaftes (in der ersten Ebene).

Gemüse plus – für Erwachsene

Erwachsene mit vorwiegend sitzender Tätigkeit und übergewichtige Menschen brauchen täglich nur vier Portionen Brot, Getreide und Beilagen. Das vergleichsweise energieärmere Gemüse und Obst wandert folglich mit fünf Portionen auf Ebene zwei.

Geruchs- und Farbstoffe der Pflanze, die den Menschen vor Krebs und Herz-Kreislauf-Erkrankungen schützen können. Auch Hülsenfrüchte (Erbsen, Bohnen, Linsen) sollten einen festen Platz im Wochenspeiseplan einnehmen, da sie wertvolles Eiweiß, Ballaststoffe sowie Vitamine und Mineralstoffe liefern.

Milch und Milchprodukte – verdienen mehr Beachtung

Auf der vierten Stufe in der Pyramide finden sich Milch, Käse, Jogurt und alle anderen Milchprodukte (außer Butter und Sahne: siehe Fette und Öle). Wie wichtig diese Gruppe ist, zeigt sich schon darin, dass Milch mit drei Portionsbausteinen vertreten ist. Milch und Milchprodukte liefern wertvolles Eiweiß, Kalzium für die Knochen, Vitamine und viele andere Nährstoffe, aber auch Fett. Um Energie zu sparen, ist es deshalb sinnvoll, die fettärmeren Varianten zu wählen.

Fleisch, Wurst, Fisch und Ei – in Maßen

Jedes dieser Lebensmittel ist wichtig – als Lieferant von hochwertigem Eiweiß, B-Vitaminen, Eisen für die Blutbildung, Zink für die Immunabwehr und Jod (Seefisch). Wer täglich insgesamt eine Portion aus dieser Lebensmittelgruppe isst, profitiert von den wichtigen Nährstoffen, ohne jedoch seinen Körper mit zu viel unerwünschten Begleitstoffen (z. B. Fett, Cholesterin, Purine) zu belasten.

Besonders günstig sind fettarmes Muskelfleisch (ohne Panade) und fettarme Wurstwaren wie z. B. Schinken, Putenbrust- und Bratenaufschnitt. Als weniger wertvoll gelten die fettreichen Vertreter dieser Gruppe wie Gehacktes, Frikadellen, Fleisch-, Leberwurst und Salami.

Fettreicher Fisch wie Hering, Makrele und Lachs ist dagegen besonders hochwertig, weil sein Fett die seltenen, das Herz-Kreislauf-System schützenden Omega-3-Fettsäuren enthält. Außerdem liefert Fisch reichlich Jod. Mit ein bis zwei Portionen Fisch pro Woche wird die hierzulande oft schlechte Jodversorgung deutlich verbessert.

Eier liefern wertvolles Eiweiß und Vitamine, aber auch Cholesterin. Kinder ab 10 Jahren sowie Erwachsene dürfen bis zu drei Eier pro Woche essen – hierzu zählen sowohl Spiegel-, Rühr- und Frühstücksei als auch in Soßen, Teigwaren oder Gebäck verarbeitete Eier. In der Tabelle auf S. 19 wird für alle Altersgruppen bewusst nur eine Portion (entsprechend 1 – 2 Eiern) empfohlen; der Rest der Eiration steckt in verschiedenen im Laufe der Woche verzehrten verarbeiteten Lebensmitteln und wird deshalb nicht als eigenständige Portionskarte gelegt.

Fette und Öle – Öl geht vor Streichfett

Fette und Öle, mit zwei Bausteinen weit oben in der Pyramide platziert, werden wegen ihrer lebensnotwendigen (essenziellen) Fettsäuren gebraucht.

Raps-, Soja-, Walnuss- und Olivenöl sind besonders empfehlenswert. Sie eignen sich je nach Herstellungsverfahren (raffiniert oder kalt gepresst) für verschiedene Zubereitungsarten: zum Anbraten von Fleisch, zum Backen von Eierkuchen oder für Salat.

Bei Streichfett heißt es: sparen. Butter ist naturbelassen und bekömmlich, Margarine sollte wenig bearbeitet sein, z. B. keine gehärteten Fette enthalten (Hinweis steht auf der Verpackung). Empfehlenswert ist eine Margarine, wenn sie reichlich einfach ungesättigte Fettsäuren enthält (Hinweis steht auf der Verpackung).

Ungünstig sind Fertigdressings und Majonäsen sowie feste Pflanzenfette (so genannte Plattenfette), die gern zum Braten und Frittieren verwendet werden; sie enthalten oft sehr viele ungünstige Fettsäuren. Gleiches gilt für viele Convenience-Produkte: Tütensuppen und -soßen, halbfertige Lebensmittel und Fertiggerichte. Hochwertige Vertreter dieser Gruppe erkennt man auf den Fotokarten am Symbol der Ölflasche, die übrigen tragen das Streichfettsymbol.

Extras – bewusst in kleinen Mengen genießen!

Die Spitze in der Pyramide wird von einer Portion „geduldeter" Extras besetzt. Dazu zählen Kuchen, Süßigkeiten, fettreiches Kleingebäck wie Croissants und salzige Knabbereien. In diese Gruppe gehören auch die Süßgetränke (Limonaden, Colagetränke, Eistee …) und alkoholische Getränke. Alcopops sind wegen ihres süß-fruchtigen Geschmacks bei Jugendlichen beliebt, aber gerade dort besonders gefährlich. Denn eine Flasche spirituosenhaltige Limonade (275 – 350 ml) enthält mehr Alkohol als die gleiche Menge Bier oder ein Glas Wein (125 ml) und zwei- bis dreimal so viel wie ein Schnaps (20 ml)!

Mehr zu den einzelnen Lebensmittelgruppen erfahren Sie im aid-/DGE-Heft „Vollwertig essen und trinken nach den 10 Regeln der DGE" (Bestell-Nr. 5-1016).

3. Welches Lebensmittel gehört wohin? – Tipps zum Einsortieren

Bei den Grundnahrungsmitteln (z. B. Brot, Milch, Obst) ist die Zuordnung meist einfach. Wer mit dem aid-Kartensatz (siehe S. 32) arbeitet, kann seine Zuordnung zur Lebensmittelgruppe über das Symbol auf der Kartenrückseite kontrollieren. Möglicherweise tauchen dabei einige Fragen auf.

In der folgenden Tabelle sind Besonderheiten bei der Eingruppierung übersichtlich zusammengefasst und kurz begründet.

Was gehört wohin und Besonderheiten bei der Einteilung

Lebensmittel-gruppe	Was gehört dazu?	Besonderheiten
Getränke 	Mineralwasser, Leitungswasser, Kräuter- und Früchtetee, stark verdünnte Säfte	• Große Mengen unverdünnter Fruchtsäfte sind wegen ihres Energiegehaltes ungünstig. • Unverdünnte, zuckerreiche Getränke wie Limonaden, Colagetränke, Eistee und Fruchtsaftgetränke sind wegen ihres hohen Zuckeranteils (und Energiegehaltes) keine guten Durstlöscher. Sie sind wie Süßigkeiten zu behandeln. • Milch und Kakao sind nicht in erster Linie Wasserlieferanten, sondern für die Versorgung mit Eiweiß, Kohlenhydraten, Vitaminen und Mineralstoffen wichtig. Milch zählt deshalb nicht zu den Getränken, sondern zu Milchprodukten. • Kaffee und schwarzer Tee sind besser als ihr Ruf: Gegen zwei bis drei Tassen Kaffee oder schwarzen Tee am Tag ist nichts einzuwenden; sie werden zur Flüssigkeitsaufnahme gezählt.

Lebensmittelgruppe	Was gehört dazu?	Besonderheiten
Brot, Getreide und Beilagen	Brot, Brötchen, Körnermischungen, Getreideflocken, Müsli sowie Beilagen wie Reis, Nudeln und Kartoffeln	• Gezuckerte Cornflakes, Smacks und andere so genannte Frühstückszerealien sowie alle stark gesüßten oder gerösteten Müslimischungen gehören nicht zur Gruppe der Getreideprodukte. Aufgrund des hohen Zucker- und z. T. auch Fettanteils werden sie als Süßigkeit bei den „geduldeten Extras" eingeordnet. • Süße Schnitten und (Müsli-)Riegel, die als Pausenbrotersatz beworben werden, sind keine geeigneten Brotmahlzeiten, sondern Süßigkeiten. • Fettreiche Kartoffelprodukte wie Pommes frites, Reibekuchen und Kroketten gehören sowohl zu den Beilagen als auch wegen ihres Fettgehaltes zu den Fetten und Ölen. Es ist jedoch auch möglich, sie ähnlich wie Chips den Extras einzuordnen. Dagegen sind Pellkartoffeln, Folienkartoffeln und selbst zubereitetes Kartoffelpüree ideale Beilagen.
Gemüse, Salat	Gegartes Gemüse, Salate und Rohkost, Hülsenfrüchte (Bohnen, Kicher-/Erbsen, Linsen und Sojabohnen)	• Für Salate und Gemüsebeilagen gilt: möglichst frisch, in fettarmer Zubereitung essen – ohne Majonäse, Sahne oder Käse. Wenn doch, dann muss das bei der täglichen Portion Milch(-produkte) und Fett berücksichtigt werden. • Tiefgekühltes Gemüse und Gemüsekonserven zählen ebenfalls zu dieser Gruppe.
Obst	Obst, am besten frisch und der Saison entsprechend, Trockenobst	• Bei Trockenobst ist die Portion wegen des geringen Wasseranteils deutlich kleiner (rund $^1/_5$ von frischem Obst). • Wird bei stark gezuckerten Obstkonserven auch der Obstsaft verwendet, so zählt er – wie die Süßgetränke – zu den Süßigkeiten.
Milch und Milchprodukte	Milch, Jogurt, Kefir, Buttermilch, Quark, Käse (möglichst unter 45 % Fett i. Tr. bzw. unter 20 % absolut)	• Milch ist wegen ihres hohen Nährwertes kein Getränk und zählt nicht zu den Durstlöschern. Wichtig: Kinder brauchen in der Pause neben der Schulmilch zusätzlich etwas zu trinken! • Diät-Quark, Kinder-Jogurt und die meisten speziellen Kindermilchprodukte mit einem hohen Zucker- (auch Traubenzucker) und/oder Fettanteil sind nicht empfehlenswert und damit den Süßigkeiten zuzuordnen. • Butter und Sahne werden zwar aus Milch gewonnen, bestehen jedoch überwiegend aus Fett – sind also bei den Fetten und Ölen einzuordnen.

Lebensmittelgruppe	Was gehört dazu?	Besonderheiten
Fleisch, Fisch, Wurst und Ei 	Fleisch, Geflügel, Wurst, Wurstwaren, Fisch, Eier	• Speck zählt zu den Fetten und Ölen. • Besonders fettreich zubereitete Produkte wie panierte Schnitzel, Fischstäbchen und Nuggets zählen sowohl zur Gruppe von Fleisch, Fisch, Wurst und Eiern als auch zu Fetten und Ölen.
Fette und Öle  	Butter, Margarine, Speiseöl, Bratfette, Sahne, Majonäse, Nüsse, Ölsaaten	• Pommes frites, Reibekuchen usw. können wegen ihres Fettgehaltes zu Beilagen plus Fetten und Ölen gezählt werden. Durchaus berechtigt wäre auch eine Zuordnung zu den fettreichen Knabbereien. • Nüsse werden zwar botanisch dem Obst zugeordnet, ernährungsphysiologisch steht jedoch der hohe Fettanteil mit überwiegend ungesättigten Fettsäuren im Vordergrund. Somit tragen Nüsse und Ölsaaten das Symbol der Ölflasche.
Extras 	Süßigkeiten, Gebäck, salzige und fette Knabbereien wie Chips, Pommes frites, alkoholhaltige Getränke (z. B. Alkopops)	• Alle stark gezuckerten Produkte wie gezuckerte Fertigmüslimischungen, Kindermilchprodukte, Süßgetränke (Limonaden, Colagetränke, Eistee, Fruchtsaftgetränke, viele „Trinkpäckchen", Energy-Drinks) und fettreiche Knabbereien (Chips) gehören zu den Extras. • Alkoholhaltige Getränke haben in der Pyramidenspitze ihren Platz und sollten ebenso wie süße und salzige Extras möglichst selten und in kleinen Mengen verzehrt werden.

Für einige Lebensmittel gibt es keine eindeutige Zuordnung. In der Friteuse frittierte Pommes frites (s. o.) können den Extras zugeordnet werden oder man sieht darin eine Portion Beilage und eine Portion Fett und Öl. Auch Fertigprodukte, zubereitete Gerichte und Fastfood sind nicht so einfach zuzuordnen. Um sie richtig einsortieren zu können, muss man sich erst über die verwendeten Zutaten bzw. Inhaltsstoffe im Klaren sein. Wichtig ist nicht eine Zuordnung um jeden Preis, sondern die aktive Reflektion – „Fehler" gibt es nicht.

Beispiele zur Einsortierung zusammengesetzter Lebensmittel in die Pyramide

1. Belegtes Brötchen

2. Pizza Salami mit Cola

3. Lasagne

4. Croissant

5. Hamburger

Tipp für die Praxis:

Um mit den Bildkarten auch halbe Portionen darzustellen, kann man die Karten in der Mitte durchschneiden.

Der aid-Kartensatz

Zur aid-Ernährungspyramide gibt ein großes Wandsystem mit Fotokarten (siehe auch S. 32). Die 24 Portionskarten und alle Lebensmittelkarten zeigen eine Portion in realer Größe. Damit sieht jeder auf den ersten Blick die richtige Portionsgröße, verbessert sein Augenmaß und kann seine gewohnten Mengen daran messen und beurteilen.

Der Kartensatz enthält eine repräsentative Auswahl durch das gesamte Lebensmittelspektrum. Er beinhaltet genauso Fertiggerichte wie einige typische Produkte unserer ausländischen Mitbürger. Fehlt doch einmal eine Abbildung, können Sie

- viele Karten stellvertretend verwenden,
- eine Symbolkarte als Platzhalter legen (einfach Karte umdrehen) oder
- selbst neue Karten gestalten.

Auf der Rückseite jeder Karte ist bei eindeutiger Zuordnung das Gruppensymbol aufgedruckt. Ist die Pyramide abgebildet, z. B. bei Fertiggerichten und Fastfood, müssen die Gerichte in ihre Hauptzutaten zerlegt und diese dann den entsprechenden Lebensmittelgruppen zugeordnet werden.

Das Pyramidensymbol kann aber auch bedeuten, dass das betreffende Lebensmittel auf verschiedene Weise in die Pyramide eingeordnet werden kann. Beispiel: Pommes frites.

Möglich ist eine Zuordnung in die Gruppe Extras oder in Getreideprodukte und Fette.

Darüber hinaus enthält der Kartensatz noch eine Mahlzeitenkarte mit zwei Motiven für genussvolles Essen sowie drei Bewegungskarten mit Anregungen für Bewegung im Alltag, in der Freizeit und beim Sport. Beide Aspekte sind wichtig zur Entwicklung eines gesunden Essverhaltens und haben somit auch ihren Platz in der aid-Ernährungspyramide.

4. Wie viel esse ich? Portionen und Portionsgrößen

In den vorherigen Kapiteln ging es darum, die Lebensmittel richtig in die Pyramide einzusortieren. Das reicht jedoch nicht. Es ist ein einfaches, eindeutiges Maß erforderlich, um nicht weiterhin zu viel, zu süß und zu fett (Ernährungsbericht 2004), aber auch genug von den einzelnen Lebensmittelgruppen zu essen.

Die aid-Ernährungspyramide mit ihrem Portionenmodell zeigt einen einfachen Weg: das 6-5-4-3-2-1-Prinzip. Diese Botschaft wird über die Augen eines Spielwürfels verdeutlicht.

Jeder Baustein ist eine Portion!

Jeder Baustein der Pyramide steht für eine Portion: also täglich sechs Getränkeportionen, aber nur zwei Portionen Öle bzw. Fett.

Neben den drei Milchbausteinen gibt es „+1“ für die tägliche Portion Fleisch, Wurst, Fisch oder Ei. Damit wird die wöchentliche Empfehlung für diese Lebensmittelgruppe berücksichtigt, ohne das 6-5-4-3-2-1-Prinzip zu durchbrechen. Die Portion „Fleisch“ könnte im Wochenplan so aussehen: an zwei Tagen ein Stück Fleisch, an drei Tagen z. B. je zwei bis drei Scheiben Wurst oder Schinken (pro Portion insgesamt 30 g), an einem Tag Fisch und einmal pro Woche ein bis zwei Eier (siehe S. 8).

Bei Obst und Gemüse sind in der aid-Kinderpyramide bewusst „nur“ vier Portionen vorgesehen. Die fünfte Portion steckt im Gemüse- oder Obstsaft – in der untersten Ebene als farbige Flüssigkeit dargestellt. So wurde die Empfehlung der Gesundheitskampagne „Gemüse und Obst: Nimm 5 am Tag“ berücksichtigt.

Die Ebenen „Brot, Getreide und Beilagen“ und „Gemüse, Salat und Obst“ befinden sich bei Kindern und Jugendlichen auf der zweiten Ebene. Kinder und Jugendliche brauchen zu jeder Mahlzeit sättigende Kohlenhydrate – also fünf Portionen „Brot, Getreide, Beilagen“.

Täglich nach dem 6-5-4-3-2-1-Prinzip auswählen

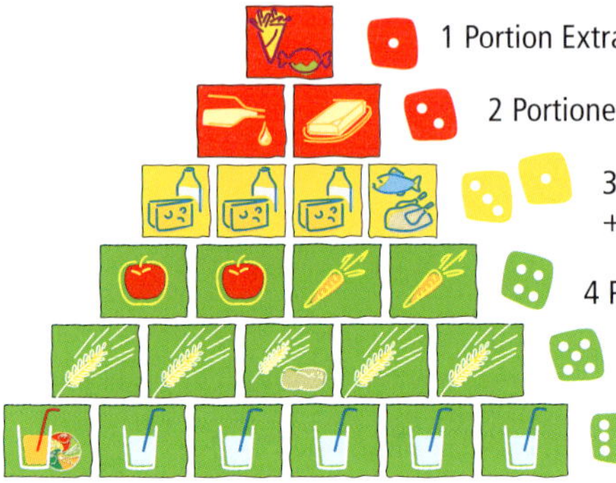

1 Portion Extras (Süßes, fette Snacks und Alkohol)

2 Portionen Fette und Öle

3 Portionen Milch und Milchprodukte
+ 1 Portion Fleisch, Wurst, Fisch oder Ei

4 Portionen Gemüse, Salat und Obst

5 Portionen Brot, Getreide und Beilagen

6 Portionen Getränke
(inklusive eine Portion Obst- und Gemüsesaft)

Die Hand als Maß für die richtige Portionsgröße

In Anbetracht des Trends zu „Mega"-Portionen, „XXL-Menüs" und „Oversized"-Produkten und der Zunahme des Übergewichts können weder unser Augenmaß noch die von der Lebensmittelindustrie vorgegebenen Portionsmengen als objektive Kriterien für die Portionsgrößen gelten. Exakte Mengenangaben in Gramm taugen im Alltag aber auch nicht. Deshalb wird beim aid-Pyramidenmodell die Hand als einfache Messhilfe verwendet. Dieses Maß ist individuell, wächst mit und berücksichtigt damit den je nach Alter und Geschlecht unterschiedlichen Bedarf des Einzelnen. Bei kleinen Kindern, die in der Regel weniger essen, sind die Hände kleiner, bei älteren Kindern größer – Frauen haben eher kleinere Hände als Männer. Eine Portion entspricht dabei einer Hand voll (in einigen Ausnahmen auch zwei Händen voll). Außerdem sind alltägliche Mengenangaben wie ein Glas, eine Scheibe usw. geeignet.

Mit den Portionskarten lässt sich gut das Handmaß verdeutlichen.

Kinderportion

Erwachsenenportion

Ein Glas passt in eine Hand.

Wenn eine Obstportion durch Obstsaft ersetzt wird, zählt hier das halbe Glas als Obstportion und wird mit Wasser auf eine ganze Getränkeportion aufgefüllt.

Eine Portion Brot (eine Brotscheibe) entspricht der gesamten Handfläche mit ausgestreckten Fingern.

Bei Beilagen wie Kartoffeln, Nudeln und Müsli stellen zwei Hände voll die Portion dar.

Eine Hand voll ist das Maß für großstückiges Gemüse und Obst (z. B. Kohlrabi, Apfel, Orange).

Zwei Hände, zur „Schale" gehalten, sind das Maß für zerkleinertes oder kleinstückiges Gemüse oder Obst (z. B. Kirschen, Erdbeeren) sowie Salat.

Ein Glas passt in eine Hand.

Die Fleischportion ist etwa so groß wie der Handteller. Eine Fischportion kann so groß sein wie die Handfläche.

Fett wird in Esslöffeln gemessen. Die Portionsgröße richtet sich nach dem Alter (siehe S. 19).

Süßigkeiten und Knabbereien müssen in einer Hand Platz haben.

5. Was esse ich morgens, mittags und abends? Die Mahlzeiten

Snacken liegt im Trend, gemeinsame Mahlzeiten zu festen Zeiten sind dagegen out. Das bringt einige ernährungsrelevante Probleme mit sich:

- Essen läuft Gefahr, immer mehr zur „Nebentätigkeit“ zu werden.
- Beim Snacken isst man oft zu viel, weil es sehr schnell und meist nebenbei passiert: Das Sättigungsgefühl stellt sich zu spät ein.
- Das kommunikative Miteinander am gemeinsamen Esstisch entfällt. Familienmahlzeiten können den Genuss am Essen erhöhen und ziehen die Mahlzeit in die Länge. Dadurch beugen sie der Gefahr des Über(fr)essens vor. Andererseits kann langes Sitzen auch dazu führen, dass mehr gegessen wird.
- Die Lebensmittelauswahl beim Snacken ist stark eingeschränkt. Die beliebtesten Snack-Angebote sind oft sehr fetthaltig. Selten werden Gemüse und Obst als Snacks verkauft.

Wer also oft unkontrolliert snackt, trifft fast automatisch eine ungünstige Lebensmittelauswahl. Bei vier bis fünf fest geplanten Mahlzeiten in netter Gesellschaft (Familie, Mitschüler, Freunde, Kollegen) fällt es vor allem Kindern viel leichter, die richtigen Lebensmittel und Portionen entsprechend der Pyramide auszuwählen.

Dieser Erkenntnis folgend steckt im aid-Pyramidenmodell der klare Appell, wieder zu mehr fest geplanten Mahlzeiten zurückzukehren. Diese Aufforderung ist durch die „Tellerregeln“ angedeutet. Empfohlen werden vier oder fünf Mahlzeiten, drei davon in Form von Hauptmahlzeiten.

Ein großer Teller steht für eine Hauptmahlzeit und bietet Platz für drei Portionen aus den unterschiedlichen Gruppen: eine Portion stärkereiche, sättigende Beilage, also Kartoffeln, Reis oder Nudeln. Diese Portion ist vergleichsweise groß. Und dazu eine Portion Gemüse oder Salat sowie eine Portion Fleisch oder Fisch.

Im Wandsystem (S. 32) ist außerhalb des Pyramidenbildes eine Öse zum Einhängen der Mahlzeitenkarte vorgesehen.

Neben jedem Teller steht ein Glas als Hinweis auf die Empfehlung, zu jeder Mahlzeit zu trinken – möglichst ein energiefreies oder zumindest -armes Getränk. Ein kleiner Teller steht für eine Zwischenmahlzeit und bietet Platz für zwei Portionen.

Die Reihenfolge von großen und kleinen Tellern – also von Haupt- und Zwischenmahlzeiten – kann man nach eigenen Vorlieben wählen. Entscheidend ist vielmehr, alle für einen Tag zur Verfügung stehenden 22 Portionsbausteine auf die Teller zu verteilen.

Üblicherweise sieht die Mahlzeitenverteilung für Kinder und Jugendliche so aus:

- ein erstes Frühstück (= kalte Hauptmahlzeit),
- ein Pausenfrühstück (= Zwischenmahlzeit),
- eine warme Mahlzeit (= Hauptmahlzeit),
- ein Imbiss am Nachmittag (= Zwischenmahlzeit),
- ein Abendessen (= kalte Hauptmahlzeit).

Beispiel für die Verteilung der 22 Portionskarten

So isst Peter (8 Jahre alt):

Frühstück:
Getreideflocken, Banane, Milch, Tee

2. Frühstück:
Vollkornbrot mit Frischkäse, Saftschorle

Mittagessen:
Reis mit chinesischem Gemüse (etwas Öl) und etwas Geflügelfleisch, Mineralwasser, Eis

Zwischenmahlzeit:
Obstquark, Mineralwasser

Abendessen:
Möhrensalat mit etwas Öl, 2 Scheiben Vollkornbrot mit Butter und Kochschinken, 2 Tassen Früchtetee

Mit diesem Mahlzeitenmuster ist es für Kinder und Jugendliche am einfachsten, alle Lebensmittel der Pyramide zu berücksichtigen, um damit eine optimale Nährstoffzufuhr zu gewährleisten. Eine andere Aufteilung, sei es durch den Appetit, durch Gewohnheit, kulturelle Einflüsse oder organisatorisch bedingt, ist durchaus möglich. Insofern sollte jede/jeder selbst herausfinden, wie sie/er am besten seine 22 Portionen einigermaßen gleichmäßig auf drei bis fünf Mahlzeiten verteilt.

Durch Ausprobieren am eigenen Speiseplan entstehen viele unterschiedliche Varianten dieser „Tellerregeln“.

Die Tellerregeln:

1. Regelmäßig zu festen Zeiten essen, möglichst drei Haupt- und bis zu zwei Zwischenmahlzeiten (v. a. Kinder).
2. Zu jeder Mahlzeit gehört ein Getränk.
3. Haupt- und Zwischenmahlzeiten sind überwiegend „grün“ und „gelb“.
4. Eine Hauptmahlzeit soll Lebensmittel aus mindestens drei verschiedenen Lebensmittelgruppen enthalten, zwei davon sollen aus den grünen Ebenen der Pyramide kommen.
5. Zwischenmahlzeiten sollten zwei verschiedene Lebensmittelgruppen abdecken. Mindestens die Hälfte des Tellers ist mit grünen Symbolen besetzt.
6. Zu den Hauptmahlzeiten gehört immer eine große sättigende Beilage.

Tipps für die Praxis:

Mahlzeiten bewerten:

- Was habe ich gegessen?
- Welche Portionskarten liegen auf meinen Tellern?
- Sind die Tellerregeln erfüllt?

Mahlzeiten planen:

- Was will ich morgen essen?
- Wie verteile ich meine Portionen auf die Teller?

6. Bewegung gehört dazu!

Essen und Trinken nach der aid-Ernährungspyramide allein reicht für eine gesunde Lebensweise nicht aus. Neben der richtigen Ernährung darf die Bewegung nicht zu kurz kommen. Mehr Bewegung im Alltag, eine (bewegungs-)aktive Freizeitgestaltung und Sport steigern das Wohlbefinden und sind der nötige Ausgleich zum oft bewegungsarmen und stressgeplagten Schul- oder Berufsalltag. Bewegung trainiert das Herz- und Kreislaufsystem, das Immunsystem wird gestärkt und trainierte Muskeln stützen das Knochengerüst optimal. So werden Haltungsfehler ausgeglichen; Rücken- und Nackenschmerzen durch ständiges Sitzen entstehen erst gar nicht.

Was hat Bewegung mit Essen zu tun? Was mit der Pyramide?

Übergewicht bei Kindern und Erwachsenen ist in Deutschland ein zunehmendes Problem. Es entsteht, wenn die Energiezufuhr mit der Nahrung größer ist als der Verbrauch durch körperliche Aktivität (Alltags-, Freizeitaktivitäten und Sport). Hier besteht der Zusammenhang zum Essverhalten. Falsche Essgewohnheiten und zu große Portionen, aber auch Bewegungsmangel oder eine Kombination aus diesen drei Faktoren begünstigen die Entstehung von Übergewicht.

Darüber hinaus sind Bewegungsaktivitäten unverzichtbar für die Entwicklung eines Menschen: Er entdeckt die Welt in und durch Bewegung. Ein Mindestmaß an Bewegung ist wichtig für seine gesunde körperliche, geistige und psychosoziale Entwicklung. Auch für Erwachsene bietet ein Mehr an körperlicher Aktivität enorme Vorteile, wie bessere körperliche und geistige Fitness, Vorbeugung vieler so genannter Zivilisationskrankheiten und – ganz wichtig – Wohlbefinden.

Alles in allem kommt es darauf an, den heutigen bewegungsarmen Tagesablauf abwechslungsreich und bewegungsintensiver zu gestalten und zwar in folgenden drei Bereichen:

1. **Mehr Bewegung bei alltäglichen Dingen,** z. B. sechsmal am Tag fünf bis zehn Minuten
- zu Fuß oder mit dem Fahrrad zur Schule, zum Einkaufen oder zu den Freizeitaktivitäten,
- weniger „Taxifahrten" für die Kinder,
- lieber Treppensteigen als Rolltreppen oder Aufzüge benutzen,
- ein flotter Spaziergang an frischer Luft, z. B. in der Mittagspause.

2. Die **Freizeit** mindestens eine Stunde am Tag aktiv gestalten, z. B.
- ein Federballmatch, Tischtennis, eine Radtour am Wochenende mit Freunden, Kindern oder Enkeln,
- Kinder regelmäßig zum Draußenspielen ermuntern und ggf. begleiten.

Durch Anbringen einer passenden Bewegungskarte auf dem Wandsystem (S. 32) wird die Bedeutung von Bewegung betont.

3. Zusätzlich noch zweimal pro Woche **Freizeitsport oder andere intensive körperliche Aktivitäten.**
- Gemeint sind keine stundenlangen Waldläufe oder Rekordleistungen, sondern etwas, was Spaß macht und einen mal aus der Puste kommen lässt. Jugendliche und Erwachsene sollten am besten zwei feste Sporttermine pro Woche im Kalender stehen haben. Bei Kindern ist der Sport im Verein noch nicht so wichtig. Sie sollten möglichst viel und oft draußen spielen und toben.

Autofahren und zu viel Fernsehen machen dick!

Alles Motorisierte verleitet dazu, Bewegung wegzulassen – Fahrstühle statt Treppen und Autos statt Fahrrad. Hinzu kommen die Zeiten, die man vor Fernseher, Computer, Videorecorder oder Playstation verbringt. Sie hängen mit den überflüssigen Pfunden eng zusammen. Stundenlanges Stillsitzen und zusätzliches Naschen machen fett und träge. Bewegung verbraucht dagegen Energie, lenkt vom Essen ab, gibt Selbstbewusstsein und Zufriedenheit.

Inaktive Zeiten wie Fernsehen, Computerspiele, Gameboy, Playstation sollten je nach Alter zeitlich begrenzt werden: bis 12 Jahre täglich maximal 60 Minuten, über 12 Jahre maximal zwei Stunden.

8. Die aid-Ernährungspyramide in der Beratung verschiedener Zielgruppen

Durch regelmäßige Anwendung der aid-Ernährungspyramide wird erlernt, mit dem großen Nahrungsmittelangebot umzugehen. Dieses Modell gibt den äußeren Rahmen vor, den es gilt, nach eigenem Geschmack, individuellen Gewohnheiten und unterschiedlichem Energiebedarf zu füllen.

Der große Vorteil der aid-Ernährungspyramide ist ihre Flexibilität. Je nach Alter, Geschlecht, sportlicher Aktivität und physiologischen Besonderheiten kann zielgruppengerecht variiert werden. Nachfolgend sind die wesentlichen „Variablen" des aid-Pyramidenmodells aufgeführt:

- die Anordnung der Ebenen „Brot, Getreide und Beilagen" und „Gemüse, Salat und Obst",
- die Portionsgrößen und
- die Mahlzeitenhäufigkeit.

Das aid-Portionenmodell für unterschiedliche Zielgruppen

- **Kinder und Jugendliche** verbrauchen relativ viel Energie. Für sie ist die Getreide plus-Variante sinnvoll. Sie brauchen zu allen fünf Mahlzeiten sättigendes Brot und Beilagen. Die fünfte Gemüse- und Obstportion trinken sie in Form eines Glases Gemüse- oder Fruchtsaft.

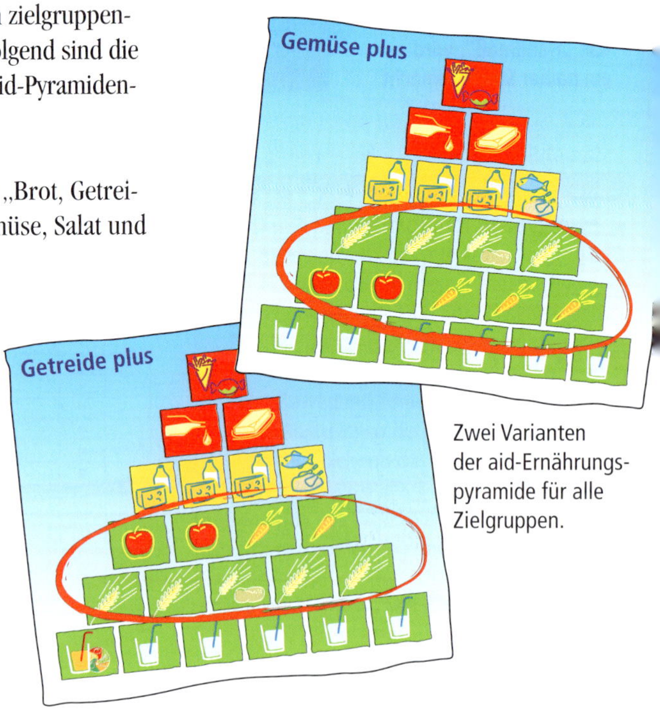

Zwei Varianten der aid-Ernährungspyramide für alle Zielgruppen.

- **Menschen** mit überwiegend sitzender Tätigkeit oder Personen mit Übergewicht, die abnehmen möchten, benötigen weniger Energie. Im aid-Pyramidenmodell wird dies durch den Tausch der Ebenen „Brot, Getreide und Beilagen“ und „Gemüse, Salat und Obst“ berücksichtigt. Viermal Getreideprodukte und Kartoffeln, dreimal Gemüse und Rohkost und zweimal Obst sind energieärmer, aber nährstoffreich und damit bestens geeignet, den niedrigen Energiebedarf oder den Abnehmwunsch von Übergewichtigen zu berücksichtigen.
- **Sportlich Aktive** verbrauchen mehr Energie und haben dementsprechend einen höheren Energiebedarf. Energieumsätze bei sportlicher Aktivität schwanken sehr stark: Bei wettkampforientierten Freizeitsportlern liegt der Trainingsumsatz zwischen 400 und 1200 kcal pro Tag für Männer bzw. zwischen 200 und 800 kcal pro Tag für Frauen. Leistungssportler erreichen leicht doppelt so hohe Werte. Um dies im aid-Pyramidenmodell umzusetzen, sollten die Ebenenanordnung der in der aid-Kinderpyramide entsprechen und die Portionsgrößen individuell angepasst werden.
- **Erwachsenen** werden nicht grundsätzlich fünf Mahlzeiten pro Tag empfohlen. Da es sehr vielen **Menschen mit Übergewicht** schwer fällt, Zwischenmahlzeiten klein zu halten, kann die Empfehlung für die Mahlzeitenhäufigkeit variieren: drei Hauptmahlzeiten und keine bis zwei kleine Zwischenmahlzeiten am Tag. Um die Empfehlung „Gemüse und Obst: Nimm 5 am Tag“ zu erreichen, sollten zu jeder Mahlzeit reichlich Gemüse und Salate und über den Tag verteilt mindestens zwei Portionen Obst verzehrt werden.

Hinweis:

Unter URL: http://www.aid-medienshop.de finden Sie zielgruppenspezifisches didaktisches Material zum kostenpflichtigen Download mit Vorschlägen zum Einsatz der Pyramide in Kindergarten, Schule, Beruf, Familie, Sport und Beratung.

Tipps für den Alltag

A) Planen Sie Ihr Essen gründlich!

Alle guten Vorsätze für ein gesundes Essverhalten sind für die Katz, wenn Sie nicht schon beim Einkaufen dafür gesorgt haben, dass der Kühlschrank mit den Lebensmitteln bestückt ist, die Sie verzehren möchte. Sie haben sich vorgenommen, von nun an regelmäßig eine Zwischenmahlzeit einzulegen? Dann sollten Sie auch entsprechende fettarme und eiweißreiche Snacks im Haus haben.

Als großes Problem stellt sich vielfach auch unser täglicher Arbeitsablauf dar, der uns keine großen Spielräume für die Nahrungsaufnahme lässt. Deshalb ist es wichtig, immer etwas zu essen und zu trinken in petto zu haben. Stellen Sie sich Ihr Mineralwasser auf den Schreibtisch. Nehmen Sie ein geschmiertes Brot, Obst, einen Jogurt oder Quark mit auf die Arbeit. Deponieren Sie gegebenenfalls auch im Auto ein oder zwei Mineralwasserflaschen und verstauen Sie im Handschuhfach einen fettarmen Müsliriegel oder etwas Vergleichbares. Erst dann können Sie halbwegs sicher sein, dass Sie sich nicht plötzlich und unverhofft vor der Pommes-Bude, dem Süßigkeitenregal oder dem Bäcker nebenan wiederfinden. Bereiten Sie sich esstechnisch genauso gründlich auf den kommenden Arbeitstag vor, wie Sie es vor einer Besprechung oder einem wichtigen Termin machen würden.

Wir bestimmen selbst, was auf unserem Tisch steht

Planen Sie also beim Einkaufen genau ein, was Sie in den nächsten Tagen verzehren möchten, denn bereits beim Einkaufen können wir bestimmen, was später auf unserem Tisch landet. Frisches Obst und Gemüse sollten auf dem Einkaufszettel ganz oben stehen. Lebensmittel, die leere Kalorienträger sind und versteckte Fette enthalten, sind dagegen entbehrlich.

Tabelle 33: **Die richtige Lebensmittelauswahl**

Überflüssig (in Maßen genießen)	**Ergänzend** (als Beilage verzehren)	**Unentbehrlich** (regelmäßig auf den Speiseplan setzen)
Alkohol	Fisch, Fleisch	Gemüse, Obst
Süßigkeiten	Eier	fettarmer Quark, Milch, Jogurt, Käse
Zucker	hochwertige Fette	Kartoffeln, Nudeln Vollkornprodukte

B) Bewältigen Sie Ernährungssünden ohne schlechtes Gewissen!

Lassen Sie sich Einladungen und Feierlichkeiten nicht durch ein schlechtes Gewissen verleiden. Sie können sich auf solche Situationen bewusst vorbereiten, indem Sie beispielsweise im Verlauf des Tages etwas weniger oder nur Nahrungsmittel mit einem geringen Kaloriengehalt wie Obst und Gemüse essen, oder indem Sie sich etwas mehr bewegen als sonst. Haben Sie Ihrem Körper an solchen „Festtagen" trotzdem zu viel Energie zugemutet, sollten Sie einen so genannten Obst-, Saft- oder Gemüsetag einlegen, um das Gewicht wieder nach unten zu korrigieren.

■ Auf einen Blick: Essen im Restaurant

- Wählen Sie ein Restaurant, das einige einfach zubereitete, frische und kalorienarme Mahlzeiten anbietet.
- Lesen Sie die gesamte Speisekarte, bevor Sie Ihre Wahl treffen.
- Verzichten Sie auf den Konsum von kalorienreichen alkoholischen Getränken.
- Bitten Sie die Bedienung Brot, Butter und andere Nahrungsmittel, die Sie nicht essen wollen, vom Tisch zu nehmen.
- Legen Sie Ihr Besteck zwischen den einzelnen Bissen ab.
- Trinken Sie viel Wasser zwischen den einzelnen Gängen.
- Hören Sie mit dem Essen auf, sobald Sie sich satt fühlen.
- Lassen Sie ruhig etwas auf dem Teller zurück und nehmen Sie den Rest eventuell mit nach Hause.
- Lassen Sie nach Beendigung der Mahlzeit den Tisch sofort abräumen.
- Wählen Sie frisches Obst als Nachspeise, verzichten Sie ganz auf das Dessert oder teilen Sie es sich mit Ihrem Begleiter.
- Unternehmen Sie nach dem Essen noch einen kurzen Verdauungsspaziergang.

C) Stellen Sie fest, ob Ihr Essverhalten von Ihrer Stimmung oder Lebenssituation abhängt!

Stress, Ärger, Streit, Langeweile oder Trauer können zur Veränderung unseres Essverhaltens führen. Die Kriterien und Motive für ein bestimmtes Ernährungsverhalten können allerdings stark variieren. Während der eine in Stresssituationen kaum etwas isst, schlägt der andere hemmungslos zu. Schon das Erkennen und Betrachten der eigenen Verhaltensmuster kann dazu beitragen, in solchen Situationen bewusster mit sich und seinem Organismus umzugehen.

Gehen Sie bewusster mit sich um!

Resumee:

Zugegeben, es ist nicht immer leicht, etwas an altbewährten und eingefahrenen Verhaltensweisen zu ändern. Das Wissen um eigene Sünden reicht oft nicht aus, um sie längerfristig abzustellen. Nicht der Verzicht, sondern ein wirklich bewusster Umgang mit sich selbst und den eigenen kleinen Schwächen sollte an Bedeutung gewinnen. Der erste Schritt in diese Richtung ist, das Ziel, das wir mit einer Verhaltensänderung erreichen wollen, klar zu definieren. Was will ich? Wie sieht mein persönlicher Weg zu meinem individuellen Ziel aus? Welche Möglichkeiten gibt es, um es zu verwirklichen, und mit welchen Methoden und Maßnahmen kann ich den Weg dahin beschreiten?

Das Ziel muss klar definiert sein

Wichtig ist, dass Sie Ihre Pläne nicht zu hoch ansetzen. Die kleinen Schritte sind es, die Sie zum gewünschten Erfolg führen. Überdenken Sie Ihr Verhalten. Suchen Sie sich die Anregungen heraus, von denen Sie glauben, sie in Ihren Alltag mit einbinden zu können. Vielleicht entwickeln sich aus kleinen Veränderungen bald größere, ohne dass sie von Ihnen als solche empfunden werden. Anfangs müssen Sie sich mit Sicherheit oft selbst überlisten. Doch nach einer gewissen Übergangsphase wird es immer leichter für Sie, Ihre neuen Erfahrungen zu verinnerlichen und daraus weitere Perspektiven zu entwickeln. Kalkulieren Sie auch kleine Rückfälle mit ein, ohne deswegen gleich alle guten Vorsätze fallen zu lassen.

ANHANG

Seminare, Abnehmprogramme und Kontakte

Wer über dieses Buch hinaus Fragen zum Body Wave Wellenessen hat, der findet Unterstützung in zahlreichen für dieses Ernährungs- und Abnehmprogramm lizenzierten Studios. Das sind vornehmlich Praxen für Krankengymnastik, Figurstudios und Fitnesscenter. In speziellen Ernährungsseminaren erhalten Interessierte erste Informationen über die Besonderheiten der Methode. Im Anschluss an ein solches Seminar können Sie entscheiden, ob Sie an dem Body-Wave-Abnehmprogramm teilnehmen möchten.

Jeweils eineinhalb bis zwei Kilogramm Gewicht pro Monat verlieren die Teilnehmer während des Programms, das folgende Schwerpunkte beinhaltet:

- Body-Wave-Berater informieren zunächst ausführlich über den Ablauf der Abnehmmethode. Während der Kurse motivieren sie die Teilnehmer und geben wertvolle Tipps hinsichtlich Lebensmittelauswahl und Bewegung.
- Der Erfolgsverlauf wird regelmäßig protokolliert und bietet Anreiz zum Weitermachen.
- Im Laufe des Programms erhalten die Teilnehmer mehr und mehr Informationen über das Für und Wider von speziellen Nahrungsmitteln, sodass sich das Bewusstsein für eine ausgewogene und gesunde Ernährung mit der Zeit schärft. Ziel ist es, auf Dauer ein neues Essverhalten zu erlernen, das die Gesundheit fördert und die Sinne belebt.
- Grundsätzlich findet das Thema Bewegung – wenn auch nicht als Muss, so doch für die meisten Menschen als Empfehlung – innerhalb des Body-Wave-Programms seinen Platz. Wer mit dem Verlust der ersten Pfunde Spaß an der Bewegung gefunden hat, der wird mit einem individuell auf ihn abgestimmten Trainingsplan unterstützt.
- Wer sein Wunschgewicht erreicht hat, wird von den Body-Wave-Beratern ebenso behutsam aus dem Programm herausgeführt, wie er eingestiegen ist. Der Vorteil: Im Gegensatz zu herkömmlichen Diäten, bei denen die Menschen ihren Energiebedarf auf ein Minimum reduzieren, verlässt der Body

Waver das Programm mit dem gleichen oder sogar mit einem höheren Energieverbrauch, mit dem er begonnen hat.

Body-Wave-Abnehmprogramme finden in der Regel in kleinen Gruppen statt. Immer wieder hat sich gezeigt, dass das Abnehmen in einer solchen Gruppe nicht nur mehr Spaß macht, sondern auch den Erfolg des Einzelnen positiv beeinflusst. Gegenseitige Motivation und der Austausch persönlicher Erfahrungen sind dabei sehr hilfreich.

Weitere Informationen erhalten Sie im Internet unter **www.body-wave.de** oder E-Mail: **kontakt@body-wave.de**

Literaturquellen und weiterführende Literatur

Auswertungs- und Informationsdienst für Ernährung, Landwirtschaft und Forsten (AID): Informationsmaterial und Broschüren; Bonn

Berner, H. G.: An vollen Töpfen verhungern; medi-Verlagsgesellschaft für Wissenschaft und Medizin; 1997

Bredenkamp, Andreas: Das Ernährungssystem für Fitness und Gesundheit; Fitness-Contur-Verlag; Rödinghausen 1999

Cremer, H. D. et al.: Die große Nährwerttabelle; Institut für Ernährungswissenschaft der Universität Gießen; Gräfe und Unzer Verlag; München 1985

Deutsche Gesellschaft für Ernährung, Österreichische Gesellschaft für Ernährung, Schweizerische Gesellschaft für Ernährungsforschung, Schweizerische Vereinigung für Ernährung: Referenzwerte für die Nährstoffzufuhr; Umschau Braus; Frankfurt a. M. 2000

Deutsche Gesellschaft für Ernährung: Empfehlungen für die Nährstoffzufuhr; Umschau Verlag; Frankfurt a. M. 1985

Deutsche Gesellschaft für Ernährung: Ernährungsberichte 1988 und 1992; herausgegeben von der DGE im Auftrag des Bundesministers für Gesundheit und des Bundesministers für Ernährung, Landwirtschaft und Forsten; 1992

Deutsche Gesellschaft für Ernährung: Sekundäre Pflanzenstoffe haben es in sich; DGE-aktuell; Pressemitteilung vom 7.6.2005

Deutsche Gesellschaft zur Bekämpfung von Fettstoffwechselstörungen und ihren Folgeerkrankungen DGFF (Lipid-Liga) e. V. (Hrsg.): Fettstoffwechselstörungen und ihre Folgeerkrankungen – Eine Sammlung von Fragen aus der Praxis für die Praxis beantwortet; München 1998

Deurenberg, P.: Deurenberg-Tabelle, Wageningen University, NL

Diamond, Harvey; Diamond, Marilyn: Fit fürs Leben; Goldmann Verlag; München 1992

Duolip Service Literatur: Herausgeber Merkle GmbH Blaubeuren; Ausgabe April 1991

Elmadfa, I. et al.: Die große GU-Nährwert-Kalorien-Tabelle; Gräfe und Unzer Verlag; München 2001

GEO Wissen: Nahrung und Gesundheit; Gruner und Jahr; Hamburg 5/1990

Geo: Diät – Das Geschäft mit den Leicht-Gläubigen; Gruner und Jahr; S. 118-132; Ausgabe 9, September 1993

Gollner, Erwin; Kreuzriegler, Friedrich; Eitzinger, Franz: Gesundheitstraining für Manager – Das Programm zu gesundem Leben in Beruf und Alltag; BLV Verlagsgesellschaft; München 1992

Inzinger, Max: Iss dich gesund; Herbig Verlag; München 1991

Kamp, Birgit: Ernährung mit Spaß und Maß – Kalorien- und Nährwertübersicht von über 5800 Lebensmitteln; LebensbaumVerlag; Bielefeld 2005

Keul, Joseph; Witzigmann, Eckart; Roediger-Streubel, Stefanie: Die Olympia-Diät; Heyne; München 1988

Konopka, Peter: Sporternährung; Reihe BLV Sportwissen; München 1985

Kuklinski, B.; van Lunteren, J.: Neue Chancen zur natürlichen Vorbeugung und Behandlung von umweltbedingten Krankheiten; LebensBaum Verlag, Bielefeld 1996

Lange, Elisabeth: 100 Fragen zur Ernährung; Mosaik Verlag/Brigitte Buch; München 1992

Löffler, Georg et al.: Physiologische Chemie; Springer Verlag; 1985

Lohmann, Friedrich W. (Hrsg.): Zeitgemäße Hochdrucktherapie; Verlag für angewandte Wissenschaften; München 1983

Menden, Erich: Wie funktioniert das? Die Ernährung; Meyers Lexikonverlag; Mannheim 1990

Middeke, Martin; Pospisil, Edita; Völker, Klaus: Bluthochdruck senken ohne Medikamente; Trias; Stuttgart 2002

Muermann, Bettina: Lexikon Ernährung; Behr's Verlag; Hamburg 1988

National Research Council: Diet and health; Implications for reducing chronic disease risk; National Academy Press; Washington D.C; S. 563-592, 1989

Oberbeil, Klaus: Der Diät-Test – Ein Wegweiser durch den Dschungel der Schlankmacher; Stedtfeld Verlag; Münster 1991

Oppermann, Jutta: Was hilft mir, gesund zu werden und zu bleiben? Das kleine Lexikon der Nährstoffe, Nahrungsergänzungsmittel und Körperpflege; LebensBaum Verlag; Bielefeld 2001

Petersen, Ole: So einfach ist Fitness – Mein persönlicher Ausdauertrainer; Rowohlt Taschenbuch; Reinbek 2002

Petzoldt, Prof. Dr. med. Rüdiger: Sprechstunde Diabetes; Rat und Hilfe bei Typ-I- und Typ-II-Diabetes; Gräfe und Unzer Verlag; München 1990

Pfaffenbarger R. S.; Wing A. L.; Hyde R. T.: Physical activity as an index of heart attack risk in college alumni; in American Journal of Epidemiology 108, S. 161-175, 1978

Pudel, Volker: Praxis der Ernährungsberatung; Springer Verlag; 1991

Rost, Richard: Sport- und Bewegungstherapie bei inneren Krankheiten; Deutscher Ärzte-Verlag, Köln 1991

Schorr-Neufing, Ulrike: Salz in unserer Nahrung; Heft Nr. 1014, herausgegeben von: Auswertungs- und Informationsdienst für Ernährung, Landwirtschaft und Forsten (AID) e. V.

Schubert, Dr. Rainer: Cholesterin und seine Funktionen im menschlichen Körper; in: Informationsdienst Fleisch aus Deutschland; Ausgabe 02/2004

Spegg, Horst: Ernährungslehre und Diätetik; Deutscher Apotheker Verlag; Stuttgart 1989

Stern: Der Kampf gegen die Pfunde; Gruner und Jahr; Hamburg, 3/1993

Stiftung Warentest: Test spezial – Ernährung; Berlin 1993

Strunz, Dr. med. Ulrich: Forever young – Das Ernährungsprogramm; Gräfe und Unzer Verlag; München 2000

Wienecke, Elmar: Fit statt fertig – das individuelle Bewegungsprogramm gegen Stress und Infarkt; Lebensbaum Verlag; Bielefeld 2000

Worm, Nicolai: Die Top-Sport-Diät für alle; Mary Hahn Verlag; München 1989

Abbildungsverzeichnis

Register

Über die Autoren

Birgit Kamp, geboren 1969, hat nach dem Abitur eine Lehre zur Bankkauffrau absolviert, um danach jedoch einen ganz anderen beruflichen Weg einzuschlagen und in die Gesundheitsbranche zu wechseln. Seit 1994 ist sie dort zunächst als Angestellte und dann als freiberufliche Beraterin tätig. Das Wellenessen entstand 2001, wo sie es gemeinsam mit Thomas Röhrle (Gesundheitsstudiobesitzer aus Fellbach) Deutschland weit mit mehreren Hundert Abnehmwilligen durchgeführt hat. Nach dieser Testphase gründeten sie gemeinsam die Firma Body Wave Int., um das Wellenessen in ganz Deutschland bekannt zu machen und zu verbreiten. Seit 2003 ist Birgit Kamp Geschäftsführerin von Body Wave und Schulungsleiterin der Body Wave Ausbildungslehrgänge zum Body Wave Ernährungsberater, sowie zum Body Wave Fitnesslehrer.

Thomas Volkert, Jahrgang 1960, verheiratet, zwei Kinder. Nach dem Abitur Studium der Ernährungswissenschaften (Diplom) in Gießen. Danach zehn Jahre als selbstständiger Gesundheitstrainer in den Bereichen Ernährung, Sport, Rückenschule für die Industrie tätig. Die letzten neun Jahre als Fitnesstrainer (Aquafitness) und Referent für verschiedene Institutionen im Einsatz. 2005 Abschluss des Zweitstudiums Sport mit dem ersten Staatsexamen. Seit 2006 Studienreferendar für das Lehramt an beruflichen Schulen für die Fächer Sport und Ernährung.

Hinweis für Leserinnen und Leser

Die Autoren haben bei der Erstellung dieses Buches mit Sorgfalt recherchiert und nur seriöse Quellen herangezogen. Die Informationen stützen sich auf Fachliteratur, Studien und die Aussagen anerkannter Wissenschaftler. Zusätzlich bestehen 25 Jahre Erfahrung im Leistungssport und bei der Betreuung von ca. 20000 Sportlern und Nichtsportlern in Sport- und Gesundheitseinrichtungen. Dennoch können der Verlag und die Autoren keinerlei Haftung für etwaige Schäden übernehmen, die sich aus der praktischen Umsetzung der in diesem Buch vorgestellten Anwendungen ergeben.

Jeder Leser sollte in eigener Verantwortung entscheiden, wie er mit den Informationen dieses Buches umgeht. Nehmen Sie die Warnungen im Text ernst und versuchen Sie auf keinen Fall, schwer wiegende Erkrankungen und insbesondere neu auftretende, unklare Symptome selbst zu behandeln. Lediglich auf der Grundlage einer genauen Diagnose, die nur ein erfahrener Therapeut stellen kann, können Beschwerden erfolgreich therapiert werden.

Ernährung mit Spaß und Maß

Alles was Sie gern essen auf einen Blick!

Die ideale Ergänzung zur Body Wave Methode. Über 5500 Lebensmitteln: Gemüse, Obst, Fleisch und Fisch über Nahrungsergänzungen wie Acerola-Pulver bis zu Imbiss-Gerichten wie Gyros Pita.

Mit allen wichtigen Angaben: Kilokalorien, Eiweißgehalt, Fettanteil, Kohlenhydrate und Broteinheiten.

So klein und praktisch, dass es in jede Handtasche passt.

Birgit Kamp
Ernährung mit Spaß und Maß
18 x 10 cm, 360 Seiten, Broschur
ISBN 978-3-928430-47-0

www.lebensbaum-verlag.de
www.bodywave.de

Weniger Säurelast = mehr Gesundheit + Freude

Die richtige Ernährung und basische Anwendungen machen es ganz leicht, wieder in die richtige Balance kommen.

Petra Neumayer
Gesundheit in Balance – Ihr Säure-Basen-Haushalt
16 x 19 cm, 120 Seiten, Broschur
ISBN 978-3-928430-45-6

www.lebensbaum-verlag.de